한국어의 활용과
화용론

한국어의 활용과 화용론

초판 1쇄 인쇄 2017년 5월 15일
초판 1쇄 발행 2017년 5월 22일

지은이 강연임

펴낸곳 인문과교양
주소 (02001) 서울특별시 중랑구 중랑천로 358-6
전화 02-3144-3740
팩스 02-933-3777

ISBN 979-11-85939-44-5 (93710)

한국어의 활용과 화용론

강연임 지음

인문과 교양

저자의 말

소통이 화두인 시대가 되었다. 원활한 소통을 위해서는 언어의 적절한 활용이 무엇보다 중요하다. 어떤 어휘를 구사하고, 어떤 의도로 발화하느냐에 따라 소통과 불통으로 나뉘기 때문이다. 언어의 활용은 시대의 변화와 궤를 같이해 왔다. 시대가 품은 색깔과 변화의 바람을 반영하면서 지금과 같은 모습이 되었다. 그래서 시대가 요구하는 이념과 가치가 우리가 쓰는 언어에 담겨 있음은 물론이다. 언어의 쓰임을 통해 각 시대의 제반 문화를 읽어 낼 수 있는 이유도 여기에 있다.

이 책은 변화하는 시대에 탄력적으로 대응했던 언어의 여러 양상을 화용론적인 측면에서 살핀 것이다. 하지만 그동안 학회지에 게재했던 글을 정리하고 가다듬어서 전체적으로 긴밀성과 통일성이 덜할 수도 있다. 오랜 학문적인 여정을 생각하며 수정과 보완을 다짐할 따름이다. 책은 크게 두 부분으로 구성되었다. 한국어의 활용과 텍스트성, 한국어의 활용과 의미변화가 그것이다. 모두 화용론적인 측면에서 문제를 제기하고 고민한 것이다.

제1부 '한국어의 활용과 텍스트성'에서는 근대국어 시기의 텍스트를 선정하고, 거기에 나타난 텍스트언어학적 특성을 살펴보았다. 제1장 「여성가사의 분포와 텍스트성」에서는 개화기 여성가사에 나타난 어휘의미의 사용실태를 검토하였고, 제2장 「《번역노걸대》의 결속장치와 결속성」에서는 대화텍스트를 분석하면서 그 특징과 의미를 살펴보았다. 제3장 「〈시집살이요〉의 구조와 텍스트 양상」에서는 민요의 서사구조와 텍스트성을 고찰하였으며, 제4장 「〈노처녀가〉의 층위와 텍스트언어학」에서는 여성가사에 나타나는 텍스트의 특징과 언어 활용의 관계를 고찰하였다. 제5장 「〈애국가〉의 텍스트성과 텍스트 구조」에서는 애국계몽기의 언어사용 양상과 텍스트성을 살폈으며, 제6장 「〈ᄃᆡ일본유람가〉의 어휘와 텍스트」에서는 시대 배경을 바탕으로 한 어휘사용과 그 의미를 살펴보았다. 마지막으로 제7장 「《명성황후편지글》의 구조와 텍스트성」에서는 근대의 대표적 여성정치인으로 알려진 명성황후의 사적인 편지글을 통해 상류층 여성의 어휘사용의 특징을 살펴보았다.

제2부 '한국어의 활용과 의미변이'에서는 현대국어 화자들의 언어 사용 양상을 살펴보았다. 제1장 「국어 줄임말의 의미변이와 대안」에서는 현대국어에서 자주 활용되는 줄임말 양상과 대응 방안을 모색하였고, 제2장 「어휘의미의 변이와 기능」에서는 어휘의미의 확장과 그에 따른 화용적 의미를 고찰하였다. 그리고 제3장 「도시슬로건의 언어표현과 의미」에서는 슬로건에 나타나는 어휘의미의 특징과 화용적 기능을 살폈으며, 제4장 「'저기(요)/있잖아(요)'의 변이와 활용」에서는 '저기(요)/있잖아(요)'의 담화표지 양상과 그 의미기능에 대해 살펴보았다.

제1부가 근대국어 시기의 텍스트를 대상으로 텍스트언어학적 특성과 어휘사용 양상을 살폈다면, 제2부는 현대국어 시기의 언중이 활용한 자료

를 대상으로 언어사용 양상을 분석하였다. 근대국어와 현대국어 시기의 언어사용의 특징을 다면적으로 살폈기 때문에 나름대로 한국어 사용의 통시적 특성을 읽어 낼 수도 있다.

이렇게나마 작은 책으로 간행할 수 있었던 것은 많은 분들의 도움이 있었기 때문에 가능했다. 학문의 길에서 갈피를 잡지 못할 때마다 믿음으로 도움을 주신 모교의 선생님들과 늘 성실히 공부할 수 있도록 편안한 공간을 만들어 주신 목원대 선생님들께 감사드린다. 그리고 공부한다는 핑계로 집안일을 허투루 함에도 불구하고 부족함을 모두 채워 주는 남편, 스스로 예쁘게 커 준 아이들에게도 그저 고마울 뿐이다. 일일이 열거할 수는 없지만 신세 진 많은 분들에게 항상 감사한 마음이다. 어려운 출판 여건에도 불구하고 기꺼이 원고를 맡아 준 인문과교양에도 감사한 마음을 전한다.

2017년 5월

매곡재(梅谷齋)에서 새로운 봄을 즐기며 강연임 삼가 쓰다.

차 례

제2부 한국어의 활용과 의미변이

제1부

한국어의 활용과 텍스트성

제1장

여성가사의 분포와 텍스트성

1. 서론

이 장은 개화기 여성가사의 텍스트성을 살피는 것이 주목적이다. 국어사의 관점에서 임진왜란 직후의 17세기부터 19세기 말까지를 대체로 근대로 보고 있다.[01] 그중 1876년 강화도조약에서부터 1910년 한일합방까지의 기간을 특히 '개화기'라 칭한다.[02] 이 개화기에는 제도 · 문물 · 사회현상 · 생활방식 · 교

01 근대국어의 시대구분은 학자마다 다양하다.
① 이기문(2002 : 196~198)에서 근대국어는 16세기 말의 서양문물 수용을 시작으로 19세기 말까지의 시기이다.
② 이익섭(2005 : 278~279)에서 근대국어는 임진왜란 이후부터 오늘까지의 국어이다.
③ 홍종선(1998 : 13~15)에서 근대국어는 임진왜란 직후부터 19세기 말 갑오경장까지의 시기이다.
④ 홍윤표(1994 : 23~33)에서는 17세기부터 19세기 말까지를 근대국어로 본다.
이 외의 다양한 견해까지 아우를 때 근대국어는 대략 17세기 중반부터 19세기 말까지를 의미한다.

02 '근대 전환기' 혹은 '근대 이행기'의 성격을 갖는 이 시기를 지칭하는 용어는 논자만큼 다양하다. 즉 '개화기, 근

육·가치관의 변화가 다양하게 이루어진다. 당연히 국어도 그와 궤를 같이하며 큰 폭의 변화를 겪는다. 개화기는 기존의 동양문화와 다른 서구문화가 유입되어 중세의 보수성과 현대의 개방성이 혼효하게 된다. 마찬가지로 국어도 변화를 겪으며 중세국어에서 현대국어로 넘어오는 과도기적 양상을 보인다.

이 장에서는 당시의 다양한 변화 중에서 개화기 언어를 중심으로 살펴보고자 한다. 그리하여 1870년부터 1910년을 '개화기'로 설정하고, 이 시기 언어 사용 양상을 살펴보도록 하겠다. 1870년대 개항과 함께 '개화'의 물고가 트인 후 1880년대 외국의 기술도입과 함께 부국강병을 도모하고, 1890년대와 1900년대에는 국가 독립과 민권 강화를 목표로 했던 시기를 개화기로 상정하고,(이광린, 1977 : 31) 이 시기의 국어사용 양상을 살펴보겠다. 중세와 현대를 이어 주는 개화기는 전통과 변화가 공존한다. 따라서 이 시기의 언어 사용의 특성을 살피면 중세국어에서 현대국어로 이어지는 과정을 효과적으로 이해할 수 있다.

개화기의 언어변화를 살피기 위한 자료로 가사텍스트를 선정하였다. 개화기 가사는 이전 시대의 문어적 텍스트에 비해 구어적 특징이 강화되어 당시의 언어현실을 가감 없이 수렴하고 있다. 실제로 가사는 '교술성' 때문에 당시의 시대배경이나 언어현상을 적극적으로 보여 준다고 할 수 있다. 가사의 '교술성'이 '계몽'을 내세운 당시의 문화코드와 잘 맞아 가사를 통해 개화기 언어현실을 효과적으로 파악할 수 있다.[03]

개화기국어는 중세나 근대국어에서 현대국어로 이행하는 가교역할을 담당

대화시기, 계몽기, 애국계몽기, 우국저항기, 개항기, 근대전환기, 우국계몽기, 근대이행기' 등이 그것이다. 이들의 공통점은 새로운 문화나 시대상황을 가시화하려고 한 것이다. 어떤 용어가 적확한지는 관점과 주제에 따라 달라질 수 있겠다. 다만 이 장에서는 포괄적 범주의 용어인 '개화기'를 사용하고자 한다.

03 이 외에도 개화기 가사가 당대 언어현상을 가감 없이 반영할 수 있었던 이유로 길이에 제한이 없었던 점도 들 수 있다. 작품의 분량에 제한이 없기에 의도한 내용을 다양하게 전달할 수 있었다.

하였다. 따라서 개화기 가사에 나타난 언어의 특징을 조밀하게 분석하면 현대국어의 특성을 추적적으로 살피는 효과를 거둘 수 있다. 다만 방대한 가사 자료를 감안하여 신문이나 잡지 소재 가사, 필사로 전하는 가사, 악보집 및 교과서에 실린 가사를 바탕으로 당시의 언어현상을 살펴보고자 한다. 그것이 연구 자료의 객관성을 담보하는 길일 수 있기 때문이다. 그중에서도 여성과 관련된 가사만을 선별하여 분석텍스트로 삼고자 한다. 여성가사에 전통적 여성의 가치관과 변화된 여성의 가치관이 상충되어 '개화기'적 특성이 잘 용해되어 있기 때문이다. 특히 여성의 섬세한 감정표현이나 신변잡기적 생활을 다루어 당시의 언어현실이 비교적 충실히 반영되어 있다.[04] 따라서 개화기 여성가사를 분석텍스트로 선정하여 언어 사용상의 제반 특징을 살펴보도록 하겠다.[05] 이러한 논의는 개화기 국어의 특징을 살피는 일면, 중세에서 현대로 이행되는 국어의 변천과정을 추적하는 일이기도 하다.

2. 여성가사의 유형과 분포

이 장에서 분석대상으로 삼은 여성가사는 1870년부터 1910년까지의 작품으로 대략 53편이다. 이들에는 신교육 · 애국 · 위생을 강조하는 내용에서부터 전통적 여성규범인 현모양처를 강조하거나 뱃놀이 · 화전놀이 등의 풍류를 다

---

04 중세국어의 여성가사 작품과 비교했을 때 개화기가사에는 당대 여성의 변화된 가치관과 생활상이 잘 드러난다. 따라서 개화기의 언어현상을 살피는 데 그만큼 효과적일 수 있다.

05 분석텍스트인 개화기 여성가사의 출처는 『개화기가사자료집』(신지연 · 최혜진 · 강연임, 보고사, 2011)이다. 이 자료집에 수록된 가사는 1,400여 수이다. 각 작품들은 신문, 잡지, 필사본 자료, 교과서 등에서 추출하였다. 수록된 가사는 ㉠ 문명개화 ㉡ 여성 ㉢ 교육 ㉣ 민족애국 ㉤ 종교 ㉥ 전통윤리 ㉦ 여행 ㉧ 기타 등으로 분류하였는데, 그 중 '여성'에 수록된 작품을 분석대상으로 삼았다.

룬 내용까지 비교적 다양하다.

하지만 크게 보면 유교문화의 소산을 숭상하는 일면, 서구가치관의 유입으로 여성의 평등권과 인권을 주장하는 것이 중심을 이룬다. 개화기는 중세문화와 근대문화가 상충하던 시기인데, 그러한 내용이 여성가사 작품에 잘 나타나 있다. 분석 대상으로 삼은 53편의 여성가사 텍스트를 내용 중심으로 분류하면 다음처럼 크게 네 유형으로 나눌 수 있다.

유형		작품	총수
근대 계몽	신교육 강조	권학가, 부인회애국가, 슐지, 시사단언, 운동가, 진명부인 개회식성황, 채상가구, 평양애국녀학도의 학도가, 행진가	22
	애국심 강조	긔생의 노래	
	매음녀 비판	대토음부, 매음녀야, 명부여재판소, 미인정태, 여계패풍, 염정일침, 화월정태	
	개화사상	어느여자탄, 여자탄식가, 운슈답가, 운슈상사곡, 장탄가	
전통 계녀	부녀자부덕	규방정훈, 나부가, 수신가, 여자자탄가	15
	시집살이 당부	녀손훈사, 송별애교사, 여아슬펴라, 여자경계가, 이정양가록, 전별가, 죠손별서가, 행실교훈가, 형제원별가, 홍씨부인계녀사, 효부가	
신변 탄식	부녀자 신세한탄	귀소슐회가, 상부탄, 이별가, 청춘가라	13
	기생 신세한탄	사창화루, 일타홍루	
	기타	귀녀가, 사명가라, 이별한탄가, 이팔청춘가, 진주기생이별곡, 퇴상궁자탄, 형제이별가	
상춘풍류		선유가, 취회가, 화젼가라	3
합계			53

[표 1] 개화기 여성가사의 내용별 분류

[표 1]에서 보듯이 개화기 여성가사의 내용은 서구문화 지향의 근대계몽, 유교문화 보존의 전통계녀, 여성의 삶과 정서를 노래한 신변탄식, 그리고 풍류를 즐기는 상춘풍류로 나눌 수 있다. 근대계몽에서는 서구문화의 영향에 의한 신교육, 시대상황을 반영한 애국애족, 문란한 사회와 매음에 대한 비판, 무능한 남성에 대한 문제제기와 여성개화를 강조하고 있다. 전통계녀에서는 유교문화적인 부덕이나 여성의 예의규범을 주목하고 있다. 그리고 신변탄식에서는 여성의 생애에 대한 슬픔과 비애를 탄식조로 노래하고, 상춘풍류에서는 친정 동기와 뱃놀이나 화전놀이를 즐겼던 내용이 담겨 있다.[06] 이들 네 가지 유형의 작품 분포는 다음과 같다.

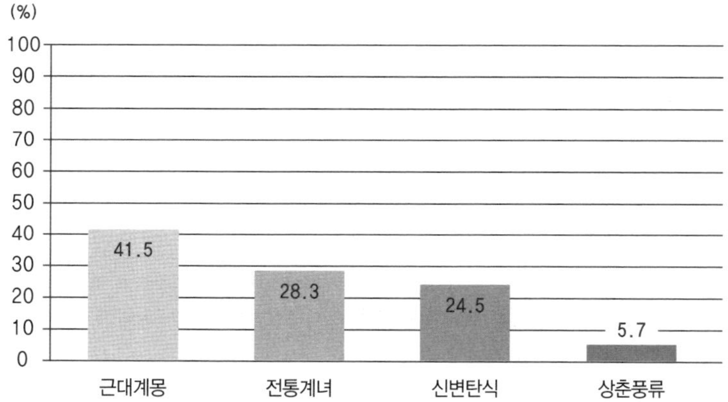

[그림 1] 개화기 여성가사의 유형별 분포율

[그림 1]에서 보는 바와 같이 근대계몽의 가사작품이 22수로 전체 텍스트의 41.5%를 차지하고 있다. 이것은 당시 서구문화의 유입으로 새로운 사상과

06 개화기 여성가사에서 주목할 것 중의 하나는 기녀들에 대한 것이다. 갑자기 불어닥친 새로운 문화는 이들의 정체성을 흔들었다. 그래서 이들에게 개과천선하라고 매우 거친 표현으로 종용한다. 이들 또한 스스로 개화된 세상에 맞게 변하려고 하지만 사회제도나 남성 때문에 그러지 못함을 개탄한다.

가치관이 점차 확산되고 있음을 반증하는 것이다. 한편 근대계몽과 상반되는 전통계녀가 15수로 전체의 28.3%를 차지한다. 이는 유교 중심의 구문화와 서구사상 중심의 신문화가 충돌하고 있음을 보여 주는 사례이다. 그리고 신변잡기적 탄식이 24.5%, 풍류가 5.7%를 차지한다. 여성가사의 이와 같은 분포 비율로 볼 때 사회 저변에 깔려 있는 신구문화의 충돌은 물론, 신학문과 신사상의 도래로 여성의식이 깨어나고 있음도 짐작할 수 있다.

한편 이들 개화기 여성가사를 그 출처별로 살펴보면 다음과 같다.

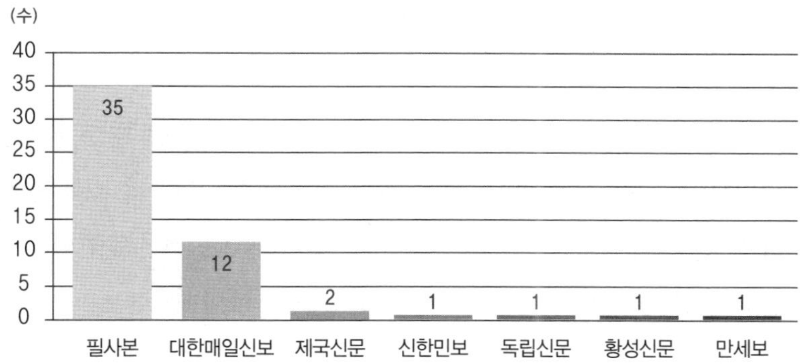

[그림 2] 개화기 여성가사의 출처별 분포도

[그림 2]에서 보는 것처럼 개화기 여성가사의 대부분은 필사본 자료임을 알 수 있다. 전체 텍스트 53수 중 필사본이 35수를 차지하며, 나머지 신문, 잡지에 18수가 전한다.[07] 여성가사의 특성상 공식적 언론매체인 신문, 잡지보다는 개인적 심정을 비교적 자유롭게 술회한 필사본의 비중이 더 높은 것이다. 이를 반영하듯 대부분의 필사본의 내용은 전통계녀 및 신변탄식이다. 이들을 정리하면 다음과 같다.

---

07 구체적으로 필사본이 35수이고, 『대한매일신보』에 12수, 『제국신문』에 2수, 나머지 『신한민보』·『독립신문』·『황성신문』·『만세보』에 각 1수씩 분포하고 있다.

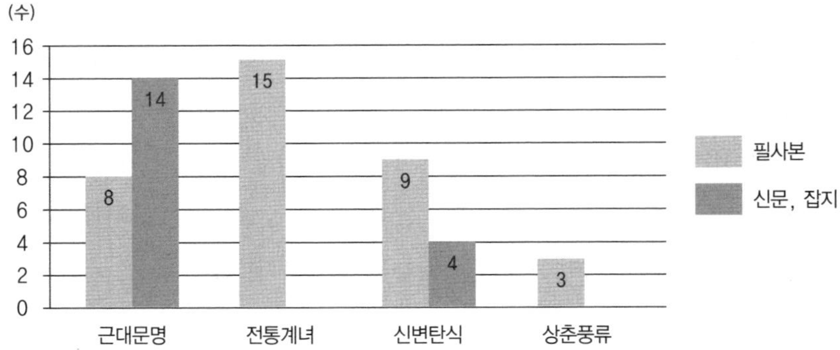

[그림 3] 개화기 여성가사의 유형 · 출처별 분포도

[그림 3]에서 보는 것처럼 전통계녀 및 상춘풍류의 경우는 모두 필사본에 수록되었다. 유교적 교육이념을 강조하는 전통계녀는 서구적 교육관과 상충되기에 공식매체라 할 수 있는 신문, 잡지에 게재하는 것이 불편했을 것이다. 한편 시대상을 반영하듯 근대문명의 상당수는 『대한매일신보』나 『제국신문』·『만세보』 등에 게재되었다. 근대문명을 다룬 필사본에서는 일부가 개화의식이고, 다수는 여성의 신세한탄이나 남성의 무능을 비판한 것이다.[08]

이상 개화기 여성가사 53수의 분포현황을 유형별, 출처별로 살펴보았다.[09]

---

08 이에 속하는 작품을 간단히 정리하면 다음과 같다.

① 권학가: 여성에 대한 신학문 교육
② 슐지: 남자처럼 성공하고 싶은 여성의 마음
③ 어느여자툰: 여자로 태어났음을 한탄
④ 여자탄식가: 여자로 태어났음을 탄식
⑤ 운슈답가: 남자로 태어나지 못한 여자의 삶을 탄식
⑥ 운슈상ᄉ곡: 남자로 태어나지 못해 고생스러운 삶을 탄식
⑦ 장탄가: 무책임하고 한심한 남자 비판
⑧ 행진가: 지덕체를 갖춘 여성의 필요성

09 이들 여성가사의 작가는 구체적 이름이 표기된 것이 12수인데, 남성이 4명, 여성이 8명이다. 남성작가는 전통계녀가 3수, 신변탄식이 1수인데, 전통계녀는 후손에게 주는 유교적 교훈이고, 신변탄식에서는 떨어져 사는 부인에

유형별로 보면 근대계몽이 가장 많고, 그 다음이 전통계녀와 신변탄식이다. 반면에 상춘풍류는 일부의 작품만 전한다. 그리고 장르 특성상 여성 개인의 삶을 노래하여 인쇄본보다는 필사본이 더 많이 전함을 알 수 있다.

3. 여성가사의 언어 활용과 텍스트의 성격

3.1. 비속어의 직설적 표현

근대계몽[10]의 특징으로 '매음녀'에 대한 적극적인 비판을 들 수 있다. 사회 기강을 무너뜨리는 '매음녀'에 대한 척결을 주창한 것이다. 이들은 사회의 풍기를 문란하게 함은 물론 건전한 가정을 와해시키는 존재로 치부되었다. 그래서 이들에 대한 대대적인 경계 및 계도는 근대사회가 표방한 거시목표 중의 하나였다. 곧 매음녀를 근대계몽과 문명부강을 위해 우선적으로 척결해야 할 대상으로 여겼다. 이들에 대한 시각은 각 텍스트의 제목에서도 드러난다. 구체적으로 '매음녀 비판'을 내세운 여성가사를 보면 다음과 같다.

제목	내용
대토음부(大討淫婦)	음탕녀, 매음녀에 대한 비판
매음녀야(賣淫女야)	근대계몽에 방해가 되는 매음녀에 대한 비판
명부여재판소(冥府女裁判所)	기생과 매음녀에 대한 재판과 비판
미인정태(美人情態)	문란한 풍속과 음란한 여자들에 대한 비판

대한 미안함과 고마움을 노래했다. 한편 여성작가의 작품 8수는 근대계몽이 5수, 전통계녀가 2수, 신변탄식이 1수로, 역시 여성의 근대화를 주장하는 내용이 대부분이다. 나머지 작품들은 문면에는 미상으로 제시된다.

10 근대계몽에 포함된 22수의 텍스트는 신교육, 애국애족, 매음녀 비판, 그리고 개화로 세분할 수 있다.

여계패풍(女界悖風)	행실이 좋지 않은 여자, 매음녀에 대한 비판
염정일침(艶頂壹針)	화류계의 기생, 매음녀에 대한 비판
화월정태(花月情態)	행실이 안 좋고 방탕한 여자들에 대한 비판

[표 2] 매음녀 비판 여성가사

[표 2]에 제시된 텍스트는 기생이나 매음녀를 비판하고 계도하려는 가사이다. 이들에는 '매음녀'를 비난하는 표현이 구체적이면서도 적나라하게 나타난다. 이들은 모두 『대한매일신보』를 통해 발표된 작품인데, 공식적인 언론지의 발표임에도 불구하고 발화된 어휘가 상당히 직설적이다. 텍스트 안에서 '창녀, 음부, 매음녀, 음탕, 화냥년' 등의 어휘를 빈번하게 발화한다. 구체적인 예문을 보면 다음과 같다.

① a. 淫婦음부들아 聽哉청재어다 滔滔心情不勝도도심정불승커던
賣淫女매음녀로 聲名성명ᄒᆞ야 請願營業청원영업 ᄒᆞᄂᆞᆫ 것은
無恥輩무치배의 例事예사이ᄂᆞ 마마이니 痘神두신이니
某某別室自稱모모별실자칭ᄒᆞ고 賣淫熱매음열에 밋쳐나니
打殺無惜타살무석 네 아ᄂᆞ냐 1908, 〈大討淫婦대토음부〉

b. 賣淫女매음녀야 々々々々 上帝상제ᄭᅴ셔 사ᄅᆞᆷ 낼 ᄯᆡ
男女남녀 分等분등 업셧도다 이런 時代시대 當당ᄒᆞ여셔
羅蘭나란 耶安야안 본을 밧고 論介논개 桂月계월 못될망졍
웅덩 바람 억ᄀᆡ츔과 얼ᄉᆞ 절ᄉᆞ 흥타령에
鄙陋雜비루잡년 牌패를 차니 可憐가련ᄒᆞ다 네 身勢신세야 1909, 〈賣淫女매음녀야〉

c. 울긋불긋 비단옷을 말쑥하게 닙은 後후에
演劇場연극장에 들어가셔 분됫박을 ᄂᆡ두르며

낙시눈을 써가지고 셔방질에 滋味자미 나셔
집안일은 아니보고 淫心蕩情음심탕정 撑中탱중ᄒᆞ야
良風美俗양풍미속 壞亂괴란ᄒᆞ니 뎌런 못된 화냥년들
卽刻內즉각내로 捉待착대ᄒᆞ라 1910, 〈冥府女裁判所명부여재판소〉

d. 夫婦間부부간에 잘못ᄒᆞ면 잘ᄒᆞ도록 勸勉권면ᄒᆞ고
제 셔방이 誤入오입ᄒᆞ면 正道정도로써 引導인도홈이
爲女者위여자의 道理도리어늘 시앗 강ᄉᆞ 甚심히 ᄒᆞ야
毒독ᄒᆞᆫ 몸을 쇽에 품고 말도 참아 못ᄒᆞᆯ 곳에
손을 ᄃᆡ여 죽여스니 뎌런 惡악ᄒᆞᆫ 계집년을
卽刻內즉각내로 捉待착대하라 1910, 〈冥府女裁判所명부여재판소〉

위의 ①에서 보는 것처럼 텍스트에서 언급하는 계도 대상의 여성을 '비루잡년, 악한 계집년, 화냥년, 음부, 매음녀' 등으로 지칭한다. 여성가사 전체 텍스트 가운데 여성 관련 비속어는 매음녀 비판의 작품에서만 구체적으로 등장한다. 이 여성들을 폄칭(貶稱)하는 데서 더 나아가 짐승에 빗대면서 개과천선하거나 회개하기를 종용하기도 한다.

② a. 淫婦음부들아 聽哉청재어다 豚犬돈견ᄀᆞᆺ치 賤獸천수들도
生畜時期생축시기 아니며는 그 行動행동이 精潔정결커던
堂堂國民分子당당국민분자로셔 無廉無恥무염무치 너의 行爲행위
豚犬比較돈견비교 ᄒᆞᄌᆞ 히도 뎌 豚犬돈견이 怒노ᄒᆞᆯ지니
身勢到此신세도차 네 아ᄂᆞ냐 1908, 〈大討淫婦대토음부〉

b. 賣淫女미음녀야 賣淫女매음녀야 豚犬돈견 ᄀᆞᆺᄒᆞᆫ 動畜동축들도
化育時期화육시기 아니며는 그 行動행동이 泰然태연커던
堂堂당당 國民국민 分子분자로셔 花朝月夕화조월석 쉴 ᄉᆡ 업시

金哥김가 携手휴수 歡迎환영ᄒᆞ고 李郎이랑 接吻접문 諾從낙종ᄒᆞ야

送舊迎新송구영신 汩沒골몰ᄒᆞ니 可憐가련ᄒᆞ다 네 身勢신세야 1909, 〈賣淫女매음녀야〉

위의 ②에서는 매음녀를 돼지나 개에게 비유하는 것도 아쉽다는 생각이다. 매음녀를 돼지나 개에게 비유하면 오히려 돼지와 개가 화를 낸다고 하면서 그녀들의 행동이 무염무치(無廉無恥)하다고 평가한다. 이처럼 당시 매음녀들에 대해 매우 직설적인 발화를 서슴지 않으면서 개과천선하고 회개할 것을 권고한다.

③ a. 可憐가련ᄒᆞ다 賣淫女매음녀야 天不生無祿之人천불생무록지인과

地不生無名之草지불생무명지초는 爾輩이배들도 아는 ᄇᆡ라

物怠惟勤물태유근 하량이면 生活方道생활방도 만흘지니

이런 醜行추행 다 바리고 어셔 밧비 悔改회개ᄒᆞ야

됴흔 事業사업 만히 ᄒᆞ고 사ᄅᆞᆷ노릇 ᄒᆞ여보라 1909, 〈賣淫女매음녀야〉

b. 淫蕩無恥汝輩음탕무치여배들은 從心所樂종심소락 죠커니와

子女자녀ᄭᆞ지 그리치니 改過遷善개과천선 ᄒᆞ량이면

壹門興旺姑舍일문흥왕고사ᄒᆞ고 全國文明전국문명 더 機關기관이

從此發達종차발달ᄒᆞ려니와 壹樣如是일양여시 하고보면

韓國事한국사는 다 보앗다 1908, 〈大討淫婦대토음부〉

c. 더 待令대령한 各각 罪人죄인은 監獄署감옥서에 嚴囚엄수ᄒᆞ야

後日후일 判決판결ᄒᆞᆯ 터이오 義州妓生의주기생 錦仙금선이는

愛國心애국심이 懇切간절ᄒᆞ야 新學文신학문을 工夫공부ᄒᆞ고

新聞신문 愛讀애독ᄒᆞᆫ다ᄒᆞ니 褒證狀포증장을 授與수여ᄒᆞ야

그 行檢행검을 褒揚포양ᄒᆞ라 1910, 〈冥府女裁判所명부여재판소〉

③에서는 매음녀들이 인간답게 사는 길은 '회개, 개과천선'이고, 그래야만 가족과 사회의 구성원이 될 수 있다고 하였다. 근대계몽이 부르짖었던 것은 동등한 인간으로서의 삶이다. 그것을 위해 자각, 교육하여 건강한 사회의 일원이 되어야 한다고 보았다. 그러기 위해서 꼭 척결해야 하는 것 중의 하나가 매음이었다. 매음녀들에 대한 이러한 직설적 발화는 근대계몽의 일면을 과잉하여 보여주는 것이라 할 수 있다.[11]

3.2. 일관되지 않은 표기 구조

개화기 표기법이 일관적이지 못하다는 점은 이미 공론화된 사안이다. 이 장의 분석텍스트도 일관적이지 못한 표기가 산발적으로 나타난다. 특히 필사본 자료에는 한 텍스트 안에서조차 표기가 일치하지 않는다. 이러한 사정으로 개화기 국어의 표기상 특징을 일목요연하게 설명하기란 쉽지 않다. 이는 당시의 다양한 텍스트에서 공통적으로 나타난 현상이기도 하다.[12]

이 장의 분석 텍스트 53편을 필사자료와 인쇄자료로 유형화했을 때, 필사자료는 모두 국문이고 인쇄자료는 한글과 한자가 혼용·혼재되어 있다. 국문으로만 기록된 필사자료에는 동일 어휘가 한 텍스트 안에서 다양하게 표기되지만, 한글과 한자가 혼용·혼재된 인쇄자료에서는 한 어휘에 한글과 한자가 특별한 규칙이 없이 섞여 있다.[13] 다음의 예를 보자.

---

11 서영숙(2002 : 221)에 의하면, 『대한매일신보』 가사에는 기생, 창녀, 첩, 신여성들이 주 소재로 등장하며, 계몽의 이념 속에 축첩폐지와 같은 1부1처의 가정 확립을 주장하고 있다. 그러나 기생, 창녀, 첩 등의 문제는 여성 자신의 문제가 아니라 성적 탐욕을 지닌 남성들에게 더 큰 책임이 있음에도 불구하고 이 문제를 여성에게만 책임전가하는 면이 없지 않다. 근대계몽을 부르짖으면서도 근원적인 문제에 접근하지 못한 것이 당시의 한계일 수도 있다.

12 가령 판소리계 소설인 〈매화가라〉에서도 이러한 표기가 일반적이다.

13 여기서는 한글과 한자를 섞어 표기하는 것을 '혼재현상'이라 칭한다. 이에 대한 보다 나은 표현이 있으면 추후에 수정이 가능하다.

④ a. ᄌᆡ조도 비상ᄒᆞ다 어엿부다 내 딸이야

엇디 그리 비범ᄒᆞᆫ고 암금ᄌᆞᆼ금 냇달이야 1884년경, 〈貴女歌귀녀가〉

b. 진달내 만발하니 근 사백년 오랜 셰월

사ᄇᆡᆨ년 나린 은덕 ᄉᆡ로 다시 밧잡난 닷 1888, 〈聚懷歌취회가〉

⑤ a. 三千삼천리 … 二千万이천만즁 … 긔千천년 … 萬만셰 億萬억만셰 1898, 〈부인회ᄋᆡ국가〉

b. 無賴무뢰잡 類間間坐류간간좌에 眼去眼來안거안래 ᄇᆞᆯ狂광ᄒᆞ니 1908, 〈大討滛婦대토음부〉

c. 엽彼南畝피남무 숨결일세 1908, 〈孀婦歎상부탄〉

d. 女여학校교에 入입학하야 新知識신지식을 ᄇᆞᆯ達달하고 1908, 〈壹朶紅淚일타홍루〉

e. 홀寡婦과부 … 압江강에 ᄯᅳᆫ ᄇᆡ … 뒷江강에 ᄯᅳᆫ ᄇᆡ 20세기 전후, 〈二八靑春歌이팔청춘가〉

⑥ 世界세계풍潮조, 社會사회학校교, 일次차 풍喩유 不無불무로다

셔門문 外외로, 남門문 外외로 도라드니, 믭살스리 洋양쏙 지고

泰태산이나 元원산 海해주 넘나들며 駱락산으로 도라드니 1909, 〈女界悖風여계패풍〉

④의 예에서 보는 것처럼 필사자료에는 한 단어가 동일 텍스트 안에서 다른 표기로 나타난다. 이런 표기의 혼재는 당시 필사본 자료에서는 일반적이다. 한편 ⑤의 예에서처럼 신문자료에는 한 어휘 안에서 한글과 한자의 혼재현상이 나타난다. 특징적인 것은 접사나 어미의 경우 혼재현상이 가능하지만 그렇지 않은 단일어 안에서 혼재현상이 일어난다는 점이다. 접사나 어미의 경우 형태소 경계가 이루어질 수 있고 분리성이 있어서 혹 그 표기가 다르더라도 의미파악의 용이성이나 가독성을 위해 상당부분은 수용이 가능하다. 그러나 c의 '엽彼南畝피남무'나 d의 'ᄇᆞᆯ達달'처럼 단일어 안에서 한글과 한자가 혼재된 표기는 특이한 현상이라 할 수 있다. 이런 혼재현상이 필사본에서 보인다면 필사자의 개인적인 성향이나 한자어에 대한 지식부족의 결과라 할 수 있

겠지만, 모두 『대한매일신보』의 가사텍스트라는 점을 감안하면 독특한 표기라 하지 않을 수 없다. 곧 대중을 상대로 하는 언론매체에서 이렇게 혼재한 것은 당시의 표기체계가 상당히 혼란스러웠음을 의미한다.[14] d의 '女여학校교에 入입학'의 경우 '女'는 접두사로 간주하여 혼재했다고 하더라도 '학교, 입학'의 '학'은 한글로, 나머지 글자인 '교, 입'은 한자로 표기한 것은 선뜻 이해되지 않는다. a의 '만세'도 같은 형태로 '만'은 한자로, '셰'는 한글로 표기하고 있다. 이런 혼재현상은 한글표기가 자리 잡는 과정에서 나타나는 과도기적 형태라 할 수 있다. 이와 같은 혼재현상은 예문 ⑥에서 보듯이 1909년의 가사텍스트에서 더욱 빈번하다.

3.3. 개시와 마무리발화를 통한 구어적 표현

개화기 가사작품에서 두드러지게 나타나는 표현 중의 하나가 구어적 발화이다. 개화기 여성가사에 오면 다른 텍스트와 달리 구어적 표현이 두드러진다. 가사는 장르의 특성상 '민중계몽'을 위한 텍스트로 활용하기에 매우 적합하다. 일반 언중이 쉽게 기억하고 읊조릴 수 있어 개화기의 화두인 '계몽'을 선전하기에 더없이 좋았기 때문이다. 실제로 가사의 구어적 표현 및 4.4조 운율은 쉽게 기억하고 흥얼거리는 데 적절하다.

분석 대상으로 삼은 53편의 여성가사 중 23편도 개시발화와 마무리발화를 활용하여 구어성이 돋보인다. 개시발화로 모두 '어와~들어보소'를 활용하고, 마무리발화에서는 필자의 집필의도 및 술회를 담았다. 감탄사 '어와~' 형식의

---

14 민현식(2008 : 49~50)에서는 개화기에 일본계 한자어가 유입됨으로써 한자어의 쓰임이 증대된다고 언급한다. 1음절 한자어의 경우 '此는, 人이, 時에, 見ᄒᆞ니, 在ᄒᆞᆫ, 有ᄒᆞ려니와, 由ᄒᆞ얏다, 對ᄒᆞ야, 近ᄒᆞ니' 등처럼 혼용된다고 언급한다.

개시발화를 갖고 있는 텍스트를 보면 다음과 같다.[15]

⑦	a. 어와 ᄉᆡ상 ᄉᆞ람들라 이내 말슴 드러보소	1884년경, 〈貴女歌귀녀가〉
	b. 어와 번님내야 이내 말슴 드라시오	1888, 〈聚懷歌취회가〉
	c. 어와 번님ᄂᆡ야 이ᄂᆡ 말슴 드러보소	1890, 〈運數答歌운슈답가〉
	d. 어와 동뉴들아 상ᄉᆞ지곡 들어보소	1890, 〈운슈상ᄉᆞ곡運數相思曲〉
	e. 오홉다 여자들아 이내 말슴 드어봐라	1893, 〈女子自嘆歌여자자탄가〉
	f. 어와 세상 사람들아 이내 말삼 들어보소	1901, 〈離別歌이별가〉
	g. 어와 세상 사람들아 우리 노림 구경하소	1904, 〈귀소슐회가〉
	h. 어화 연덕을 좇ᄎᆞ보이 병오지 ᄆᆡᆼ츈니요	1906, 〈화젼가라〉
	i. 어화 셰ᄉᆞᆼ ᄉᆞᄅᆞᆷ더라 이ᄂᆡ 말슴 드러보소	1907, 〈孝婦歌효부가〉
	j. 어화 셰상世上 부니婦女덜 이ᄂᆡ 말슴 드르보소	1900~1907, 〈懶婦歌나부가〉
	k. 어와 우리 동뉴 규중의 집히 안ᄌᆞ	1912, 〈閨房庭訓규방정훈〉
	l. 어와 동유들아 이ᄂᆡ 말슴 드러보소	20세기 전후, 〈선유가船遊歌〉
	m. 이보소 번님ᄂᆡ들 ᄃᆡ강ᄃᆡ강 드라시ᄅᆞ	20세기 전후, 〈어느 女子嘆여자탄〉
	n. 어와 우리 동유들아 여자 ᄐᆞᆫ식 드러보소	20세기 전후, 〈女子嘆息歌여자탄식가〉
	o. 어와 남ᄌᆞ들아 여ᄌᆞ를 웃지마소	20세기 전후, 〈長歎歌장탄가〉
	p. 어화 원별리야 만득ᄌᆞ 우리 형ᄌᆡ	20세기 전후, 〈형재원별가〉

구어적 개시발화는 여성가사의 네 가지 하위부류에 골고루 분포한다. 근대 계몽 5편, 전통계녀 10편, 신변탄식 6편, 그리고 상춘풍류 2편으로 그 분포가 고른 편이다. 이것은 이런 형식의 개시발화가 특정 내용에 국한되지 않고 보

15 개시발화에서의 '어와~들어보소' 외에 중간중간에 나오는 '어와~'까지 합하면 구어적 발화형식의 사용빈도는 더욱 높아진다.

편적으로 활용되었음을 시사한다. 특이한 것은 이런 개시발화를 사용한 23편 모두 필사본이라는 점이다. 곧 『대한매일신보』나 기타 신문 · 잡지처럼 기록문학적 특성이 강한 경우는 이와 같은 형식의 개시발화가 사용되지 않았다. 개인의 술회나 감정, 의지를 피력한 필사본의 경우에만 이러한 개시발화가 사용되었다. 이는 가사장르의 구어성이 개인 차원에서 더 빈번하게 수용되었음을 의미하는 것이다.

한편 마무리발화가 구어적 표현으로 제시된 텍스트에서는 집필동기, 텍스트수용자에게 바라는 희망, 간단한 서지사항 등을 첨기하였다.

⑧ a. 갑신년 졍월이라 울호촌 박셩씨난
문도공이 ᄌᆞ손으로 사대부집 벌열이오 　 1884년경, 〈貴女歌귀녀가〉

b. 이 길로 위로ᄒᆞ고 상ᄉᆞ지곡 불너 ᄂᆡ어
슈용슌츌 문장으로 화답하기 바라노라 　 1890, 〈운슈상ᄉᆞ곡運數相思曲〉

c. 녹음방초 조흔 곳ᄋᆡ 쬐꼬리 노래ᄒᆞ니
처량ᄒᆞᆫ 마음으로 자탄가 지엇노니
무심하게 보지마옵시사 　 1893, 〈女子自嘆歌여자자탄가〉

d. 이외ᄋᆡ 여러 가지 기록ᄒᆞᆯ 말 만치만은 노안이 히미ᄒᆞ고
정신이 아득ᄒᆞ야 귀요ᄒᆞᆫ 말 보기 십게 가ᄉᆞ 지여
쇠 귀ᄋᆡ 경 이르기 ᄃᆡ강 경ᄀᆡᄒᆞ압나니 아비ᄋᆡ 정곡이요 너ᄋᆡ게 기약서라
ᄀᆡᄀᆡ히 ᄉᆞᆯ펴보고 일일이 쏀바드면 힝실에도 유익ᄒᆞ고 복록을 누루리라
무술연 아비 씨노라 　 1898, 〈女兒여아ᄉᆞᆯ펴라〉

e. 어화 셰상世上 부닌婦人덜 이ᄂᆡ 말슴 격언格言니ᄅᆞ
부ᄃᆡ부ᄃᆡ 부ᄃᆡ 경계警戒ᄒᆞ여 현찰부닌賢哲婦人 되겨 하쇼 　 1900~1907, 〈懶婦歌나부가〉

f. 씰씌업ᄂᆞᆫ 여식이나 깁흔 인정 살든 마음
이질 수가 전혀 업시 혼이나마 드러라고

길을 지여 말하노라 적을 말 만ᄉᆞ오나 단문 이만 긋치압

정축연 삼얼초삼 기묘연 오월십오 니 아모라 20세기 전후, 〈사명가라〉

g. 여자 ᄐᆞᆫ식 드러보소 남여을 물논ᄒᆞ고

셔로 흉ᄂᆡ 부디 마오 20세기 전후, 〈女子嘆息歌여자탄식가〉

위와 같은 마무리발화가 텍스트 말미에 붙어 있다. 마무리발화의 내용은 본텍스트의 내용과는 별개로 진행되며, 화자가 청자에게 당부하는 내용이 주를 이룬다.[16] 마무리발화 역시 모두 필사본 자료에서만 나타나는데 전통계녀가 대부분을 차지하고 있으며,[17] 내용은 청자에 대한 당부나 술회이다. 이런 것은 전통계녀의 내용맥락과 잘 부합함은 물론이다.[18]

3.4. 후렴구의 반복적 사용

개화기 여성가사에 두드러지게 나타나는 특징 중의 하나는 후렴구의 반복이다. 주로 텍스트의 주제와 결부하여 화자의 심정을 술회한 내용이 후렴구로 반복된다. 후렴구의 활용은 가사텍스트의 형식적 응집성을 견고하게 함은 물론, 청자의 입장에서는 의미적 응결성도 담보될 수 있다.[19]

---

16 이렇게 본텍스트에서 파생된 텍스트를 가지텍스트라 부르기도 한다. 본텍스트의 내용에서 가지치기를 하여 분리될 수 있는 텍스트로 본텍스트의 내용전개에 도움을 주거나 파생되어 다른 내용으로 전이되는 경우가 있다.

17 구체적으로 전통계녀 9수, 신변탄식 5수, 근대계몽 2수, 상춘풍류 1수에 마무리발화가 등장한다. 개시발화는 23수였는데, 마무리발화는 17수이다. 개시발화와 마무리발화가 짝을 이루어 함께 있는 경우도 있지만, 개시발화만 있거나 마무리발화만 있는 텍스트도 있다.

18 전통계녀에서 유교적 여성관을 기술하고 마무리발화로 화자가 청자에게 이를 잘 지키라 당부하거나, 청자 관련 내용을 기술하고 마무리발화로 화자의 청자에 대한 감회를 읊고 있다.

19 응결성과 응집성은 텍스트를 텍스트답게 만들어주는 기본요소이다. 응결성은 텍스트 구성성분의 표층결속성으로, 통사적 관점에서 텍스트가 갖춰야 하는 긴밀성이다. 응집성은 텍스트의 주제구성에 결정적 역할을 하는 자질로, 텍스트 구성성분들 간의 논리적 · 의미적 관계의 긴밀성이다. 보그랑데 · 드레슬러에 의하면 이 두 가지 자질을 텍스

여성가사에 나타나는 후렴구는 크게 두 가지로 나뉠 수 있다. 하나는 단순한 문장반복으로 형식적 응집성에 의거한 것이고,[20] 다른 하나는 의미적 응결성에 의한 것이다.[21] 다음의 예를 보자.

⑨ a. 賣淫女매음녀야 〃〃〃〃 너도 亦是역시 사ᄅᆞᆷ이라
너의 父母부모 너를 낫코 金玉금옥ᄀᆞᆺ치 길을 젹에
貞烈夫人정렬부인 바랏것만 너의 父母부모 그르더냐
네 行世행세가 글넛더냐 貞烈夫人정렬부인 못될망졍
賣淫女매음녀가 되단 말가 可憐가련ᄒᆞ다 네 身勢신세야
賣淫女매음녀야 〃〃〃〃 豚犬돈견 ᄀᆞᆺᄒᆞᆫ 動畜동축들도
化育時期화육시기 아니며ᄂᆞᆫ 그 行動행동이 泰然태연커던
堂堂당당 國民국민 分子분자로셔 花朝月夕화조월석 쉴 ᄉᆡ 업시
金哥김가 携手휴수 歡迎환영ᄒᆞ고 李郎이랑 接吻접문 諾從낙종ᄒᆞ야
送舊迎新송구영신 汨沒골몰ᄒᆞ니 可憐가련ᄒᆞ다 네 身勢신세야

트다움의 명시적 기준이라 제시하지만, 그중 응집성이 보다 원형적 자질이라고 할 수 있다.(한국텍스트언어학회, 2007 : 22~28 참조)

20 ⑨에서 예로 든 것 외에 다음의 예가 더 있다.
a. 이 설음을 엇지ᄒᆞᆯᄭᅩ 1908, 〈孀婦歎상부탄〉
b. ᄋᆡ고ᄋᆡ고 내 身世신세야 1908, 〈壹朶紅淚일타홍루〉
c. 이 時代시대가 어ᄂᆞ ᄯᆡ뇨 1908, 〈採桑歌謳채상가구〉
d. 내 八字팔자가 可憐가련ᄒᆞ다 1908, 〈退尙宮子歎퇴상궁자탄〉
e. 너의들도 本본을 밧고 1909, 〈艶頂壹針염정일침〉

21 ⑩에서 예로 든 것 외에는 다음의 예가 더 있다.
a. 그 行習행습도 可痛가통터라 / 그 口習구습도 可痛가통터라 / 그 擧動거동도 可痛가통터라 / 그 心思심사도 可痛가통터라 / 그 行爲행위도 可痛가통터라 / 그 行色행색도 可痛가통터라 1909, 〈女界悖風여계패풍〉
b. 某大臣모대신의 情態정태로다 爾是誰家女이시수가녀오 / 奸細輩간세배의 態度태도로다 爾是誰家女이시수가녀오 / 貴公子귀공자의 行樂행락이라 爾是誰家女이시수가녀오 / 某官人모관인의 身世신세로다 爾是誰家女이시수가녀오 / 某權客모권객의 行色행색이라 爾是誰家女이시수가녀오 / 獵官輩엽관배의 運動운동이라 爾是誰家女이시수가녀오 1910, 〈花月情態화월정태〉

賣淫女매음녀야 々々々々 上帝상제씌셔 사름 낼 쩍

男女남녀 分等분등 업셧도다 이런 時代시대 當당ᄒᆞ여셔

羅蘭나란 耶安야안 본을 밧고 論介논개 桂月계월 못될망정

웅덩 바람 억기츔과 얼ᄉᆞ 절ᄉᆞ 홍타령에

鄙陋雜비루잡년 牌패를 차니 可憐가련ᄒᆞ다 네 身勢신세야 1909, 〈賣淫女매음녀야〉

b. 우리 爺孃弄瓦야양롱와홀 졔 不重生男重生女부중생남중생여라

千金不換此壹身천금불환차일신이 무슴 生涯생애 못하야셔

賣身生涯매신생애 ᄒᆞ단 말가 落涸花낙곤화가 되얏스니 애고애고 내 八字팔자야

東顧西笑百媚態동고서소백미태ᄂᆞᆫ 眞心진심 엇지 樂爲낙위홀ᄶᅡ

生面不知蕩子輩생면부지탕자배ᄂᆞᆫ 壹見일견ᄒᆞ면 失魂실혼ᄒᆞ야

殘錢兩잔전량을 蕩盡탕진하니 人々인인마다 郎君낭군이라 애고애고 내 八字팔자야

無病人무병인을 有病유질타고 醫士의사의게 檢査검사홀 졔

戰慄症전율증이 졀노 ᄂᆞᆫ다 生前羞恥생전수치 當당턴 ᄂᆞᆯ에

向人擡顔향인대안 엇지ᄒᆞ나 雪恥설치홀 곳 젼혀 업다 애고애고 내 八字팔자야

1908, 〈紗窓花淚사창화루〉

⑩ a. 淫婦음부들아 聽哉청재어다 家庭責任가정책임 엇더킬ᄂᆡ

子女教育等棄자녀교육등기하고 産業整理산업정리 쏨밧기오

濃粧盛服농장성복 出入출입홀 졔 활ᄀᆡ 치고 가ᄂᆞᆫ 擧動거동 愚痴우치ᄒᆞ다

네 ᄉᆡᆼ각은 得意득의ᄒᆞᆫ 듯 ᄒᆞ지마ᄂᆞᆫ 傍人唾罵방인타매 네 아ᄂᆞ냐

淫婦음부들아 聽哉청재어다 豚犬돈견ᄀᆞ치 賤獸천수들도

生畜時期생축시기 아니며ᄂᆞᆫ 그 行動행동이 精潔정결커던

堂堂國民分子당당국민분자로셔 無廉無恥무염무치 너의 行爲행위

豚犬比較돈견비교 ᄒᆞᄌᆞ 히도 더 豚犬돈견이 怒노홀지니 身勢到此신세도차 네 아ᄂᆞ냐

淫婦음부들아 聽哉청재어다 靑年寡婦청년과부 되거들낭
紗窓殘淚사창잔루 恨嘆한탄 말고 適合處적합처를 選求선구하야
翩然改嫁正當번연개가정당인ᄃᆡ 桑中約상중약과 月下逢월하봉에
夜如何其心如醉야여하기심여취라 踰墻穿穴秘密유장천혈비밀ᄒᆞᆫ들 神目如電신목여전 네 아ᄂᆞ냐
淫婦음부들아 聽哉청재어다 滔滔心情不勝도도심정불승커던
賣淫女매음녀로 聲名성명 ᄒᆞ야 請願營業청원영업 ᄒᆞᄂᆞᆫ 것은
無恥輩무치배의 例事예사이ᄂᆞ 마마이니 痘神두신이니
某某別室自稱모모별실자칭ᄒᆞ고 賣淫熱매음열에 밋쳐나니 打殺無惜타살무석 네 아ᄂᆞ냐
… 麤鄙莫甚추비막심 네 아ᄂᆞ냐 / … 衆人指目중인지목 네 아ᄂᆞ냐

1908, 〈大討淫婦대토음부〉

b. 長安花柳繁華장안화류번화하고 朱樓高閣月黃昏주루고각월황혼에
白馬郎백마랑은 已去이거ᄒᆞ고 新佳郎신가랑이 又至우지ᄒᆞ니
粉黛冶容美人분대야용미인들이 新情夫신정부를 結緣결연코ᄌᆞ
百般媚態백반미태 다 부린다 그 佳郎가랑이 누구라나 官爵관작 놉고 勢力세력 존 이
뎌 美人미인을 볼작시면 情夫정부 오ᄂᆞᆫ 消息소식 듯고
中路중로ᄭᆞ지 쫏차가셔 携手同車휴수동거 올나올 졔
慇懃은근홀ᄉᆞ 뎌 情誼정의ᄂᆞᆫ 膠漆교칠인들 비홀손가
그 情態정태가 可觀가관이오 그 美人미인은 누구라나 南村남촌에다 ᄉᆡ집 진 이
ᄯᅩ ᄒᆞᆫ 美人미인 볼쟉시면 新情夫신정부가 온 然後연후에
自己得寵자기득총 알 슈 업셔 그 機微기미를 探知탐지코져
左右偵探좌우정탐 느려노코 以書以面奔走이서이면분주ᄒᆞ니
그 情態정태가 可觀가관이요 그 美人미인은 누구라나 婦女부녀 중에 頭領두령

된 이

쏘 흔 美人미인 볼쟉시면 新情夫신정부의 消息소식 듯고

百年佳約백년가약 미즈랴고 左右紹介좌우소개 노앗다가

仲媒者중매자가 妬忌투기하야 月下佳緣월하가연 못 밋즈니

그 情態정태가 可觀가관이오 그 美人미인은 누구라나 水原수원에셔 上京상경

흔 이

… 宮中궁중에서 從宦종환흔 이 / … 窈窕淑女요조숙녀 어대 잇나

1909, 〈美人情態미인정태〉

위 ⑨의 a와 b의 후렴구는 화자의 심정을 단순히 반복하고 있다. 매 의미단락이 마무리되는 부분에 배치하여 화자의 심정을 표현한 것이다. 그러나 ⑩의 a와 b는 앞서 전개된 내용에 대한 요약발화의 기능까지 겸하고 있다. 따라서 형식적 응집성과 함께 의미적 응결성의 기능까지 담보하고 있다.

그런데 특기할 점은 이런 후렴구의 반복은 『대한매일신보』에 실려 있는 가사텍스트에서만 나타난다는 점이다. 다시 말해, 『대한매일신보』에 게재된 가사텍스트 12수에서만 이러한 후렴구의 반복이 나타난다. 이러한 현상은 『대한매일신보』의 제작에 참여했던 가사담당자의 역할에 의한 것일 수 있다. 가사편집자가 가사의 교열과정에서 형식적·내용적 프레임을 적용했을 가능성이 크기 때문이다.[22]

요컨대 개화기 여성가사에 나타나는 후렴구는 위에서 살펴본 것처럼 형식적 응결성이나 의미적 응집성을 견고하게 하는 기능을 수행한다. 따라서 청자는 표지적 기능을 담당하는 후렴구의 발화를 기준으로 의미단락을 구획할

22 다른 신문이나 잡지에서는 이러한 후렴구가 보이지 않으며, 필사본 자료는 더더욱 그러하다. 따라서 『대한매일신보』의 제작과정에서 첨가된 것으로 볼 수도 있다.

수 있고, 이를 바탕으로 텍스트 전체의 거시적 주제도 효과적으로 도출할 수 있다.

3.5. '서-본-결'의 결집구조

개화기 여성가사는 필사본이나 인쇄본 모두 의도한 내용을 '서-본-결'의 구조로 기술하고 있다. 먼저 필사본 자료를 보면, 개인의 삶에 대한 술회나 결혼하는 자녀에게 당부하는 내용을 서사구조에 입각해 '서론-본론-결론'으로 기술하고 있다. 서론은 개시발화에 의한 주의환기, 화제제시, 필자의 심회, 혹은 주인공 제시 등으로 시작한다. 본론에서는 구체적인 내용을 시간순서에 입각해 기술한다. 그리고 결론에서 심정을 요약하거나 '이만 줄이노라', '명심하여 이 글을 잘 읽어라' 등의 표현으로 끝맺는다. 곧 하나의 주제를 갖고 셋으로 나누어 시간순서에 따라 설명하는 특징을 보인다. 다음의 표를 보자.

구조	본문	내용
서론 (도입)	쳔황씨天皇氏 ᄉᆞ람 ᄂᆡᆯ 졔 이별離別키난 무슴 일고 고당高堂의 부모이별父母離別 간운看雲의 형제이별兄弟離別 운쥬雲州의 붕우이별朋友離別 청츈青春의 낭군이별郎君離別 이별離別이 만타 한들 ᄂᆡ 이별과 갓틀손가	이야기의 시작부분으로 개시발화 기능 수행, 화제제시 기능 수행
본론 (전개)	쳔지天地 갓튼 우리 부모父母 국은國恩니 망극罔極하ᄉᆞ 평안감ᄉᆞ平安監司 가라온 후 니조판셔吏曹判書 ᄉᆞ은謝恩 후의 용인龍仁을로 나려와셔 여년餘年[을] 보ᄂᆡ실 졔 … ᄉᆞ우祠宇의 단인 후後의 ᄌᆞ모슬하慈母膝下 남ᄆᆡ男妹 안ᄌᆞ 이왕ᄉᆞ已往事을 말슴ᄒᆞ며 즉금則今 영귀榮貴 ᄌᆞ랑ᄒᆞ며 친안親顏을 앙쳠仰瞻ᄒᆞᄆᆡ 일비일희一悲一喜 ᄒᆞ시도다	구체적 내용 전개 부분으로 남성화자가 여동생의 삶을 '태어남-출가 전-출가 후'의 시간 순서대로 기술
결론 (마무리)	ᄃᆡ쳬大體 여ᄌᆞ女子 되여 츌가出嫁헌 후 승순군ᄌᆞ承順君子 졔일第一이라. 님진壬辰 즁츄仲秋 초오일初五日 십일셰十一歲의 기록記錄ᄒᆞ노라	마무리 부분, 여동생 이야기 요약 제시, 기록사항 제시

[표 3] 〈이정양가록〉의 내용전개도

이 장에서 분석 대상으로 삼은 필사본 여성 가사 35수는 [표 3]과 같은 형식으로 구성되어 있다. 따라서 청자 혹은 독자는 이런 형식적 특성을 감안해 텍스트의 주제를 도출할 수 있다. 그러나 필사본 자료의 특징이 개인적이고 주관적인 내용을 기술하다 보니 타인의 교정을 거치기 어렵고, 또 형식적인 틀이 전제되지 않아 인쇄자료에 비해 구조적인 응집성은 다소 떨어진다.[23]

인쇄본 자료는 필사본 자료에 비해 형식적으로 타이트하게 짜여 있다. 특히 신문자료의 다수를 차지하는 『대한매일신보』의 가사텍스트는 '서-본-결'의 구조가 매우 긴밀하다. 『대한매일신보』나 기타 신문류는 책임 교정자가 있었을 것이고, 그 과정에서 형식적인 틀이 적용되었을 것으로 본다. 즉 이미 정해진 틀에 맞추어 소재 및 주제를 달리하여 가사텍스트를 제작했을 가능성도 배제할 수 없다.[24] 그 과정에서 필자의 의도와 상관없이 주제를 명시화하기 위한 첨삭도 단행되었을 것으로 본다. 그렇기에 인쇄본 텍스트가 구조적으로 더 긴밀하고, 또 주제 도출도 더 선명해진 것으로 볼 수 있다. 다음의 표를 보자.

구조	본문	내용
서론	文明문명々々々々 二字이자 婦人社會基礎부인사회기초라고 累累勸告누누권고 ᄒᆞ엿것만 國民製造국민제조 더 婦女부녀ᄂᆞᆫ 愈往愈甚淫蕩유왕유심음탕이라 日所聞見駭然일소문견해연ᄒᆞ니 秋霜추상 ᄀᆞᆺ흔 筆鋒필봉으로 大聲壹呼討罪後대성일호토죄후에 更待異日갱대이일 ᄒᆞ여볼ᄭᅡ	글의 도입 역할, 내용 소개

23 그러다 보니 내용전개의 중간에 굳이 들어가지 않아도 되는 것이 삽입된 경우도 있다.

24 다른 관점에서는 『대한매일신보』 및 기타 신문류의 가사텍스트 생산자가 신문사와 관련된 고정인물일 가능성도 없지 않다. 매일 발표해야 할 가사를 일반 투고자에게 전적으로 의존할 수는 없기 때문이다. 그래서 가사텍스트의 저자명이 대부분 필명이고, 그 필명이 누구인지 명시하지 않은 것으로 볼 수 있다.

본론	淫婦음부들아 聽哉청재어다 家庭責任가정책임 엇더킬닉 子女敎育等棄자녀교육등기하고 産業整理산업정리 숨밧기오 … 歌曲가곡마다 喝采갈채흘 졔 目不轉睛流涎목불전정유연ᄒᆞ니 衆人指目중인지목 네 아ᄂᆞ냐	구체적 내용 전개, 사회 개탄, 음탕녀 질책
결론	淫蕩無恥汝輩음탕무치여배들은 從心所樂종심소락 죠커니와 子女자녀까지 그리치니 改過遷善개과천선 ᄒᆞ량이면 壹門興旺姑舍일문흥왕고사ᄒᆞ고 全國文明전국문명 더 機關기관이 從此發達종차발달ᄒᆞ려니와 壹樣如是일양여시 하고 보면 韓國事한국사는 다 보앗다	음탕녀에게 개과천선 권유, 결론 도출

[표 4] 〈大討淫婦대토음부〉의 내용전개도

[표 4]의 '서-본-결' 구조는 『대한매일신보』에 실린 〈大討淫婦대토음부〉이다. 이 텍스트의 구조처럼 『대한매일신보』에 게재된 가사텍스트는 '서-본-결'의 구조가 치밀하게 연결된다.[25] 서론에서 집필동기 및 내용전개의 방향을 제시하고, 본론에서는 구체적인 내용으로 나누어 제시하면서 각 내용에 대해 평가한다. 결론에서는 이를 해결하기 위한 대책으로 '개과천선'을 제시한다. 〈大討淫婦대토음부〉의 이런 구조적 일관성은 주제 표출의 관점에서도 매우 유용하다. 그런데 이런 구조적 통일성 및 내용의 일관성이 유독 인쇄본, 특히 신문본 텍스트에서 더 우월하게 나타난다는 점이다. 이는 신문사와 관련된 인물이 의도한 대로 조정하였기 때문이라 하겠다.

요컨대 개화기 여성가사의 텍스트 구조는 필사본과 인쇄본 모두 형식적 구조미를 갖추고 있다. 이는 텍스트 수용자가 주제를 도출하는 데 중요하게 기능하는 장치라 할 수 있다.

---

25 이 장에서 살펴본 『대한매일신보』 출전 가사는 모두 12편이고, 기타 신문류 가사가 6편이다. 그중 『대한매일신보』의 가사는 모든 구조가 '서-본-결'의 형식으로 되어 있다.

4. 결론

이상으로 개화기 여성가사의 텍스트 분포상황과 텍스트언어학적 특성을 개략적으로 살펴보았다. 이 장에서는 개화기를 1870년에서 1910년으로 설정하고, 이 시기의 가사텍스트 중 여성가사만을 선별하여 언어사용상의 특징을 살펴보았다. 개화기 여성가사는 서구문물 중심의 근대문명과 전통유교 중심의 중세문화가 상충되는 양상을 잘 포착하였다. 따라서 개화기 여성가사에는 전통적 가치관의 고수와 근대적 가치관의 변혁이라는 두 축의 문화가 양립되어 있다. 이는 당시의 언어 사용 양상을 살피는 데 여성가사가 적절함을 뜻하는 것이기도 하다.

첫째, 『개화기가사자료집』에 수록된 여성가사 53편을 대상으로 유형별·출처별로 이들의 존재양상을 검토해 보았다. 그 결과 신문자료에는 근대계몽을 지향하는 내용을 주요하게 다루었고, 전통고수를 지향하는 내용은 필사자료에 두루 분포하고 있음을 알 수 있었다.

둘째, 개화기 여성가사의 텍스트언어학적 특징을 살펴보았다. 첫 번째, 근대 지향성 때문에 기생·첩·매음녀 등을 비난하는 직설적인 여성비속어가 빈번히 나타난다. 이는 『대한매일신보』라는 공식적인 언론매체에서 여성폄하의 비속어를 직설적으로 발화했다는 점에서 특기할 만하다. 두 번째, 표기체계가 확립되지 않아 일관되지 않은 표기가 다수 발견된다. 국한문혼용의 경우 특별한 규칙도 없이 자의적으로 쓰일 뿐만 아니라 한글표기도 같은 텍스트 내에서조차 통일성이 없다. 세 번째, 개시 및 마무리발화를 통해 구어적 특성을 부각했다는 점이다. 이러한 특징은 여성가사에 당시의 언어현실이 가감 없이 반영된 결과라 할 수 있다. 더욱이 개시발화나 마무리발화가 필사본 텍스트에서만 나타나는 것은 개인 화자들이 구어성에 더 경도되어 있음을 의미하는 바라 하겠다. 네 번째, 후렴구를 반복함으로써 텍스트의 응결성과 주제응집성을 구현한다는 점이다. 후렴구 반복은 『대한매일신보』에서만 보이는 특징이다. 이는 『대한매일신보』 가사담당자의 영향 때문이라 할 수 있겠다. 다섯 번째, 주제 도출의 용이성 및 주제 접근력의 강화를 위해 '서-본-결'의 구조틀을 사용한다는 점이다. 필사본과 신문본 모두 이러한 3단구조를 활용하는데, 신문본에서는 '문제제기-문제설명-해결책제시'의 내용 전개가 주종을 이루는 반면, 필사본은 대부분 '도입-내용전개-마무리'로 짜여 있다.

개화기는 현대국어와 근대국어, 나아가 중세국어의 변천사를 살펴볼 수 있는 중요한 시기이다. 그럼에도 이 시기의 국어학 자료는 각 분야에 산발적으로 흩어져서 접근하는 데 어려움이 따른다. 이제 시행착오를 거치더라도 이 시기의 국어현상에 대한 접근 및 분석을 다양한 각도에서 시도해야 한다. 그래야만 국어사의 연결고리를 찾아 통시적 맥락을 짚어 낼 수 있기 때문이다.

제2장

《번역노걸대》의 결속장치와 결속성

1. 서론

이 장은 《번역노걸대》의 결속장치와 결속성을 중심으로 텍스트성을 살피는 것이 주목적이다. 무릇 언어만큼 그 사회현상을 잘 반영하는 것도 없다. 실제로 언어는 그 언어를 사용하는 사람들의 언어적 습관뿐만 아니라 당시 사회의 제반현상을 여과 없이 반영하는 중요한 매체이다. 따라서 특정 시기의 언어현상을 살피면 그 시기 언중의 기류나 특징은 물론, 사회현상까지도 확인할 수 있는 좋은 지침이 된다.

이와 같은 관점에서 《번역노걸대》[01]는 16세기 초의 언어현상을 살피는 데 유용한 텍스트라 하겠다. 《노걸대》는 《박통사》와 함께 고려 말부터 한어(漢

01 이 장에서 활용한 텍스트는 대제각 영인본인 원본 『국어국문학 총림』 12의 「번역노걸대」(상)과 『국어국문학 총림』 23의 「번역노걸대」(하)를 역주한 『번역노걸대』(국어사자료연구회, 태학사, 1995)임을 밝힌다.

語) 학습교재로 사용되어 오다가 중종 조 최세진에 의해 《번역노걸대》로 간행되었다. 그런데 최세진이 중종 12년(1517)에 간행한 《사성통해》의 말미에 《노걸대》와 《박통사》를 번역한 범례가 첨부된 것으로 보아 이보다는 앞선 시기에 번역이 이루어졌을 것으로 추정된다.[02]

《번역노걸대》는 《박통사》와 함께 실용적 한어 회화를 익힐 수 있도록 짜여져 있다. 그 내용은 중국으로 물건을 팔러 가는 고려상인이 중국상인을 만나 동행하면서 주고받은 대화이다. 전체 체재는 상권과 하권으로 나누어져 있으며, 모두 40여 개의 담화상황으로 구성되어 있다.[03] 각 상황별 내용은 북경까지의 여정, 인삼이나 비단 등의 매매, 계약에 관계된 일, 질병과 의약품에 관계된 것, 숙박에 관한 이야기, 먹을 것 등 일상에 관계된 대화가 대부분이다.

이처럼 대화로 된 회화학습서의 성격상 《번역노걸대》는 당시의 언어현상을 상당수 기술할 수밖에 없었다. 실제로 《번역노걸대》는 일상생활에서 흔히 주고받을 수 있는 대화로 구성되어 있다. 이렇게 일상생활의 대화가 전체 내용을 이루기 때문에, 《번역노걸대》에서는 생략이라든지 강조를 위한 반복표현들이 그대로 투영되어 있다. 이 점이 《번역노걸대》가 갖는 특징 중의 하나이다. 즉 《번역노걸대》는 다른 문헌자료들처럼 문학적 기교라든지 현학적 표현 기술보다는 일상언어를 그대로 활용했다는 점에서 당시의 언어현상을 살피는 데 좋은 텍스트라 할 수 있다. 이는 《번역노걸대》에 나타나는 언어현상들

---

02 실제로 최세진이 중국에 다녀온 후 번역에 임했을 것으로 보고 부경사행(赴京使行)을 수행하여 중국에 다녀온 중종 4년(1509)보다는 뒤에, 그리고 《사성통해》(1517)보다는 앞선 시기에 《노걸대》와 《박통사》가 번역되었을 것으로 보인다. 최세진은 이 책의 본문에 쓰인 한자 하나하나의 중국어 발음을 훈민정음으로 표음하였고, 이와 같은 중국어 발음 전사의 원칙을 《사성통해》의 말미에 「번역노걸대박통사범례」란 이름으로 첨부하였다. 이로 인하여 최세진이 언해 · 번역한 《노걸대》, 《박통사》를 《번역노걸대》, 《번역박통사》라 부른다.(정광, 1995 : 21~22)

03 《번역노걸대》의 본문체재를 보면, 일정한 구절단위로 나눈 백화문 아래에 왼쪽에는 정음, 오른쪽에는 속음을 달고, 그 원문에 대한 우리말 번역을 첨부하였다. 다만 이 장에서는 논의의 효율성을 감안하여 번역 부분과 그에 해당하는 백화문만을 발췌 · 인용하였음을 밝힌다.

을 분석하면, 당시의 언어현실을 효율적으로 파악할 수 있음을 의미하는 것이기도 하다.[04]

따라서 이 장에서는 이러한 점을 감안하여 《번역노걸대》에 나타나는 텍스트성을 통사기준에 의한 표층결속성과 의미기준에 의한 심층결속성을 중심으로 분석하고,[05] 이를 바탕으로 텍스트언어학적인 특성을 어순, 호칭어, 부정어 문장종결 등을 감안하여 확인해 보도록 하겠다.[06]

2. 《번역노걸대》의 언어와 결속장치

2.1. 표층결속성 장치

텍스트가 얼마나 유기적이고 통일성 있는지를 가늠하기 위하여 종종 문제 삼는 것이 바로 텍스트성이다.[07] 그중에서 일차적으로 확인하는 것이 표층결

---

04 다만 이 텍스트가 한어를 번역한 약점이 있기는 하다. 그런데 이 텍스트의 특성이 담화상황별로 구성되어 있다는 점이다. 그러다 보니 담화상황의 흐름을 감안한 번역이 이루어질 수밖에 없었다. 말하자면 축자역을 벗어나 경우에 따라서는 의역이 필요했고, 그러는 과정에서 중세국어의 모습을 온전히 담기도 하였다. 그렇기 때문에 정광(1995)에서는 이 텍스트를 두고 '16세기 국어의 생생한 구어를 남겼다는 의미에서 국어사 연구에 좋은 자료가 되며 … 그리고 중국어의 대역(代譯)과 《어록해》를 통하여 이 시대의 국어를 형태론적으로 분석할 수 있으며 통사적인 연구도 가능하게 한다'라고 하였던 것이다.

05 담화상에서 통사적인 특질에 의해 결속구조를 파악하는 경우 이를 표층결속성이라 하고, 이와는 반대로 텍스트의 의미론적인 측면에 입각하여 결속성을 파악하는 경우 이를 심층결속성이라 할 수 있다. 따라서 이 장에서는 결속구조 대신에 표층결속성과 심층결속성으로 대치하고자 한다.(강연임, 2002 : 7~8)

06 참고로 최세진은 《노걸대》와 《박통사》의 한자에 발음을 달고 그 뜻을 옮겼는데, 그 서명(書名)은 《노걸대》와 《박통사》였고, 이후에 나오는 책들도 《노걸대언해》, 《박통사언해》, 《노걸대신석언해》, 《박통사신석언해》 등의 서명을 붙였다. 다만 최세진이 손질하여 새로 간행한 이 책을 《번역노걸대》, 《번역박통사》라고 부르는 이유는 《사성통해》에 붙어 전하는 「번역노걸대박통사범례」에서 지칭하는 책이 바로 이것이기에 남광우(1972)에서 그렇게 부르고자 했기 때문이다. 따라서 이 장에서도 이에 준하여 앞으로는 《번역노걸대》로 통칭하기로 한다.(강식진, 1999 : 36)

07 이 장에서는 보그란데 · 드레슬러(1981)의 견해에 의해 그들이 제시한 7가지 텍스트성에 기준하여 논의를 전개

속성(cohesion)인데, 이현호(1994)는 이에 대해 텍스트 표층구조에서 나타나는 문법적인 혹은 통사적인 의존관계라고 설명한다.[08] 이러한 관점에 의거해 표층결속성은 다음에 나오는 심층결속성과 구분할 필요가 있다.

표층결속성의 기제로는 회기(recurrence), 대용형(pro-forms), 생략(ellipsis), 상(aspect), 접속표현(junctive expressions), 기능적 문장 투시법(functional sentence perpective), 억양(intonation) 등을 들 수 있다. 이들 기제들은 텍스트 내에서 긴밀히 연결되며 텍스트 전체의 표층결속성을 강화한다. 이뿐 아니라, 심층결속성까지도 고양하는 데 일조를 하고 있다. 다만 여기에서는 《번역노걸대》에서 자주 나타나는 회기, 대용형 그리고 생략을 중심으로 텍스트성을 살펴보도록 하겠다.[09]

2.1.1. 회기(recurrence)

회기는 한 텍스트 내에서 앞서 사용된 발화체가 다시 나타나는 것을 말한다. 이 회기는 구체적인 용법에 따라 부분회기와 전체회기 그리고 병행구문과 환원 등으로 나눌 수 있다. 부분회기는 일부분만을 반복하여 제시하는 것

하고자 한다. 참고로 여기서 제시된 7가지 텍스트성은 결속구조, 결속성, 의도성, 용인성, 정보성, 상황성, 상호텍스트성이다. 이들이 단족되어야만 발화체가 하나의 텍스트로 용인되고 그렇지 않으면 비통화적인 것으로 간주되어 비텍스트로 취급된다. 이 장에서는 이러한 7가지 텍스트성 중에서 일차적으로 결속구조와 결속성에 주안점을 두어 분석하겠다.

08 김태옥 · 이현호는 결속구조의 개념을 통사구조의 개념과 구분하기도 한다. 이는 통사구조 및 문법구조가 실제 통화상에서 활용되며 구현한 것이 결속구조이기 때문이다. 실제로 결속구조는 통사구조나 문법구조가 실제 통화과정에서 다른 요인들과의 상호작용까지를 포함하는 것이다.(김태옥 · 이현호, 1995 : 10)

09 나머지 결속기저인 시제와 상, 접속표현, 기능적 문장투시법 등은 차후의 과제로 남긴다. 따라서 이 장에서는 주로 회기와 대용형 그리고 생략만을 살펴보고자 한다. 참고로 시제와 상은 사상의 상대적 시간, 경계, 단일성, 순서 등을 표시하는 결속구조의 장치이다. 접속표현은 부가적 관계, 택일적 관계, 대립관계, 인과관계, 시간, 법 등을 통한 종속관계를 명시하는 것이며, 기능적 문장 투시법은 지식이나 정보 우선도와, 절과 문장의 어순 사이의 상관관계를 의미하는 것이다. 억양은 청취 가능한 음조와 조성의 특징적인 곡선을 텍스트에 부과하여, 사용자의 기대, 태도, 의도 그리고 반응에 대한 주요 단서를 제공하는 것이다.(이현호, 1994 : 34~36 참조)

이고, 전체회기는 완전히 같은 언어요소를 반복하는 경우이다. 병행구문은 같은 통사구조 안에서 의미만 변형시켜 지속적으로 제시하는 경우이고, 환원은 같은 의미정보를 표면형식을 바꿔서 제시하는 경우이다.

회기는 이미 제시된 정보를 반복한다는 측면에서 강조의 효과를 거둘 수 있지만, 지나치게 사용하면 오히려 정보성을 이완시키는 역효과를 가져오기도 한다. 말하자면 청자에게 정보를 반복하여 제공하다 보니 지루함을 유발하고, 주제파악을 위해 노력하는 청자의 의지를 차단하기도 하는 것이다. 반면에 병행구문이나 환원은 정보전달에 있어서 긴장감을 조성할 수 있을 뿐만 아니라, 형식적인 측면에서도 통일성을 획득할 수 있는 강점을 갖기도 한다.[10] 이제《번역노걸대》에 나타나는 회기현상을 살펴보도록 하겠다.

① 중국상인: 네 언제 왕경의셔 ᄠᅥ난다(你幾時離了王京)
고려상인: 내 이 ᄃᆞᆳ 초ᄒᆞᄅᆺ날 왕경의셔 ᄠᅥ나라(我這月初一日離了王京)
중국상인: 이 믜 이 ᄃᆞᆳ 초ᄒᆞᄅᆺ날 왕경의셔 ᄠᅥ나거니 이제 반 ᄃᆞ리로ᄃᆡ 엇디 앗가ᅀᅡ 예 오뇨(旣時這月初一日離了王京 / 到今半箇月 / 怎麽纔到的這裏)[11]

② 고려상인: 예셔 셔울 가매 몃 즘겟 길히 잇ᄂᆞ고(這裏到京裏 / 有幾程地)
중국상인: 예셔 셔울 가매 당시론 오백리 우호로 잇ᄂᆞ니(這裏到京裏 / 還有五百里之上)[12]

10 회기와 병행구문 그리고 환언은 텍스트의 의미내용과 그 내용을 전달하는 표층구조 사이의 관계를 효과적으로 나타내기 위해서 사용된다. 여기에서 강조되는 관계를 등가성(equivalence) 관계라 할 수 있다. 따라서 이 장치들은 무엇보다도 의미내용의 안정성과 정확성이 중요한 관건으로 제시된다.(김태옥 · 이현호, 1995 : 12)

11 국어사자료연구회(1995),『역주 번역노걸대』, 태학사, 33쪽.

12 앞의 책, 45쪽.

위의 예문을 보면 밑줄 친 발화들이 모두 완전 회기되고 있음을 알 수 있다. 선행발화에서 이미 발화된 내용을 후행발화에서 다시 한번 반복함으로써 발화자의 의지를 강화한 경우이다. ①에서는 중국상인이 처음 발화한 '왕경에서 떠났는가?'가 후행화자들에 의해 지속적으로 반복되고 있다. 또한 고려상인의 '이 달 초하룻날'도 이어지는 중국상인의 발화에서 다시 언급되고 있다. 이처럼 굳이 발화하지 않아도 되는 언어요소를 회기하는 것은 이 언어내용에 대한 발화자의 발화의지의 표명으로 볼 수 있다. 이렇게 회기되는 언어요소들은 각 발화문들 간의 형식적인 긴밀성, 즉 표층결속성을 강화하는 기능을 수행한다.

③ 고려상인: 네 믈기리 니근 돗ᄒᆞ고나(你敢慣打水)
내 믈기리 닉디 몯호라(我不慣打水)[13]

④ 여관주인: 술위 잇ᄂᆞ녀(車子有麼)
중국상인: 술위 업다(車子沒)[14]

⑤ 여관주인: 나그내네 네 이 ᄆᆞᄅᆞᆯ 폴오져 ᄒᆞᄂᆞ녀(客人們 / 你這馬要賣麼)
중국상인: 그리어니 내 폴오져 ᄒᆞ노라(可知我要賣裏)
여관주인: 네 ᄒᆞ마 폴오져 ᄒᆞ거니 또 긋 네 가져 져제 가디 말오(你旣要賣時 / 也不須你將往市上去)[15]

---

13 앞의 책, 78쪽.

14 앞의 책, 128쪽.

15 앞의 책, 159쪽.

③, ④, ⑤ 역시 각각의 발화에서 회기현상이 나타나고 있다. 후행발화에서 발화하지 않아도 될 구정보를 다시 한 번 발화함으로써 각각의 화자들은 자신의 발화의지를 분명히 하는 것이다. 비록 앞선 발화에서와 형태는 같을지 모르지만, 내용 면에서는 발화자의 의지가 첨부된 새로운 언어정보로 기능할 수도 있다.

《번역노걸대》에는 앞서 살펴본 회기만큼이나 병행구문이 빈번하게 나타난다. 당시의 중국어 회화책이라는 점을 감안하면 구어적인 면모를 상당히 갖출 수밖에 없었는데, 이러한 병행구문이 자주 나타나는 것은 이 책이 갖는 언어학습서로서의 성격 때문이라 할 수 있다. 곧 언어학습서의 기능 때문에 될수록 생략하지 않고 전문을 발화하는 것이 유용할 수 있다.

⑥ 중국상인: 콩은 언머의 ᄒᆞᆫ 마리며 딥픈 언머의 ᄒᆞᆫ 뭇고(黑豆多少一斗 / 草多少一束)
여관주인: 콩은 쉰 낫 돈애 ᄒᆞᆫ 마리오 딥픈 열 낫 돈애 ᄒᆞᆫ 무시라(黑豆五十箇錢一斗 / 草一十箇錢一束)[16]

⑦ 중국상인: 이 ᄒᆞᆫ 둥엣 ᄆᆞᄅᆞᆫ 열닷 량 우후로 ᄑᆞᆯ오(似這一等的馬 / 賣十五兩以上)
이 ᄒᆞᆫ 둥엣 ᄆᆞᄅᆞᆫ 열 량 우후로 ᄑᆞᆯ리라 ᄒᆞ더라(這一等的馬 / 賣十兩以上)[17]

⑧ 중국상인: 여듧 푼 은에 ᄒᆞᆫ 말 경미오 닷 분에 ᄒᆞᆫ 말 조ᄡᆞᆯ리오(八分銀子一斗粳米 / 五分一斗小米)
ᄒᆞᆫ 돈 은에 열 근 ᄀᆞᆯ이오 두 푼 은에 ᄒᆞᆫ 근 양육이라(一錢銀子十斤麵 / 二分銀

16 앞의 책, 56쪽.
17 앞의 책, 44쪽.

子一斤羊肉)[18]

위의 예문 ⑥, ⑦, ⑧에서는 발화된 각 문장들이 병행구문을 이루고 있다. 이러한 병행구문에 의한 발화효과는 전체발화의 안정성과 규칙성을 담보함은 물론, 청자에게 발화에 신뢰감을 줄 수도 있다. 특히 ⑧의 경우는 같은 구조의 반복으로 하나의 공식을 형성하기도 한다. 즉 '수사+단위성 의존명사+명사+수사+명사'의 구조를 이루고 있는데, 이러한 구조의 반복으로 발화체에 운율을 형성하여 청각적 재미까지도 확보하고 있다. 병행구문은 자칫 텍스트 내의 정보집중성을 저해할 수도 있지만, 같은 구조 안에서 새로운 내용을 제시한다는 점에서는 표층결속성을 강화하는 기능을 수행한다고 볼 수 있다. 다음도 역시 병행구문을 보이는 예들이다.

⑨ 고려상인: 콩딥 논 ᄃᆡᆫ 서너 돈 은을 ᄡᅳ고(草料貴處 / 盤纏三四錢銀子)

콩딥 흔ᄒᆞᆫ ᄃᆡᆫ 두 돈 은을 ᄡᅳ나니라(草料賤處 / 盤纏二錢銀子)[19]

⑩ 고려상인: 깁 ᄒᆞᆫ 피레ᄂᆞᆫ 가ᄂᆞᆫ 뵈 두 피레 ᄑᆞ라 은 ᄒᆞᆫ 량 두 돈애 혜오(絹子一匹 / 賣細麻布兩匹 / 折銀一兩二錢)

고로 ᄒᆞᆫ 피렌 야칭의ᄂᆞᆫ 뵈 엿 비레 ᄑᆞ라 은 석 량 엿 돈애 혜오 쇼홍앤 뵈 닷 비레 ᄑᆞ라 은 석 량에 혜오(綾子一匹 / 鴉青的賣布六匹 / 折銀子三兩六錢 / 小紅的賣布五匹 / 折銀子三兩)

소오믄 ᄆᆡ 넉 량의 뵈 ᄒᆞᆫ 피레 ᄑᆞ라 은 엿 돈애 혜나니(緜子賣四兩 / 賣布一匹 /

18 앞의 책, 44쪽.

19 앞의 책, 46~47쪽.

折銀子六錢)[20]

⑪ 고려상인: 이는 셩이 金개니 이는 내 아븨 동싱 누의와 어믜 동싱 오라븨게 난 형이오(這箇姓金 / 是小人姑舅哥哥)
이는 셩이 李개니 이는 우리 어믜 동싱의게 난 아ᅀᆞ오(這箇姓李 / 是小人兩姨兄弟)
이는 셩이 趙개니 이 내 이우지라(這箇姓趙 / 是我街坊)[21]

⑨, ⑩, ⑪에서도 병행구문은 전체발화에 구조적인 안정감을 담보하고 있다. 그리하여 청자가 발화에 대한 정보구조의 분석을 더욱 쉽게 할 수 있도록 돕고 있다. 특히 ⑩의 경우는 같은 구조가 네 번씩이나 반복되어 그 안의 내용들에 대한 정보분석이 용이할 수 있다. 즉 '팔고자 하는 상품+중간 교역물+환산된 물건값'의 구조적인 반복으로 전달내용의 이해에 편의를 도모하고 있다. 따라서 청자는 처음에 제시된 발화구조가 반복됨을 감안하면서 정보를 받아들이기 때문에 수월한 의사소통이 가능해진다. 실제로 동일한 구조를 바탕으로 새로 제시된 정보를 의미단위로 분절화하면 그 의미를 쉽고 빠르게 받아들일 수 있다. 이렇게 전체발화가 단일한 구조 안에서 제시되면 형식적인 통일성을 담보함은 물론, 내용파악에 있어서도 용이성을 확보하는 이점이 있다.

2.1.2. 대용형(pro-forms)

일반적으로 대용형은 텍스트 안에서 이미 제시된 내용을 대명사를 활용하

---

20 앞의 책, 48쪽.

21 앞의 책, 49~50쪽.

여 언급하는 경우를 말한다. 대용형은 텍스트의 명확성은 어느 정도 상실될 수도 있지만, 표층텍스트를 짧고 간결하게 만드는 데는 유용한 언어기제이다. 이 대용형은 자체의 특별한 의미내용보다는 경제적인 측면에서 주로 사용하는 특징이 있다. 따라서 텍스트 안에서 의미의 초점이 되지 못하는 요소를 짧고 간략한 대용형으로 제시하여 전체 텍스트의 전개에 경제성을 담보하곤 한다.

그런데《번역노걸대》에서는 대용형의 실현이 그리 두드러지게 나타나지는 않는다. 이는 당시의 언어현상에서 대용형의 활용이 많지 않았음을 의미한다고 볼 수 있다.[22] 그러나 대용형의 사용이 전체발화를 짧고 간결하게 해 주어, 정보전달의 용이성을 담보하는 경우에는 적극적으로 활용되고 있다.

⑫ 중국상인: 네 이 ᄃᆞᆯ 그믐ᄭᅴ 북경의 갈가 가디 몯ᄒᆞᆯ가(你這月盡頭 / 到的北京麼 / 到不得)

고려상인: 모르리로다 그 마ᄅᆞᆯ 엇디 니ᄅᆞ리오 하ᄂᆞᆯ히 어엿비 너기샤 모미 편안ᄒᆞ면 가리라(知他 / 那話怎敢說 / 天可憐見 / 身己安樂時 / 也到)[23]

⑬ 중국상인: 이 ᄃᆞ리ᄂᆞᆫ 곧 내 어제 니ᄅᆞ던 ᄃᆞ리니 아ᄅᆡ두곤 ᄀᆞ장 됴타 ᄋᆞᆲ픠ᄂᆞᆫ 그저 ᄒᆞᆰ 텨 ᄆᆡᆼᄀᆞᆫ ᄃᆞ리러니 이제ᄂᆞᆫ 다 널 ᄭᆞ라 잇고 이 ᄃᆞ릿 보와 기동ᄃᆞᆯ히 아ᄅᆡ 치와 견조면 너므 굳다 이것이 십년을 디나도 ᄒᆡ야디디 아니ᄒᆞ리로다(這橋便是我夜來說的橋 / 此在前十分好 / 在先只是土搭的橋來 / 如今都是板輓了 / 這橋梁橋

22 이는 외국어 학습서라는 측면에서 그 특징을 파악할 수도 있겠다. 즉 같은 단어를 반복함으로써 어휘습득을 용이케 하려는 이면의도가 있는 것으로 해석할 수 있다.

23 앞의 책, 34쪽.

柱 / 比在前忒牢壯 / 這的捱十年也壞不得)[24]

⑭ 하인: 녀느 ᄂᆞᄆᆞ새ᄂᆞᆫ 다 업거니와 다믄 저린 외옷 잇다(別箇菜都沒 / 只有塩瓜兒)

집주인: 그도 됴타 가져오라(也好將來)[25]

⑫와 ⑬에 나오는 대용형은 모두 선행발화에서 제시된 내용들이다. ⑫에서는 중국상인의 질문에 대해 고려상인이 후행발화에서 질문 전체를 '그 말'로 대용하고 있다. 그렇게 함으로써 후행발화에서의 의미초점은 다음에 제시되는 '하늘이 불쌍히 여겨 몸이 아프지 않으면 갈 수 있다'로 옮겨지게 된다. 그리고 이미 제시된 내용을 간단하게 나타내 줌으로써, 정보전달의 용이성과 의미연결의 긴밀성을 획득하고 있다. ⑬에서도 처음에 제시되는 신정보 '이 다리ᄂᆞᆫ'이 이어지는 발화들에서는 모두 생략되거나 대용되고 있다. 즉 '이 다리→아래 것→앞의 것→이제 것→아래 것(예전의 것)→이것'으로 그 표현이 달라지고 있다. 또한 '다리'를 지시하는 대용어를 시간대용어인 '아래, 앞(전), 이제'로 대치하기도 한다. 이를테면 시간적인 개념을 도입하여 이전의 다리와 지금의 다리를 비교·대조하는 것이다. 이것은 구상적인 대상을 시공개념을 활용하여 나타낸 표현기교라고 할 수 있다. 하지만 마지막에 와서 다시 '이것'이라는 대용어로 마무리함으로써 다리의 견고함을 더욱 강조하고 있다. ⑭에서도 '절인 오이'를 후행화자는 '그것'이라는 대명사로 받음으로써, 다음에 제시되는 정보 '좋다'를 부각시켜 의미전달의 긴밀성까지도 고려하고 있다.

---

24 앞의 책, 85쪽.

25 앞의 책, 88쪽.

⑮ 중국상인: … 제 이제 글월 가지고 고려 ᄆᆞᆯ 모라 븍경 셔울로 흥졍ᄒᆞ라 가ᄂᆞ니 제 한어를 니ᄅᆞ디 몯ᄒᆞᆯᄉᆡ 이런 젼ᄎᆞ로 말 니ᄅᆞ디 몯ᄒᆞᄂᆞ니라(… 他見將文引 / 赶着高麗馬 / 往北京做賣買去 / 他漢兒言語說不得的 / 因此上 / 不敢說語)[26]

⑯ 집주인: 우리 여긔 올히 녀르메 하ᄂᆞᆯ히 ᄀᆞᄆᆞᆯ오 ᄀᆞᅀᆞᆯ히ᄂᆞᆫ 므리 채여 뎐회 거두디 몯ᄒᆞ니 이런 젼ᄎᆞ로 우리도 즉재 밧고와다가 즉재 먹나니 어듸 밧괴일 ᄡᆞ리 이시리오(我這裏今年夏裏天旱了 / 秋裏水澇了 / 田禾不收的 / 因車上 / 我也旋糴旋喫裏 / 那裏有糶的米)[27]

⑰ 중국상인: 이믜 이 ᄃᆞᆯ 초ᄒᆞᄅᆞᆺ날 왕경의셔 ᄠᅥ나거니 이제 반 ᄃᆞ리로ᄃᆡ 엇디 앗가ᅀᅡ 예 오뇨(旣是這月初一日離了王京 / 到今半箇月 / 怎麽纔到的這裏)

고려상인: 내 ᄒᆞᆫ 버디 ᄠᅥ디여 올ᄉᆡ 내 길조차 날회여 녀기들워 오노라 ᄒᆞ니 이런 젼ᄎᆞ로 오미 더듸요라(我有一箇火伴 / 落後了來 / 我沿路上慢慢的行着等候來 / 因此上 / 來的遲了)[28]

위의 예문을 보면 모두 '이런 젼ᄎᆞ로(이런 까닭으로)'라는 구문이 중간에 나오고 있다. 이는 선행발화를 요약·제시하는 기능을 수행하는 것이 일반적이다. 그런데 위의 예문에서는 담화맥락상 이러한 발화가 굳이 들어가야 하는지 의문이다. ⑮의 경우는 중국상인이 고려상인들을 집주인에게 설명하는 장면인데, 고려상인들이 중국어를 못해서 뭐라고 말을 못하고 있는 상황이다. 그런데 발화내용을 살펴보면 '이제 증명서를 가지고 고려의 말을 몰아 북경

26 앞의 책, 101쪽.

27 앞의 책, 102쪽.

28 앞의 책, 33~34쪽.

서울로 장사하러 가는데 저 사람이 중국어를 말하지 못하니, 이런 까닭으로 말을 하지 못합니다.'로 해석된다. 따라서 여기에서는 굳이 '이런 까닭으로'를 넣지 않아도 문맥상 어색하지 않다. 차라리 그 자리에 접속어를 넣어야 흐름이 순조로울 수 있다. 예를 들면, '… 중국어를 말하지 못해요. 그래서 말을 못합니다' 등의 인과관계 접속어를 넣는 것이 무난하다. 그런데《번역노걸대》에는 종종 '이런 젼ᄎᆞ로'라는 발화가 나타나고 있다. ⑯과 ⑰에서도 선행발화에 대한 대용으로 '이런 젼ᄎᆞ로'가 중간에 발화되고 있다. 이러한 발화는 대화참여자들이 맥락의 흐름을 이해하는 데 걸림돌로 작용할 수도 있지만, 선행발화와 후행발화 사이의 인과성과 긴밀성을 강화하기 위한 수단으로도 볼 수 있다.

2.1.3. 생략(ellipsis)

생략은 텍스트에서 가장 빈번하게 사용하는 표층결속기제 중의 하나이다. 이는 새로운 정보를 추구하고, 그것을 신속하게 전달하기를 원하는 언어심리의 작용 때문이다. 텍스트 전개에서 이미 제시된 정보는 발화자의 특별한 발화의도가 개입되지 않는 한 반복되지 않는다. 오히려 그것을 생략하고 다른 신정보를 연속적으로 제시함으로써 신속한 정보전달과 원활한 의사소통의 효과를 거둘 수 있다. 이러한 점 때문에《번역노걸대》에서도 생략을 빈번히 활용하고 있다.

⑱ 고려상인: 뎜이 어듸 잇ᄂᆞ뇨(店在那裏)

중국상인: (∅) 뎌 셧 녁 그테 잇ᄂᆞ니라(那西頭有)[29]

---

29 앞의 책, 129쪽.

⑲ 여관주인: 나그내네 네 이 ᄆᆞᄅᆞᆯ ᄑᆞᆯ오져 ᄒᆞᄂᆞ녀(客人們 你這馬要賣麽)

중국상인: 그리어니 내 (Ø) ᄑᆞᆯ오져 ᄒᆞ노라(可知我要賣裏)

여관주인: 네 ᄒᆞ마 (Ø) ᄑᆞᆯ오져 ᄒᆞ거니 ᄯᅩ ᄀᆞᆺ 네 (Ø) 가져 져제 가디 말오 그저 이 뎜에(Ø)두라 내 너 위ᄒᆞ야 님자 어더(Ø)다 ᄑᆞ로마(你旣要賣時 / 也不須你將往市上去 / 只這店裏放着 / 我與你尋主兒都賣了)[30]

위의 예문 ⑱과 ⑲에서는 생략이 아주 자연스럽게 일어나고 있다. 선행발화에서 제시된 정보는 후행발화에서 구정보로 처리되기 때문에 그에 대한 발화자의 의견이나 생각이 신정보로 제시되기 마련이다. 구정보화된 것은 맥락상 발화하지 않아도 대화참여자들에게 부담을 주지 않기 때문에 대부분 생략하고, 오히려 그 뒤에 이어지는 발화들이 신정보로, 또는 화제의 초점정보로 작용한다. 이렇게 구정보화된 것들을 생략함으로써 발화자의 의도가 신속하게 전달될 수 있을 뿐만 아니라, 의미맥락 · 결속성도 강화하게 된다.

⑳ 중국상인: 네 ᄇᆡ환디 언머 오라뇨(你學了多少時節)

고려상인: 내 ᄇᆡ환디 반ᄒᆡ 남즉ᄒᆞ다(我學了半年有餘)

중국상인: (Ø1) 알리로소녀 아디 몯ᄒᆞ리로소녀(省的那的不的)

고려상인: ᄆᆡ실 漢兒션ᄇᆡᄃᆞᆯ과 ᄒᆞ야 ᄒᆞᆫᄃᆡ셔 글 ᄇᆡ호니 이런 젼ᄎᆞ로 (Ø1) 져기 아노라(每日和漢兒學生們 / 一處學文書來 / 因此上 / 些少理會的)

중국상인: 네 스승이 엇던 사ᄅᆞᆷ고(你的師傅是甚麽人)

고려상인: (Ø2) 이 漢人이라(是漢兒人有)

중국상인: (Ø2) 나히 언메나 ᄒᆞ뇨(多少年紀)

---

30 앞의 책, 129~130쪽.

고려상인: (Ø2) 셜흔 다ᄉᆞ시라(三十五歲了)

중국상인: (Ø2) 즐겨 ᄀᆞᄅᆞ치더녀 즐겨 ᄀᆞᄅᆞ치디 아닛ᄂᆞ녀(耐繁教那不耐繁教)

고려상인: 우리 스승이 셩이 온화ᄒᆞ야 ᄀᆞ장 즐겨 ᄀᆞᄅᆞ치ᄂᆞ다(我師傅性兒溫克 / 好生耐繁教)[31]

㉑ 중국상인: 이러ᄒᆞ면 네 밥이 쟈글 ᄃᆞᆺᄒᆞ고나(這般時 / 敢少了你飯)

집주인: 므던ᄒᆞ니 믄득 (Ø) 쟉거든 우리 다시 져기 (Ø) ᄒᆞ면 곧 ᄀᆡ어니ᄯᆞ나 상 가져오라 나그네ᄃᆞᆯ ᄒᆞ야 그저 이 가개 아래 안자셔 밥먹게 ᄒᆞ져(不妨事 / 便少時 / 我再做些箇便是 / 將卓兒來 / 教客人們只這棚底下坐的喫飯)[32]

⑳과 ㉑에서도 생략은 중요한 언어기제로 작용한다. ⑳에서 처음에 나오는 Ø1은 선행문장에서 제시된 정보 '배운 것'을 의미하며, Ø2는 중국상인의 세 번째 발화인 '네 스승은 어떤 사람입니까?'에서 제시된 정보 '스승'을 의미한다. 그런데 발화가 전개될수록 선행발화에서 이미 제시된 '스승'은 비초점정보가 되어 그것에 대한 다른 내용, 즉 나이나 가르쳤던 내용들이 새로운 초점정보로 부각된다. 그래서 이어지는 모든 발화에서는 구정보인 '스승'이 발화되지 않다가 마지막 고려상인의 발화에서 이전 발화를 아우르는 차원의 '스승'이 언급된다. 마지막에서의 '스승'은 이제까지 발화된 스승에 대한 내용을 집약하기 위해 언표화된 경우라 하겠다. 이는 결과적으로 의미의 결집현상까지 획득하는 효과를 거둔다. ㉑에서도 선행발화에서 제시된 정보 '밥'이 이후의 발화에서는 생략되고 그것에 결부되어 일어나는 사건이 초점정보화되어

31 앞의 책, 37쪽.

32 앞의 책, 87쪽.

발화되고 있다. 다만 마지막 발화인 '이 가게 아래에 앉아서 밥을 먹게 하자'에서 '밥'이 언표화되고 있는데, 그것은 이 '밥'에 정보가 집약되어 있기 때문이다. 이처럼 생략은 중세국어의 실제발화에서도 아주 중요한 기제로 작용하였음을 알 수 있다.

2.2. 심층결속성 장치

심층결속성은 하나의 텍스트 안에서 실현되는 여러 기제들이 주제를 향하여 연결되거나 집약되는 적합성의 관계라고 말할 수 있다. 즉 주제를 더욱 효과적으로 제시하기 위한 의미적인 연결이 심층결속성이라 할 수 있다. 따라서 심층결속성은 각각의 발화들이 의미의 연속성을 획득할 수 있을 때 비로소 확보되는 것이다.

이러한 심층결속성은 담화참여자의 발화의도와 맥을 같이 하기도 한다. 그런데 이러한 주제집약적인 결속성 확보를 위해서는 주변 정보원의 도움이 필요하다. 실제로 제시된 담화상황에 부가되는 인지정보나 상황정보 그리고 청자가 가지고 있는 기존의 언어정보 등이 연합해야만 주제를 향해 응집될 수 있기 때문이다. 따라서 앞서 살펴본 표층결속성이 주로 통사적 차원의 표면적인 응집력이라 한다면, 심층결속성은 의미적 차원의 내면적 응집력이라 할 수 있다.

일반적으로 심층결속성은 텍스트 안에서 표면적인 의미연쇄망으로 표출되기도 하나, 이러한 의미연쇄망을 넘어서 복잡한 연상과정을 거치는 것들도 상당수이다. 즉 발화된 언어요소를 바탕으로 주변 정보원을 활용하여 의미의 변용이 적용되기도 하는 것이다. 그러나 이 장의 분석 대상인 《번역노걸대》는 기초적인 생활회화집이라는 특성 때문에 담화상황이 그리 복잡하거나 고차원적인 사고과정을 요구하지는 않는다. 일상생활에서 흔히 접하는 담화상황이 전제되었고, 또한 그 상황에서 오고가는 이야기들이기에 복잡한 연상작용에 의한 추론과정이 불필요한 것이다. 그렇지만 맥락을 바탕으로 하는 담화에서는 상황정보나 담화참여자들의 인지정보를 감안할 필요가 있다. 말하자면 심층결속성에 유의해야만 정보습득이 용이하게 된다. 다음의 예를 보기로 하자.

㉒ 중국상인: 네 ᄆᆡ실 므슴 이력ᄒᆞᄂᆞ다(你每日做甚麼工課)

고려상인: ᄆᆡ실 이른 새배 니러 ᄒᆞᆨ당의 가 스승님ᄭᅴ 글 듣ᄌᆞᆸ고 ᄒᆞᆨ당의 노하든 지븨와 밥 머기 ᄆᆞᆺ고 ᄯᅩ ᄒᆞᆨ당의 가 셔품 쓰기 ᄒᆞ고 셔품 쓰기 ᄆᆞᆺ고 … 글 강ᄒᆞ노라(每日淸早晨起來 / 到學裏 / 師傳上受了文書 / 放學 / 到家裏喫飯罷 / 却到學裏寫做書 / 寫做書罷 … 講書)[33]

㉓ 집주인: 혜어든 이맛감 뷘 바비 므스거시 긴ᄒᆞᆯ고 독벼리 내라 ᄒᆞ야 외방의 나ᄃᆞ리 아니ᄒᆞᆯ가 외방의 나가면 ᄯᅩ 너와 ᄒᆞᆫ가지어니ᄯᆞ나(量麽些淡飯 / 打甚麽緊 / 偏我不出外 / 出外時 / 也和你一般)

중국상인: 큰형님 니ᄅᆞ샤미 올ᄒᆞ시이다 <u>일즉 인방의 나ᄃᆞᆫ니기 니그면 일편 도 이나그내를 에엿비 너기고 나옷 수울 탐ᄒᆞ면 취ᄒᆞᆫ 사ᄅᆞᄆᆞᆯ 앗기ᄂᆞ니라</u>(大哥說的是 / 慣曾出外偏憐客 / 自己貪盃惜醉人)[34]

위 ㉒와 ㉓에서는 심층결속성에 의해 대화가 전개되고 있다. ㉒에서는 중국상인의 선행발화 중에서 초점정보 '무슨 공부'에 대한 발화만을 제시하고 있다. 이렇게 비초점정보를 생략하고 처음부터 초점정보만을 제시하여 선행발

---

33 앞의 책, 34~35쪽.

34 앞의 책, 88쪽.

화와의 의미적 결속성을 확보하고 있다. ㉓에서도 집주인의 발화에 이어서 중국상인은 세인(世人)의 입에 오르내리는 관용구를 발화한다. 물론 그 내용은 선행화자인 집주인의 발화맥락과 궤를 같이 하는 것이지만, 비유적으로 제시하면서 주제정보를 부각시키고 있다. 즉 집주인의 '자신도 타지에 나가면 나그네 신세가 되는데, 하물며 우리 집에 온 나그네를 푸대접하겠는가' 정도의 맥락발화에, 중국상인은 고맙다거나 감사하다는 인사말 대신에 맥락상 집주인의 발화와 비슷한 의미의 관용어구를 발화한다. 그래서 선행화자의 주제를 받되, 표층결속성보다는 심층결속성에 의거하고 있음을 알 수 있다. 말하자면 관용어구를 이용한 간접발화이지만, 맥락을 바탕으로 한 심층결속성을 담보하여 선행화자의 발화의도에 동의함은 물론, 선행화자의 행위를 칭찬까지 하는 이중의 효과를 거두고 있는 셈이다.

㉔ 중국상인: 콩은 언머의 ᄒᆞᆫ 마리며 딥픈 언머의 ᄒᆞᆫ 뭇고(黑豆多少一斗 / 草多少一束)

여관주인: 콩은 쉰 낫 돈애 ᄒᆞᆫ 마리오 딥픈 열 낫 돈애 ᄒᆞᆫ 무시라(黑豆五十箇錢一斗 / 草一十箇錢一束)

중국상인: 이 올ᄒᆞ녀 네 ᄯᅩ 날 소기디 말오려(是眞箇麽)[35]

㉕ 여관주인: 나그내네 네 블디디 ᄒᆞᄂᆞ다 블디디 몯ᄒᆞᄂᆞ다(客人們 / 你打火那不打火)

중국상인: 내 블디디 몯ᄒᆞ고 ᄇᆞᄅᆞᆷ마시려(我不打火喝風那)[36]

㉖ 중국상인: 엇디ᄒᆞ야 이런 아니완ᄒᆞᆫ 사ᄅᆞ미 잇ᄂᆞᆫ고(爲甚麽有這般的歹人)

---

35 앞의 책, 56쪽.

36 앞의 책, 57~58쪽.

여관주인: 네 독벼리 모ᄅᆞᄂᆞ고나 젼년브터 하ᄂᆞᆯ히 ᄀᆞᄆᆞ라 뎐회 거두디 몯ᄒᆞ야 간난ᄒᆞᆫ 젼ᄎᆞ로 아니완ᄒᆞᆫ 사ᄅᆞ미 낫ᄂᆞ니라(你偏不理會的 / 從年時天旱 / 田禾不收 / 飢荒的上頭 / 生出歹人來)

중국상인: 므던ᄒᆞ니 내 다ᄆᆞᆫ 이 아니 여러 ᄆᆞᆯ 모라가며 ᄯᅩ 아ᄆᆞ란 쳔도 업스니 그놈ᄃᆞᆯ히 날ᄒᆞ야 므슴ᄒᆞ료(碍甚麼事 / 我只是赶着這幾箇馬 / 又沒甚麼錢本 / 那廝們待要我甚麼)[37]

위의 발화에서도 심층결속성이 중시된다. ㉔에서는 중국상인과 여관주인의 대화가 이루어진 다음, 이어지는 중국상인의 발화에서는 '옳군요. 또한 날 속이지 마시오'라고 하여 선행 발화내용에 대한 의미적 결속성을 확보하고 있다. ㉕에서는 관용어구를 이용하여 의미적 결속성을 확보하고 있다. 선행화자의 '불 붙일 수 있느냐'라는 질문에 대해 '내가 불을 땔 줄도 모르면서 바람을 마시겠는가?'라고 발화하고 있다. 여기서 '바람을 마시다'라는 관용어구는 '허탕을 치겠는가' 혹은 '헛소리 하겠는가'의 맥락으로 해석이 가능하다. 따라서 직접적인 대답인 '불을 땔 줄 안다'를 발화하지 않고, 맥락에 의존한 관용어구 '걱정하지 마라. 내가 헛소리 하겠는가'를 발화함으로써 의미적 결속성을 담보하고 있다. ㉖에서도 선행발화에 이어 두 번째 화자(여관주인)는 선행발화 내용에 대해 '특별히 잘 모르는군요'라고 일축하면서 발화맥락을 이어가고 있다. 그리하여 새로운 정보 '가난하여 난폭한 사람들이 많이 생겨났다. 따라서 조심해야 한다'는 경고의 발화를 하는 것이다. 그런데 이어지는 중국상인의 발화에서도 역시 그에 대한 대답으로 '괜찮다. 난 돈도 없으니 그 사람들이 어떻게 하지 못할 것이다'라고 일축하고 있다. 따라서 각각의 발화에

37 앞의 책, 66~67쪽.

대해 직접적인 발화로 이어지지 않더라도 의미맥락에 의해 결속성을 획득하고 있는 셈이다.

이처럼 의미맥락을 바탕으로 한 심층결속성은 표층결속성처럼 겉으로 나타나는 통사적 장치는 없을지라도 발화맥락이나 담화 참여자의 각종 정보구조를 바탕으로 해석이 가능한 경우이다.

3. 《번역노걸대》의 언어 활용과 결속성

《번역노걸대》는 구어 중심의 대화로 구성되어 있기 때문에 다양한 결속기제가 작용하고 있다. 이들의 작용으로 이 문헌은 표층결속성 및 심층결속성을 담보받을 수 있었다. 따라서 여기에서는 《번역노걸대》의 텍스트언어학적인 특성을 살피되, 앞에서 논의한 표층결속성과 심층결속성에서 중요하게 작용했던 내용을 중심으로 확인하도록 하겠다.

3.1. 어순에 의한 표층결속

일반적으로 국어에서 단위성 의존명사와 연결되는 명사의 어순은 '명사+단위성 의존명사'의 순으로 결합된다. 예를 들어 보면, '사과 천 원어치', '귤 이백 원' 등과 같은 어순을 이루는 것이다. 그런데 《번역노걸대》에서는 특이하게 '단위성 의존명사+명사'의 어순으로 결합되어 있다. 다음의 예문을 한 번 살펴보자.

㉗ 중국상인: 콩은 언머의 ᄒᆞᆫ 마리며 딥픈 언머의 ᄒᆞᆫ 뭇고(黑豆多少一斗 / 草多少一束)

여관주인: 콩은 쉰 낫 돈애 ᄒᆞᆫ 마리오 딥픈 열 낫 돈애 ᄒᆞᆫ 무시라(黑豆五十箇錢一

斗 / 草一十箇錢一束)[38]

㉘ 중국상인: 우리 대되 열흔 낫 무리니 헤어든 엿 맔 콩과 열흔 뭇 디피로다(我共通十一箇馬 / 量着六斗料與十一束草着)[39]

㉙ 중국상인: 술풀리여 스므 낫 돈앳 술 가져오라(賣酒的 / 拿二十箇錢的酒來)
술집주인: 나그내네 이 스므 낫 돈앳 수리라(客人們 / 底二十箇錢的酒)[40]

위의 예를 보면 각각에서 제시되는 단위성 의존명사와 명사의 어순이 현재 우리가 쓰는 어순과 바뀌었음을 알 수 있다. ㉗의 경우 '쉰 돈에 한 말, 열 돈에 한 뭇'이라고 표현되고 있다. 지금의 '한 말에 쉰 돈, 한 뭇에 열 돈'이라는 어순과 다른 경우이다. 또한 ㉘과 ㉙에서도 '콩 여섯 말'과 '짚 열한 뭇'의 어순이 '여섯 말 콩'과 '열한 뭇의 짚'으로 제시되고 있으며, '술 스므 냥'도 '스므 낫 돈앳 술'로 어순이 바뀌어 있다.[41]

그런데 이렇게 어순이 바뀌면 정보전달 측면에서 단일성과 간결성을 획득할 수 있는 장점이 있다. 즉 단위를 먼저 제시하고 발화된 구의 마지막에 명사가 제시됨으로써 마지막에 나오는 어휘에 정보가 집약될 수 있기 때문이다. 그리하여 청자가 발화의미를 파악하는 데 있어서 정보를 자연스럽게 갈무리할 수 있고, 나아가 발화문에 대한 결속성을 강화할 수 있다. 《번역노걸

38 앞의 책, 56쪽.

39 앞의 책, 56쪽.

40 앞의 책, 121쪽.

41 혹은 선행화자의 질문 순서에 의해 대답의 어순이 그리 정해질 수도 있다. 그러나 《번역노걸대》 전반에 걸쳐 나타나는 단위성 의존명사의 어순은 여기에서처럼 '단위성 의존명사+명사'로 구성되어 있다.

대》에 나오는 '단위성 의존명사+명사'에 의한 구는 대부분 이러한 어순을 갖추고 있다.

㉚ 중국상인: 수울 풀리여 돈 혜여 바드라 이 닷 분 은이니 돈 여슷 낫만 거스려날다고려(賣酒的來 / 會錢 / 這的五分銀子 / 貼六箇錢饋我)[42]

㉛ 중국상인: 여듧 푼 은에 흔 말 경미오 닷 분에 흔 말 조빤리오(八分銀子一斗粳米 / 五分一斗小米)
흔 돈 은에 열 근 골이오 두 푼 은에 흔 근 양육이라(一錢銀子十斤麵 / 二分銀子一斤羊肉)[43]

위 ㉚과 ㉛에서도 역시 어순이 바뀌어 발화되고 있다. 즉 '다섯 푼 은, 여덟 푼 은, 한 돈 은, 두 푼 은'으로 발화되고 있는데, 청자는 이러한 어순에 따라 마지막 명사에 사고의 집약을 하기 마련이다. 또한 '한 말 갱미, 한 말 좁쌀, 열 근 밀가루, 한 근 양고기'의 어구에서도 청자는 자연스럽게 마지막 명사에 초점을 모을 수밖에 없다. 따라서 이처럼 어순을 바꾼 것은 전달정보를 청자가 명료하게 이해할 수 있도록 의도한 경우라 하겠다. 특히 ㉚에서 보면 '닷 푼 은'과 '돈 여섯 낫'이 좋은 대조를 이루고 있다. 앞의 것은 '수식어+피수식어'의 구조를 이루고 있으나 뒤의 것은 '피수식어+수식어'의 구조로 구성되어 있기 때문이다. 그런데 두 발화체를 비교할 때 앞의 것 '닷 푼 은'이 뒤의 '돈 여섯 낫'보다 청자에게 훨씬 유연하게 정보화됨을 알 수 있다. 이러한 발화어

42 앞의 책, 122쪽.

43 앞의 책, 34쪽.

순은 마지막에 위치하는 명사에 정보구조를 집약시킴으로써 발화구 안의 결속구조를 강화함은 물론, 의미적 결속성도 강화하는 효과를 거두게 된다.[44]

3.2. 호칭어에 의한 심층결속

《번역노걸대》에 나오는 호칭어는 지금의 언어와는 다소 다른 양상을 보인다. 주요 등장인물인 중국상인과 고려상인을 제외하고는 모두 직업에 의해 호칭어가 정해졌기 때문이다. 먼저 《번역노걸대》(상)에 나오는 인물을 살펴보면 다음과 같다.

㉜ a. 중국상인: 큰형님(大哥)[45]
b. 고려상인: 큰형님, 나그네(客人們)[46]
c. 집주인: 주신형님(主人家哥)[47]
d. 여관주인: 주신(뎜 주신형님, 店主人家哥)[48]
e. 음식점주인: 음식 폴 리, 음식 ᄑᆞ는 딧 사ᄅᆞᆷ(過賣)[49]
f. 술집주인: 술 폴 리-수울 폴 리(賣酒的)[50]

이처럼 각각의 발화자들은 담화상황 안에서 점유하고 있는 역할에 준하여

44 어순의 변화에 따라 표층결속구조를 강화하는 것은 중세국어에서 나타나는 특성일 수도 있고, 한편으로는 간결한 한어의 구조를 직역하면서 나타난 특성일 수도 있다.

45 앞의 책, 33쪽.

46 앞의 책, 129쪽.

47 앞의 책, 55쪽.

48 앞의 책, 127쪽.

49 앞의 책, 117~118쪽.

50 앞의 책, 121~122쪽.

호칭되고 있다. 호칭어는 일반적으로 화자와 청자의 관계를 바탕으로 형성된다. 특히 청화자의 유대감이나 담화상황은 물론, 나이, 성별, 직위를 바탕으로 형성되기 마련이다. 《번역노걸대》에 나오는 등장인물들의 호칭어도 이러한 맥락을 바탕으로 형성되고 있다. 우선 중국상인과 고려상인의 경우 중국상인이 나이가 더 많다는 내용이 나온다. 이를 바탕으로 중국상인을 '큰형님'이라 칭하는데, 이는 고려상인과 중국상인의 나이와 그들이 처한 상황에 따라서 형성된 호칭어이다. 특이한 것은 음식점주인과 술집주인을 각각 직업에 의해 호칭하는 것이다. 흔히 '아저씨'나 '주인장' 정도의 호칭어를 쓸 수 있을 것인데, 여기서는 각각의 직업에 의해 '술 파는 이'와 '음식 파는 이'로 칭하고 있다. 그리고 여관주인 역시 '여관주인'으로 칭하고 있으며, 민가에서 만난 집주인도 '주인형님'이라 칭한다. 이렇게 직접적으로 호칭함으로써 각 인물들 간의 사회적 관계를 명료하게 제시하는 장점이 있다.

하지만 호칭어에 있어서 유대감보다는 사회적 지위에 주안점을 둔 경향이 강하다. 특히 중국상인은 담화의 처음에는 고려상인을 '큰형님'으로 서로 동급으로 호칭하나 여행의 끝자락이나 중간중간 다른 중국인에게 소개할 경우는 '나그네'로 호칭하거나 아예 생략할 때도 있다. 이것은 대화의 처음에는 서로에 대한 유대감이 형성되지 않았기에 존칭어로 불렀을 것으로 본다. 그러나 시간이 지남에 따라 그가 연장자임이 확인되고 나아가 어느 정도의 유대감이 형성됨은 물론, 중국이라는 지역적 우위 때문에 평칭으로 바뀌게 된 것이라 하겠다.

이렇게 맥락을 바탕으로 한 호칭어를 통해 인물들 간의 유대감을 추론할 수 있고, 그것을 바탕으로 결속성까지 확인할 수 있다. 실제로 고려상인은 상당부분을 중국상인에게 의존하게 되는데, 그렇기 때문에 대부분의 담화상황에서 고려상인은 중국상인을 '큰형님'이라고 호칭할 수밖에 없었던 것으로 이해된다.

3.3. 긴 부정어 문장종결에 의한 표층결속

일반적으로 부정문을 분류할 때에는 부정어의 위치에 따라 '긴 부정문'과 '짧은 부정문', 화자의 능력여부에 따라 '안 부정문'과 '못 부정문'으로 나눈다. '긴 부정문'의 경우는 부정어가 뒤에 나오기 때문에 정보가 그곳에 집약되기 마련이다. 반면 '짧은 부정문'의 경우는 부정어를 먼저 발화하고 뒤에 본동사가 나오는데, 이는 '부정어+서술어' 전체에 의미의 초점이 놓인다. 즉, 두 어휘가 하나로 합쳐져서 새로운 정보로 제시되는 것이다. 따라서 '긴 부정문'은 '짧은 부정문'보다 마지막에 나오는 부정어에 의미의 초점이 집약됨을 알 수 있다. 이는 부정의 의미를 더 적극적으로 부각시키기 위한 방법이기도 하다. 다음의 예를 보자.

㉝ 집에 안 가. / 집에 가지 않아.

위 발화에서 먼저 제시된 '집에 안 가'는 발화문의 초점이 '안 가' 전체에 집약된다. 그리하여 '집에 안 가'의 경우 화자는 '안 가'라는 부정 정보 자체(부정 내용을 하나의 단독정보 단위로 형성)를 신정보로 제시한다. 그러나 '집에 가지 않아'는 발화의 마지막에 위치하는 부정어 '않아'에 초점이 놓인다. 그리하여 '집에 가다'라는 행위의 부정에 정보의 초점이 놓이는 것이다.[51]

그런데 《번역노걸대》에서의 부정문은 대부분 '긴 부정문'만 나오고 있다. 즉 부정문이 항상 '본동사+부정어'의 어순으로 결합되는 것이다. 다음의 예를 보도록 하자.

---

51 임홍빈(1998 : 107~109)에 의하면 짧은 부정이 부정고유의 가치를 제시하는 것이라면 긴 부정은 선행 문장의 어느 한 성분에 대한 부정이라고 언급한다.

㉞ 술집주인: 됴ᄒᆞᆫ 수리니 네 머거보라 수둘옷 됴티 아니커든 갑슬 갑디 말라(好酒 / 你嘗看 / 酒不好時 / 不要還錢)[52]

㉟ 고려상인: 그러면 너ᄒᆞ야 슈례ᄒᆞ게 ᄒᆞᆯ 거시로고나 ᄒᆞ야ᄂᆞᆯ 구디 잡고 듣디 아니ᄒᆞ다(那般時 / 教你受禮 / 堅執不肯)[53]

㊱ 중국상인: … 이 은을 므스글 썰이는다 ᄀᆞᄂᆞᆫ 시리 분명이 다 잇ᄂᆞ니 엇디 쓰디 몯ᄒᆞ료(… 這銀子嫌甚麽 / 細絲兒分明都有 / 怎麽使不得)[54]

위 예문에서의 구조는 '서술어+부정어'의 형식이다. 이들은 모두 초점정보를 마지막 부정어에 위치시킴으로써, 발화전체에 대한 부정 정보를 제시한 셈이다. 그리하여 ㉞의 경우 초점정보는 '술이 좋다'라는 선행발화에 대한 부정어 '않다'에 놓인다. ㉟와 ㊱의 경우도 모두 선행발화의 내용이 제시되고 그것에 대한 부정어에 의미의 초점이 놓인다.

㊲ 중국상인: … 네 이리 큰 지븨 혜어든 우리 두세 나그내를 엇디 브리디 몯ᄒᆞ리라(… 你這般大人家 / 量我兩三箇客人 / 却怎麽說下不得)[55]

㊳ 집주인: … ᄂᆞᆺ선 아니완ᄒᆞᆫ 사ᄅᆞᆷ 브티디 몯ᄒᆞ게 ᄒᆞᄂᆞᆫ다(… 不得安下面生歹人)[56]

---

52 앞의 책, 121쪽.

53 앞의 책, 122쪽.

54 앞의 책, 123쪽.

55 앞의 책, 97~98쪽.

56 앞의 책, 100쪽.

㊴ 중국상인: … 제 漢語를 닐ᄅᆞ디 몯홀ᄉᆡ 이런 젼ᄎᆞ로 말 니ᄅᆞ디 몯ᄒᆞᄂᆞ니라(… 他漢兒言語說不得的 / 因此上 / 不敢說語)

집주인: … 네 ᄎᆞᆫ 줄 아쳐라 아니커든 이 술윗방의 자ᄃᆡ 엇더ᄒᆞ뇨(… 你不嫌冷時 / 只這車房裏宿如何)[57]

위 예들에서도 모두 긴 부정문을 형성함으로써 발화의 초점정보를 마지막 부정어에 위치시키고 나아가 이를 바탕으로 발화전체의 결속구조를 마무리 하고 있다. 따라서 긴 부정어에 의한 문장 종결형은 먼저 문장의 내용정보를 제시하고, 그것에 대한 부정을 다시 제시하는 구조라고 할 수 있다. 즉 '선행 정보+부정어'의 구조로 의미의 초점은 뒤의 부정어에 집약되도록 한 것이다. 이렇게 함으로써 발화내용에 대한 부정의 의미나 효과를 극대화한 것이다.

4. 결론

이상으로 《번역노걸대》의 텍스트의 특성을 살펴보았다. 먼저 《번역노걸대》에 나타나는 텍스트성을 통사기준에 의한 표층결속성과 의미기준에 의한 심층결속성으로 나누어 살핀 다음, 이를 바탕으로 텍스트에 나타나는 특성을 어순, 호칭어, 부정어 문장종결 등에 관해 고찰해 보았다. 지금까지의 내용을 요약·정리하는 것으로 결론을 삼고자 한다.

첫째, 《번역노걸대》에 나타나는 대표적인 표층결속성은 회기, 대용형 그리고 생략을 들 수 있다. 회기는 발화문 간의 형식적인 긴밀성을 담보하여 텍스

57 앞의 책, 101쪽.

트성을 제고하고 있으며, 병행구문은 단일한 구조 안에 다양한 내용을 담아 형식적인 통일성은 물론, 내용파악에 있어서도 일관성을 확보하고 있다. 그리고 대용형은 선행발화와 후행발화 사이의 인과성과 긴밀성을 강화하여 결국은 표층결속성을 담보하고 있다. 생략은《번역노걸대》에서 빈번하게 실현되는 표층결속성 기제로 담화자간의 신속한 의사소통을 가능케 한다.

둘째,《번역노걸대》에서는 심층결속성을 통해 발화자가 의도한 정보를 파악해야 하는 경우도 있다. 심층결속성은 담화참여자의 발화의도와 맥을 같이하는 것으로 주제 집약적인 정보구조라 할 수 있다.《번역노걸대》에서는 심층결속성을 위해서 담화상황에 부가되는 인지정보나 상황정보 그리고 청자가 가지고 있는 기존의 언어정보 등이 연합하는 경우가 있다. 이는 의미 차원의 내면적 응집력이라 할 수 있는데, 그렇게 함으로써 주제를 향한 결속성을 강화하게 된다.

셋째,《번역노걸대》의 텍스트 특성으로는 어순에 의한 결속구조, 호칭어에 의한 결속성, 긴 부정어 문장종결에 의한 결속구조를 대표적으로 들 수 있다. 먼저 어순에 의한 결속구조에서는 어순의 전후를 바꾸어 의도한 정보를 강조하고 있다. 현대국어에서는 단위성 의존명사와 연결되는 명사의 어순은 '명사+단위성 의존명사'의 순으로 결합되는데,《번역노걸대》에서는 '단위성 의존명사+명사'의 어순을 이루어 결국은 뒤의 명사에 정보를 집약하고 있다. 다음으로 호칭어에 의한 결속성은 주로 고려상인과 중국상인에 관한 것으로, 상호간에 호칭어를 통하여 그들의 유대감을 확인할 수 있음은 물론, 그것을 바탕으로 텍스트의 결속성까지 담보하고 있다. 마지막으로 긴 부정어 문장종결에 의한 결속구조를 들 수 있다.《번역노걸대》에서는 부정구문을 형성할 때 항시 '본동사+부정어'의 어순으로 결합하고 있다. 그렇게 함으로써 마지막 부정어에 이전 발화의 내용이 집약되어 부정에 대한 효과를 극대화하는 것이다. 말하자면 마지막의 부정어에 통사적 결속성이 집약되도록 한 것이다.

이상으로 《번역노걸대》의 텍스트 특성을 고찰해 보았다. 《번역노걸대》는 당시의 한자음을 반영하여 번역한 텍스트이기에 해당 시기의 언어현실을 살피는 데 유용한 자료라 할 수 있다. 앞으로 이 점에 유의하면서 미처 다루지 못한 결속기제인 시제와 상, 접속표현, 기능적 문장투시법 등에 대하여 살펴 보도록 하겠다. 그렇게 하는 것이 《번역노걸대》가 갖는 텍스트성을 분명히 파악하는 길일 수 있기 때문이다.

제3장

〈시집살이요〉의 구조와 텍스트 양상

1. 서론

이 장은 〈시집살이요〉의 서사구조를 분석하고 이를 바탕으로 텍스트의 특성을 살피는 것이 목적이다. 하나의 발화체가 텍스트가 되기 위해서는 '텍스트성'을 갖추어야 한다. 이 텍스트성의 기준은 흔히 일곱 가지로 언급되는데,[01] 이것은 텍스트가 갖추어야 하는 기본 요건에 해당되는 것이다. 고영근(1999 : 264~267)에서는 이 텍스트성을 바탕으로 텍스트의 유형을 크게 네 가지로 나누었다. 즉 발화텍스트 · 작품텍스트 · 문서텍스트 · 영상텍스트[02]가 그

01 텍스트가 갖춰야 하는 일곱 가지 텍스트성은 '응결성(결속구조) · 응집성(결속성) · 의도성 · 수용성 · 정보성 · 상황성 · 간텍스트성'이다. 그중 텍스트의 기본 조건에 해당하는 통사 · 의미적 조건은 바로 응결성과 응집성이라 할 수 있다. 나머지 의도성과 수용성은 심리적 요인으로, 그리고 정보성과 상황성은 사회적 요인으로 설명될 수 있는 성질의 것이다.

02 이는 고영근(1999 : 110~112)에서 언어기호를 일상언어기호 · 문학언어기호 · 공용언어기호 · 영상기호를 중

것이다. 그중에서 일상 언어를 매개로 이루어지는 발화텍스트를 다시 대화텍스트 · 독백텍스트 · 독화텍스트 · 서사텍스트로 세분화하였다.

이 장에서는 발화텍스트이면서 서사텍스트에 속하는 〈시집살이요〉[03]를 대상으로 텍스트성에 대해 살펴보고자 한다. 서사텍스트는 일정한 줄거리를 가진 이야기를 음성언어의 형식을 빌려 남에게 이야기하는 텍스트이다. 이는 남에게 들은 것이나 개인이 꾸민 서사담일 수도 있고, 민담이나 전설과 같은 구비텍스트도 될 수 있다.(고영근, 1999 : 265~266) 이러한 관점에 의하면 〈시집살이요〉는 서사텍스트로 기능할 수 있다. 또 〈시집살이요〉는 완성된 작품이라는 점에서 작품텍스트이기도 하다.

지금까지 〈시집살이요〉에 대한 논의는 주로 문학적인 측면에서만 이루어졌다. 문학의 개설서나 장르 연구에서 일차적인 언급이 있은 후에(고정옥, 1949; 조동일, 1979) 작품의 존재양상이나 유형 및 인물을 검토하거나(장성진, 1984; 서영숙, 2002) 작품에 대한 문학적인 연구를 기하면서 언술구조 및 시·공간에 대하여 관심을 기울여 왔다.(박인희, 1995; 박지애, 2002) 하지만 〈시집살이요〉는 텍스트언어학적인 관점에서 조망할 여지가 충분하다. 이미 이 작품이 대화텍스트 · 서사텍스트로서 다양한 텍스트성을 구비하였기 때문이다.

따라서 이 장에서는 〈시집살이요〉의 내용과 서사구조를 살핀 다음, 텍스트

심으로 세분화하여 검토한 것과 궤를 같이한다. 참고로 발화텍스트는 대화텍스트 · 독백텍스트 · 독화텍스트 · 서사텍스트로 나눌 수 있고, 작품텍스트로는 시 · 소설 · 희곡 · 시나리오 · 라디오/TV 극본 · 수상류를 들 수 있다. 문서텍스트는 공문서 · 영수증 · 논문 · 신문 · 광고 등을 들 수 있고, 영상텍스트는 영화 · TV · 컴퓨터의 화면을 통하여 나타나는 영상을 들 수 있다. 김진수(1998 : 121～138)에서는 텍스트의 유형을 활자매체유형(문학작품 · 교과서류), 영상매체유형(영화류 · TV대담 · 보도 및 해설 · 중계), 음성매체유형(라디오 연속극 · 전화대화 · 음성 메시지 자료 · 음성 광고자료)으로 세분한다.

03 〈시집살이요〉는 봉건 대가족 제도 아래에서 사회적 · 도덕적 구속에 얽매여 고된 시집살이를 감내하던 부녀자들의 생활을 대화형식으로 노래한 작품이다. 이 작품은 주로 4.4조 4음보의 압축된 표현으로 인하여 꽉 짜인 구성을 확보하였을 뿐만 아니라, 사촌 자매간의 대화형식이라는 점에서 당시의 언어적 특성을 엿볼 수 있다.

가 갖춰야 할 응집성과 응결성에 대해 살펴보기로 하겠다. 실제로 응집성과 응결성이 텍스트성을 규정짓는 데 필수적인 조건이기 때문이다. 이러한 논의를 바탕으로 이 작품이 갖는 텍스트언어학적인 특징을 살펴보도록 하겠다.

2. 〈시집살이요〉의 내용과 서사구조

2.1. 내용

〈시집살이요〉는 전국적으로 분포하지만 그 텍스트성에서는 변별력이 크지 않다. 따라서 한 작품만 심층적으로 분석하면 여러 작품을 살피는 것과 동일한 효과를 얻을 수 있다.[04] 이를 감안하여 이 장에서는 경북지방에서 전승되는 〈시집살이요〉를 대상으로 텍스트성을 고찰해 보도록 하겠다.[05] 우선 본문 전체를 제시하면 다음과 같다.

형님 온다 형님 온다. // 분(粉)고개로 형님 온다.
형님 마중 누가 갈가. // 형님 동생 내가 가지.

형님 형님 사촌 형님 // 시집살이 어떱데까?

---

04 〈시집살이요〉는 다양한 이름으로 불리면서 여러 지방에서 전승된다. 이 노래는 한국정신문화연구원(1983~1991)에서 펴낸 『한국구비문학대계』 7-1~19에 많은 작품이 수록되어 있지만, 완정된 것보다는 단편이 다수이다. 또한 그 내용에 있어서 변별력이 크지도 않다. 이에 이 장에서는 비교적 정연한 체재를 갖추어 일반적으로 널리 활용되는 경북 경산 지방에서 채록된 작품을 분석대상으로 삼았다. 이 작품은 임동권(1974)의 『한국민요집』 I에 실려 있다.

05 〈시집살이요〉는 전국적으로 분포하지만, 민요적인 속성상 각 편들이 상당한 동질성을 확보하고 있다. 따라서 텍스트성을 분석하는 데 있어서 한 작품을 집중적으로 분석해도 동일한 결과를 가져오리라 본다.

이애 이애 그 말 마라 // 시집살이 개집살이.
앞밭에는 당추 심고 // 뒷밭에는 고추 심어,
고추 당추 맵다 해도 // 시집살이 더 맵더라.
둥글둥글 수박 식기(食器) // 밥 담기도 어렵더라.
도리도리 도리 소반(小盤) // 수저 놓기 더 어렵더라.
오 리(五里) 물을 길어다가 // 십 리(十里) 방아 찧어다가,
아홉 솥에 불을 때고 // 열두 방에 자리 걷고,
외나무다리 어렵대야 // 시아버니같이 어려우랴?
나뭇잎이 푸르대야 // 시어머니보다 더 푸르랴?
시아버니 호랑새요 // 시어머니 꾸중새요,
동새 하나 할림새요 // 시누 하나 뾰죽새요.
시아지비 뾰중새요 // 남편 하나 미련새요,
자식 하난 우는 새요 // 나 하나만 썩는 샐세.
귀먹어서 삼 년이요 // 눈 어두워 삼 년이요,
말 못해서 삼 년이요 // 석삼년을 살고 나니,
배꽃 같던 요내 얼굴 // 호박꽃이 다 되었네.
삼단 같던 요내 머리 // 비사리춤이 다 되었네.
백옥 같던 요내 손길 // 오리발이 다 되었네.
열새 무명 반물 치마 // 눈물 씻기 다 젖었네.
두 폭 붙이 행주치마 // 콧물 받기 다 젖었네.

울었던가 말았던가 // 베개 머리 소(沼) 이겼네.
그것도 소이라고 // 거위 한 쌍 오리 한 쌍
쌍쌍이 때 들어오네.

경북 경산 지방 〈시집살이요〉

〈시집살이요〉는 위에서 제시한 것처럼 짧은 분량이지만, 두 사람의 대화를 4음보 형식으로 밀도 있게 구성하였다. 이 작품의 의미단락은 크게 세 부분으로 나눌 수 있다. 처음 단락은 시집간 사촌 형님이 온다는 말에 선행 화자(화자 B)가 반갑게 마중을 나가면서 발화하는 부분까지이고, 두 번째 단락은 후행 화자(화자 A)가 자신의 시집살이에 대한 내용을 대화로 풀어내는 부분이며, 마지막 단락은 후행 화자(화자 A)가 고난에 대한 해결방안을 제시하면서 삶의 애환을 해학적으로 묘사한 부분이다.[06] 이해의 편의를 위하여 전체 내용을 표로 정리하면 다음과 같다.

의미단락	내용단락	내용전개
T1 (화자 B)	S1(형님 온다 …)~S4(… 내가 가지.)	화자 B의 독백
T2 (화자 B→A)	S5(형님 형님~어떱데까?.)	개시발화
	S6(이애 이애~개집살이.)	정보제공(ⓐ~ⓗ)
	S7[s1(앞밭에는~더 맵더라.)]	ⓐ 맵다
	[s2(동글동글~더 어렵더라.)]	ⓑ 어렵다
	[s3(오 리 물을~자리 걷고,)]	ⓒ 힘든 일
	[s4(외나무다리~더 푸르랴?)]	ⓓ 시부모님
	[s5(시아버니~썩는 샐세.)]	ⓔ 시댁구성원
	[s6(귀먹어서~살고 나니,)]	ⓕ 시간 경과
	[s7(배꽃 같던~다 되었네.)]	ⓖ 바뀐 내 모습
	[s8(열새 무명~다 젖었네.)]	ⓗ 내 생활
T3 (화자 A)	S8(울었던가 …)~S9(… 들어오네.)	자식

[표 1] 〈시집살이요〉의 구조

---

06 여기서 선행화자를 화자 B라 하고 후행화자를 화자 A라 칭한 이유는 후행화자의 이야기 전개가 전체 텍스트의 주된 내용을 이루기 때문이다. 박지애(2002 : 149~150)에 의하면 〈시집살이요〉의 주요 내용은 언술의 내용이나 행위의 주체인 형님의 대답부분이다. 따라서 이 장에서도 형님을 주요 화자로 보고 화자 A라 칭한다.

[표 1]에서 보는 바와 같이 〈시집살이요〉의 내용 전개는 시집간 화자 A가 등장하자 화자 B가 시집살이에 대한 질문으로 발화를 개시한다. 그리고 화자 A의 구체적인 대답이 텍스트의 대부분을 차지한다. 이 부분에서는 다양한 문학적 기교를 발휘하면서 화자가 겪는 시집살이를 구체적으로 묘사하고 있다. 마지막에서는 화자 A가 겪는 시집살이에 대한 해결책으로 자식을 등장시킨다. 따라서 〈시집살이요〉는 전형적인 한국 여인의 삶을 진술하면서도 해학적으로 엮은 작품이면서 대화텍스트라 할 수 있다.

2.2. 서사구조

앞에서 살핀 바와 같이 〈시집살이요〉는 크게 세 부분의 의미단락으로 구성되어 있다. 이 작품은 그 길이는 비록 짧을지라도 반다이크가 제시한 서사구조에 잘 부합하는 텍스트이다. 반다이크의 서사구조는 갈등(Komplikation)과 그에 대한 해결방안(Auflösung)으로 형성된 사건(Erreignis), 그리고 그 사건이 일어난 배경과 맞물리는 에피소드(Episode), 각 에피소드가 결합된 줄거리에 화자의 평가(Evaluation)가 부여된 이야기(Geschichte), 마지막으로 이 이야기에 교훈적인 모럴(Moral)이 결합되어 서사텍스트를 구비한다.(고영근, 1999 : 216) 이를 도식화하여 제시하면 다음과 같다.

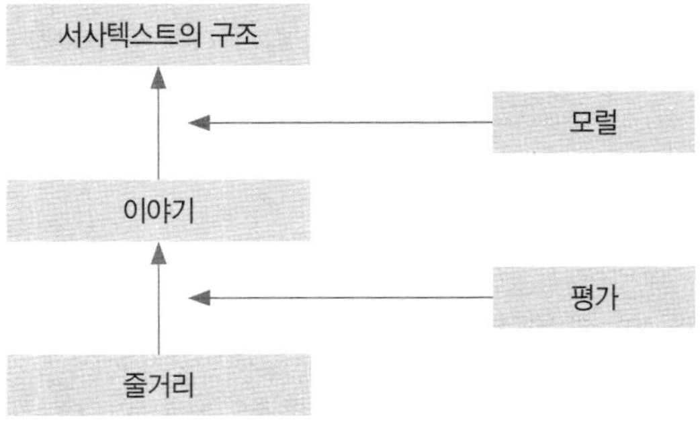

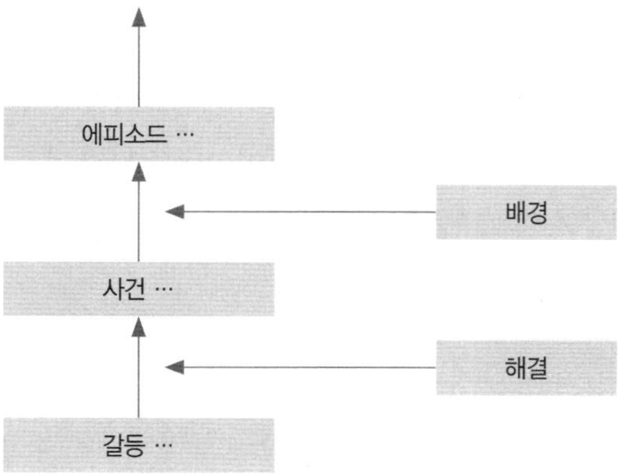

[그림 1] 반다이크의 서사구조

[그림 1]의 서사구조에 〈시집살이요〉는 아주 잘 부합한다. 먼저 이 작품에서 제시된 갈등은 화자가 경험하고 있는 구체적인 '시집살이'이다. 그리고 이 갈등의 해결방안은 소극적이지만 인내하거나 초극을 통해 이루어진다. 즉 화자는 자기가 겪고 있는 '시집살이'의 갈등을 마지막 의미 단락에서 확인할 수 있는 자식을 생각하면서 참는 것으로 해결한다. 이렇게 구성된 사건은 '귀먼 3년, 눈 어두운 3년, 말 못한 3년'이라는 시간적 배경과 결합되어 '에피소드'를 형성한다. 에피소드들은 다시 '시집살이'의 어려움이 총화된 줄거리를 형성한다. 그리고 그것에 대한 화자의 평가가 부가되면서 이야기를 구비한다. 즉 화자는 자신의 시집살이에 대한 평가를 '썩는 새→호박꽃→비사리춤→오리발'의 구체적 대상물로 표현하고 그것들에 대한 총체적 상위어로 '개집살이'를 제시하면서 이야기를 구축한다. 그리고 이렇게 형성된 이야기에 마지막 부분의 '그것도 소이라고 거위 한 쌍 오리 한 쌍 쌍쌍이 때 들어오네'에서 '자식'을 전제한 모럴을 추출할 수 있다. 특히 세 번째 단락의 '그것도 소이라고'에서 운명에 순응하는 태도를 엿볼 수 있다. 자신의 삶이 회의적·절망적일지라도 자식 때문에 벗어날 수 없는 한국여인의 정서가 반영되어 있다. 따라서 추

론 가능한 모럴은 '운명에의 순응'이나 '자식에 대한 모정'을 들 수 있다.

결국 〈시집살이요〉는 서사텍스트가 갖춰야 하는 하위 구조인 '사건+해결'에서부터 가장 상위 구조인 '이야기+모럴'에 이르기까지 체계적인 맥락을 구비하고 있다. 지금까지의 내용을 도식화하면 다음과 같다.

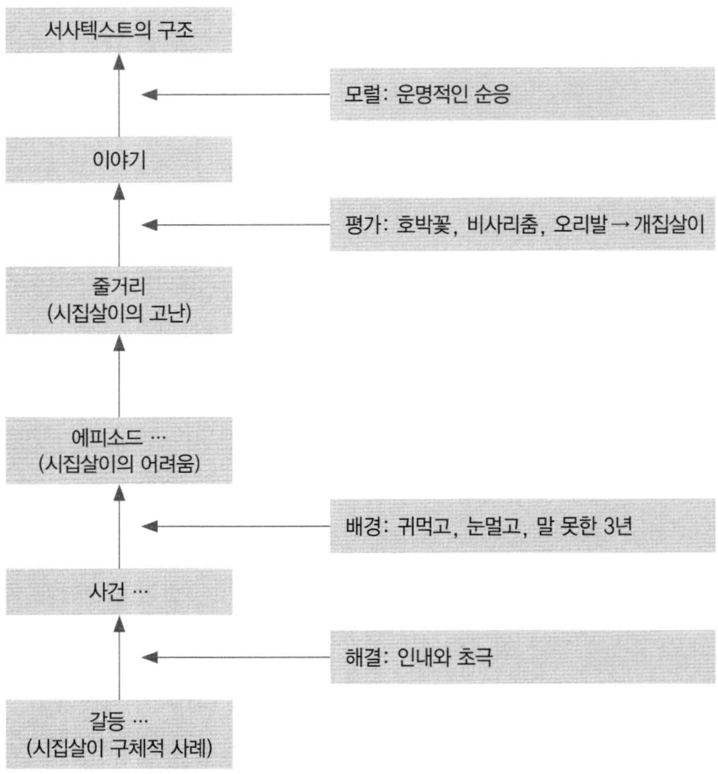

[그림 2] 〈시집살이요〉의 서사구조

[그림 2]와 같은 서사구조 속에서 이 작품은 그 내용이 사촌 자매간의 대화로 전개되어 우리는 작품을 통해 구어적인 언어 상황도 고찰할 수 있다. 이는 민요장르의 특성인 구연성에서 기인한 것이기도 하다. 그리하여 내용 전개

에 있어서도 긴박감과 운율감 그리고 현장감을 조성할 수 있었다. 따라서 이러한 특징을 갖고 있는 〈시집살이요〉의 텍스트성을 응결성 및 응집성을 토대로 파악할 필요가 있다.

3. 〈시집살이요〉의 텍스트 양상

3.1. 응결성을 통해 본 텍스트성

텍스트성의 기본 요건으로 제시되는 응결성은 텍스트의 언어적 조건에 해당된다.[07] 이러한 응결성 장치는 크게 둘로 나눌 수 있다. 즉 음운·형태·통사적 특징에 의한 응결성 기제와, 의미·기능상의 절차에 의한 응결성 기제가 그것이다. 전자가 대체로 형태·통사에 따른 텍스트상의 응결성이라면, 후자는 주로 의미·기능에 따른 화용상의 응결성이라 할 수 있다. 따라서 여기에서는 이를 양자로 나누어 〈시집살이요〉의 응결성을 확인해 보도록 하겠다.

3.1.1. 음운·형태·통사상의 응결성

먼저 음운·형태·통사적인 측면에서 응결성을 살펴보기로 하겠다. 여기에서는 그 응결성의 유형을 음운론적 응결성, 형태론적 응결성 그리고 통사론적 응결성으로 나누어 확인해 보도록 하겠다.

---

07 응결성은 이현호(1994 : 31~33)에서는 결속구조라고 번역되어 설명된다. 즉 텍스트의 표층 구성 요소들간의 문법적 의존관계를 결속구조라 언급하며, 이러한 결속구조는 의사소통에 있어서 통사적인 특질이 된다. 그리고 이러한 결속구조적 장치로 회기, 대용, 생략, 상, 접속표현, 기능적 문장 투시, 억양 등을 제시하고 있는데, 이는 이 장에서 따르는 고영근(1999)의 응결성과 같은 맥락이며 제시되는 결속구조 장치 역시 본문에서 살펴볼 응결성 기제들과 궤를 같이한다.

(1) 음운론적 응결성

음운론적 응결성은 운문에서 나타나는 두운이나 각운, 혹은 동일한 음운이나 단어의 반복과 같은 음운론적 장치에 의한 것이다. 말하자면 음운론적인 응결장치를 활용해 텍스트의 연결 관계를 긴밀히 하는 것이다. 그런데 〈시집살이요〉는 구연텍스트이기 때문에 음운론적 응결성이 견고할 수밖에 없다. 그중에서 우선 전체 형식이 4.4조 4음보라는 데서 음운론적 응결성을 확인할 수 있다. 이는 형식적인 통일성이 텍스트의 응결성을 확보한 사례라 하겠다. 이렇게 음운론적 장치에 의한 거시적인 응결성이 확보된 일면, 세부적인 측면에서도 다양한 음운론적 응결장치가 응결성을 제고하고 있다. 다음의 예문을 보도록 하자.

① 앞밭에는 당추 심고 // 뒷밭에는 고추 심어,

② 이애 이애 그 말 마라 // 시집살이 개집살이.

③ … 시집살이 더 맵더라.
… 밥 담기도 어렵더라.
… 수저 놓기 더 어렵더라.

④ 외나무다리 어렵대야 // 시아버니같이 어려우랴?
나뭇잎이 푸르대야 // 시어머니보다 더 푸르랴?

⑤ 배꽃 같던 요내 얼굴 // 호박꽃이 다 되었네.
삼단 같던 요내 머리 // 비사리춤이 다 되었네.
백옥 같던 요내 손길 // 오리발이 다 되었네.

위의 예문을 보면 여러 언어요소들이 반복적으로 사용되고 있다. ①의 경우 앞 구에서 사용된 '당추' 대신 뒤 구에서는 의미 차이가 없는 '고추'를 활용하였다. '당추'를 반복할 경우 단조로울 수 있기에 음운적 환경이 비슷한 '고추'를 활용한 것이다. 이렇게 같은 뜻이면서도 소리에 변화를 주어 반복함으로써 결국은 '시집살이가 맵다'는 의미적 연결고리를 강화하여 응결성을 확보하고 있다.

②에 사용된 '시집살이 개집살이'에서의 '-이'도 음운적 응결성을 형성한다. 즉 '개집살이'의 '-살이'와 '시집살이'의 '-살이'가 동음의 접미사라는 점에서 응결성을 고양할 수 있다. 같은 음운으로 종결함으로써 응결효과를 강화한 것이다. 또한 ③에서는 어미 '-더라'를, ④에서는 '-대야 … -랴'를, ⑤에서는 '-네'를 반복하고 있는데, 이 또한 음운적인 응결성을 고려한 것임은 물론이다. 〈시집살이요〉에는 이 외에도 다양한 발화에서 음운적 응결성을 확인할 수 있다.

⑥ 오 리 물을 길어다가 // 십 리 방아(Ø) 찧어다가,
아홉 솥에 불을 때고 // 열두 방에 자리(Ø) 걷고,

⑦ 자식 하난 우는 새요 // 나 하나만 썩는 샐새.

⑧ 그것도 소이라고 // 거위 한 쌍 오리 한 쌍

⑨ 둥글둥글 수박 식기 …
도리도리 도리 소반 …

⑥의 경우 선행발화 '물을'의 대구 '방아'와, '불을'의 대구 '자리'를 보면, 선행발화에서는 조사가 실현됐지만 후행발화에서는 생략하고 있다. 이는 앞의

발화는 한 글자이고 뒤의 발화는 두 글자이기 때문에 조사를 활용하여 음수율을 맞추면서 응결성을 고양한 경우이다. 마찬가지로 이어지는 서술어의 글자 수도 응결성을 최대한 배려하고 있다.

⑦의 경우는 선행 구에 '자식 하난(하나는)'에서 '-ㄴ'이 사용되었는데, 이와 맞추어 후행 구에서도 보조사 '만'을 사용하였다. 그리하여 같은 음운인 '-ㄴ'이 반복되도록 하면서 음운적인 응결성을 고려하였다. 또한 선행 구의 '우는'과 후행 구의 '썩는'에서는 '-는'을 일관되게 사용하여 음운적 응결성을 거두고 있다. 실제로 이렇게 할 때 선행 구와 후행 구가 긴밀한 음운적 연결 고리를 형성할 수 있다.

⑧의 예에서는 '그것도 소라고' 해야 하지만 음운적 율격을 맞추기 위해 '소이라고' 발화하였다. 이는 문법에는 어긋나지만 음운적인 리듬을 맞추기 위해서는 필요하다. ⑨에서는 '둥글둥글'의 'ㄷㄱㄷㄱ'과 '도리도리'의 'ㄷㄹㄷㄹ'을 반복함으로써 음운적 응결성을 확보하고 있다. 이는 의성어나 의태어가 갖는 강점이기도 하다. 특히 여기에 사용된 '둥글둥글'과 '도리도리'는 음운의 반복에 의한 운율감의 확보와 표현의 해학성을 동시에 살리고 있다. 이렇게 〈시집살이요〉는 음운론적 응결장치에 의하여 텍스트의 응결성을 고양하고 있다.

(2) 형태론적 응결성

형태론적 응결성은 선행발화에서 실현된 언어요소를 후행발화에서 대용하거나, 또는 생략이나 부분반복 등을 통하여 텍스트성을 제고하는 것이다. 이 형태론적 응결성에서는 응결장치들이 선행발화와 후행발화를 연결 지으면서 전체 텍스트성을 강화한다. 다음의 예문을 보자.

⑩ 형님 형님 사촌 형님 // 시집살이 어떱데까?
이애 이애 그 말 마라 // 시집살이 개집살이.

⑪ 오 리 물을 길어다가 // 십 리 방아(Ø) 찧어다가,

아홉 솥에 불을 때고 // 열두 방에 자리(Ø) 걷고,

이처럼 형태론적 응결장치인 대용을 통하여 응결성을 형성하고 있다. ⑩에서 보면 '그 말'은 선행발화인 '시집살이'의 대용형이다. 대용표현을 활용함으로써 자연스럽게 형태적인 응결성을 확보한 것이다. 실제로 대용어 '그'를 사용함으로써 발화의 초점이 마지막 부분 '시집살이 개집살이'에 집중되는 효과를 거두고 있다. 그렇지만 〈시집살이요〉 전체에서 대용이 빈번하게 나타나지는 않는다. 아무래도 생활현장에서 불리는 짧은 민요라서 대용 표현이 효율적이지 못했으리라 짐작된다.[08] 한편 '형님 형님'이나 '이애 이애'의 반복은 음수율에 의한 응결성이기도 하지만, 같은 어휘의 반복이라는 점에서는 형태적 응결성이기도 하다.

⑪에서는 '오 리'와 '십 리', 그리고 '아홉'과 '열두'가 형태적 응결성에 의해 발화되고 있다. 즉 '오 리'와 '십 리'는 '먼 길'이라는 의미의 강조이고, '아홉'과 '열두'는 '시집 식구의 많음, 할 일이 많음'을 강조하기 위한 발화들이다. 따라서 이들은 정확한 어휘적 의미로 해석되기보다는 형태적 응결성을 확보하는 수단으로 활용된 것임을 알 수 있다.

⑫ 시아버니(Ø) 호랑새요 // 시어머니(Ø) 꾸중새요,

동새 하나(Ø) 할림새요 // 시누 하나(Ø) 뾰족새요,

시아지비(Ø) 뾰중새요 // 남편 하나(Ø) 미련새요,

자식 하난 우는 새요 // 나 하나만 썩는 샐세.

---

08 〈시집살이요〉는 전체 텍스트에서 대용이 한 번밖에 언급되지 않는다. 이는 운율 있는 언어구조를 감안하여 대용표현을 선호하지 않았기 때문이다. 그러나 생략이나 반복 이외에 대용도 형태적 응결성의 확보에 일조함은 물론이다.

반면에 이 작품은 실제 발화현장에서 불린 노래이기 때문에 처음부터 끝까지 생략이 매우 빈번하다.[09] 이는 언어 경제성에 입각한 언중의 본능일 수도 있다. 더군다나 이 작품은 4.4조 4음보의 형식적 운율이 상당히 규칙화되어 있어서 의미의 초점이 되지 못하는 언어요소는 필연적으로 생략될 수밖에 없다. 그렇기 때문에 ⑫에서도 조사가 지속적으로 생략되고 있다. 그런데 마지막 발화인 '자식 하난 우는 새요, 나 하나만 썩는 샐세'에서는 반대로 조사가 생략되지 않았다. 즉 '하나는'과 '하나만'은 의미가 같음에도 불구하고 양자 모두 실현되었다. 여기에서 조사가 생략되지 않은 것은 대비의 기능에 의한 것이라 하겠다. 실제로 마지막 발화를 '자식 하나 우는 새요, 나 하나 썩는 샐세'라고 해도 되지만, 굳이 조사를 넣은 것은 자식과 화자 자신의 처지를 강하게 표현하기 위함이다. 그것은 화자가 고된 시집살이를 참고 견디는 최종 목적지에 자식이 있고, 또 그 자식이 존재함으로써 자신이 있어야 하는 상황을 대비적으로 표현한 것이다. 조사를 발화함으로써 그러한 의미를 더 강조한 것이다.

이렇게 〈시집살이요〉에서는 생략을 중요한 응결장치로 활용하고 있다. 따라서 〈시집살이요〉에서는 대용이나 생략 등의 형태론적 응결장치에 의하여 응결성을 고양하고 있음을 알 수 있다. 그 외에 시제에 의한 형태론적 응결장치도 찾아볼 수 있다. 시제의 경우 내용 전개가 화자의 경험을 바탕으로 하기 때문에 과거 회상을 나타내는 '-더라'나 '-었네', '-었던가' 등이 사용되고 있다.

(3) 통사론적 응결성

고영근(1999 : 153)에서는 한국고전시가의 통사적 응결성으로 규칙적인 구

---

09 조사생략은 앞서 살펴본 ⑪의 예에도 잘 나타난다. ⑪의 경우 '오 리(를) (걸어가서) 물을 길어다가, 십 리(를) (걸어가서) 방아(를) 찧어다가'를 운율적 안배를 고려하여 조사를 생략하였다.

의 배열이나 연의 구분을 제시한다. 즉 규칙적인 행이나 연의 배열이 통사적 응결성을 담보한다고 본 것이다. 그러면서 향가의 10구체, 별곡의 6구를 중심으로 하는 전후 양련 구조, 시조의 3장 6구 등을 문학작품의 통사적 응결성 기제로 제시한다. 〈시집살이요〉 역시 이러한 규칙적인 운율, 즉 통사적 응결장치로 인하여 전체적인 응결성을 확보하고 있다. 다음의 예문을 살펴보도록 하자.

⑬ 형님 온다 형님 온다. // 분고개로 형님 온다.
형님 마중 누가 갈까. // 형님 동생 내가 가지.

⑭ 배꽃 같던 요내 얼굴 // 호박꽃이 다 되었네.
삼단 같던 요내 머리 // 비사리춤이 다 되었네.
백옥 같던 요내 손길 // 오리발이 다 되었네.

위의 예문에서처럼 이 작품은 형식적으로 4음보에 입각하여 발화되고 있다. 또한 글자 수나 운율 때문에 의성어나 의태어를 반복하기도 한다. ⑬에서는 '형님 온다'를 반복 발화한다. 처음에 발화된 '형님 온다'만이 텍스트 시작요소(TA)로 새로운 정보를 제공하고, 이어서 반복되는 '형님 온다'는 구정보화된 텍스트 계속요소(TF)로 선행 발화와의 통사적 응결성만을 염두에 둔 것이다. 이는 굳이 발화하지 않아도 되지만, 민요의 특성상 통사적 대구를 맞추기 위해 반복 발화한 경우이다. 물론 이러한 통사적 대구는 〈시집살이요〉 전체적으로 나타나는 특징이다. ⑭에서는 '-같던 요내 … -이 다 되었네'라는 구조 안에 내용만 바뀌고 있다. 이렇게 같은 구조를 반복함으로써 통사적 응결성을 더욱 공고히 하는 효과를 거둔다.

⑮ 고추 당추 맵다 해도 // 시집살이 더 맵더라.

… 밥 담기도 어렵더라.

… 수저 놓기 더 어렵더라.

나뭇잎이 푸르대야 // 시어머니보다 더 푸르랴?

⑮에서는 점층 구조에 의한 통사적 응결성을 확보하고 있다. 즉 '맵다'에 비교해서 '더 맵다'로, '어렵다'에 대해 '더 어렵다'로, '푸르다'에 대해 '더 푸르다'로, 그 뜻을 좀 더 강하게 나타내는 점층법을 활용한다. 그리하여 'A' → 'a + A'의 구조를 반복함으로써 통사적 응결성의 강화와 함께 내용의 강조 효과까지 거두고 있다.

요컨대 〈시집살이요〉는 전반적으로 대칭 · 대구를 이루면서 운율성을 확보하고, 그 내용에 있어서도 긴밀한 상관성을 갖도록 하였다. 이는 민요의 속성상 형식적인 틀을 상당히 중시하였기 때문이다. 따라서 이 작품은 거시적인 형식은 물론, 각 행에 해당하는 미시적인 구조에서도 통사적 응결성이 확보되어 있음을 알 수 있다.

3.1.2. 의미 · 기능상의 응결성

의미 · 기능상의 응결성은 앞서 살펴본 음운 · 형태 · 통사상의 응결성에 부가되는 것이다. 이들은 텍스트에 사용된 어휘의 의미장이나 구체적인 발화상황에 따른 기능적 연쇄에 의해 형성되는 응결성이다. 여기에서는 이들을 의미와 기능으로 나누어 확인해 보도록 하겠다.

(1) 의미상의 등가성에 의한 응결성

의미상의 등가성에 기댄 응결성은 같은 표현의 반복, 유의어나 상 · 하위어, 반의어, 대용어에 의한 반복 구조, 그리고 문맥을 바탕으로 추론할 수 있는 함축적 재수용 등에 의해 형성된다.[10] 〈시집살이요〉는 민요장르의 특성상 대구 표현을 위해 같은 표현을 여러 곳에서 반복 발화한다.

⑯ 형님 온다 형님 온다. // 분고개로 형님 온다.
형님 마중 누가 갈가. // 형님 동생 내가 가지.

⑰ 형님 형님 사촌 형님 // 시집살이 어떱뎁까?
이애 이애 그 말 마라 // 시집살이 개집살이.
앞밭에는 당추 심고 // 뒷밭에는 고추 심어,
고추 당추 맵다 해도 // 시집살이 더 맵더라.

위의 예문에는 같은 표현의 반복과 유의어가 사용되고 있는데, 이로 인해 의미상의 응결성이 공고해진다. ⑯의 예문에 나오는 '형님'은 반복 발화되면서 응결성을 확고히 해 주고 있으며, ⑰의 경우는 '형님'의 연쇄적인 발화를 바탕으로 명명의 사슬구조를 형성한다. 그리고 '시집살이'와 '개집살이'가 공통의 기저 의미를 바탕으로 하나의 어휘장을 만들면서 의미상의 기능에 의한 응결성을 형성한다. 또한 '당추 : 고추'도 유의어로 사용되면서,[11] 의미상의 응결성을 강화하고 있다. 이렇게 단어를 반복하거나 유의어를 사용함으로써 내용 전개에 따른 의미적 연결성을 강화한다. 다음의 예문을 더 보자.

---

10 고영근(1999 : 154)에 의하면 의미기능상의 등가성에 의한 응결성을 '응결성 장치 2'라 구분한다. 그리고 이것은 앞서 살펴본 음운 · 형태 · 통사상의 응결성(응결성 장치 1)에 대한 보조적 장치라 언급한다. 보조적 장치는 놓이는 자리가 비교적 자유롭고 '응결성 장치 1'에 비해 경계 기능이 분명하지 않다. 그리하여 '응결성 장치 2'는 텍스트 형성에 있어서 필요조건은 되지만 충분조건은 되지 못한다.

11 당추는 고추와 유의어인데, 이 노래에서 이렇게 같은 단어를 달리 표현한 것은 노래의 맛을 살리고 같은 음의 반복을 피하기 위함이다.

⑱ 배꽃 같던 요내 얼굴 // 호박꽃이 다 되었네.
삼단 같던 요내 머리 // 비사리춤이 다 되었네.
백옥 같던 요내 손길 // 오리발이 다 되었네.

위의 예문에서는 반의어의 사용으로 의미상의 등가성을 이루어 응결성을 확보하고 있다. 즉 '배꽃↔호박꽃, 삼단↔비사리춤, 백옥↔오리발'의 구조가 그것인데, 이들이 객관적 의미에서의 반의어는 아니지만 의미맥락상 반의(反意) 구조를 형성하고 있다. 이들 어휘가 동일한 구조 안에서 대립적 의미로 제시되었기 때문이다. 따라서 이들은 맥락에 의해 자연스럽게 반의어로 기능하며 전체적인 응결성을 강화하는 기제로 작용한다.

이처럼 이 작품은 같은 표현의 반복, 유의어, 반의어 등을 통하여 의미상의 등가성을 조성하고, 이를 통하여 텍스트의 긴밀성을 강화하고 있다. 그리고 이러한 의미상의 등가성에 의한 응결성은 결국은 언어 사용에 의한 화용상의 응결성까지도 창출한다.

(2) 기능상의 등가성에 의한 응결성

기능상의 등가성에 의한 응결성은 특정한 대상에 대하여 그 표현을 달리하면서 나타나는 것이다. 즉 텍스트의 전반적인 구조에서 동일한 대상을 다양하게 발화함으로써, 발화자가 의도하는 기능적인 응결성을 형성하도록 한다. 이에 해당하는 내용을 표로 보이면 다음과 같다.

대상	표현
시집살이	개집살이, 맵다, 어렵다
시집일의 고단함	물 긷기, 방아 찧기, 불 때기, 자리 걷기
시집식구	호랑새, 꾸중새, 할림새, 뾰족새, 뾰중새, 미련새, 우는 새

10년의 시집살이	귀먹기, 눈 어둡기, 말 못하기
현재 화자 모습	호박꽃, 비사리춤, 오리발
시집살이 서러움	반물치마 눈물 씻기, 행주치마 콧물 받기
자식	거위 한 쌍, 오리 한 쌍

[표 2] 〈시집살이요〉의 응결성

[표 2]에서 알 수 있듯이 시집살이의 고충을 다양하게 바꾸어 표현하고 있다. 그러나 표현이 바뀌었을지라도 문맥이나 발화상황을 고려할 때 모두 시집살이의 고충을 표현한 것임은 물론이다. 시집살이가 너무 힘들고 고됨을 다양한 양태로 발화한 것인데, 모두 '고된 시집살이'의 의미 구조를 형성하며 기능상의 응결성을 확보한다. 그렇게 고된 시집살이를 하면서도 자식에 대한 애착을 마지막에 표현하고 있는데, 자식을 '거위'와 '오리'로, 그리고 자신을 '소(沼)'로 표현함으로써 기능상에서 '가족'이라는 커다란 의미의 등가성을 확보하고 있다.

이상에서 보듯이 작품 내용의 특정 사항이 필요에 따라 달리 표현되었지만, 동일한 대상이나 상황에 대한 이칭(異稱)에 불과하다. 따라서 각기 다른 표현들은 기능상의 등가성을 확보하며 텍스트성을 강화하는 인자로 작용함을 알 수 있다.

3.2. 응집성을 통해 본 텍스트성

응집성은 하나의 텍스트를 텍스트답게 만들어 주는 의미상의 기능이라고 할 수 있다. 여러 개의 문장이 모였다고 해서 그것들을 모두 텍스트라고 말할 수는 없다. 각 문장들 간에 의미상으로 연결성이 확보되어야 텍스트라고 말할 수 있기 때문이다. 의미상 아무런 연관이 없는 여러 문장들이 나열되면 주제로의 일관성이 결여되기 마련이고, 이러한 문장들은 엄밀히 말해 하나의 텍스트로 간주할 수 없다. 따라서 텍스트가 갖고 있는 주제로의 일관성을 우리는 응집성이라고 말할 수 있다. 이러한 응집성은 앞에서 살펴본 응결성과 더불어 텍스트를 형성하는 중요한 기제인데, 이 둘의 관계는 동전의 앞·뒷면과 같이 작용하기에 텍스트의 핵심적인 구성요소라 하겠다.

앞에서도 말한 것처럼 〈시집살이요〉는 크게 세 부분으로 이야기의 흐름을 정리할 수 있다. 즉 형님마중, 시집살이의 내용, 자식에의 귀착 등이 그것이다. 이를 표로 정리하면 다음과 같다.

의미단락	범위	내용
T1	형님 온다~내가 가지.	형님 마중
T2	형님형님 사촌형님~다 젖었네.	시집살이 내용
T3	울었던가 말았던가~들어오네.	자식으로 귀결

[표 3] 〈시집살이요〉의 의미단락

[표 3]처럼 〈시집살이요〉는 크게 세 부분으로 이야기의 흐름을 요약할 수 있다. 물론 두 번째 부분은 3개의 작은 이야기가 합쳐진 것이다. 하지만 전체적으로 시집살이의 고단함을 노래했다는 측면에서 하나의 담화로 묶을 수 있다. 이렇게 크게 3개의 단위구조를 이루고 있는 〈시집살이요〉는 주제 전개의 측면에서 일관성을 보이고 있어 주목된다. 실제로 이들 각각의 이야기는 시집살이에 대한 고단함과 서글픔으로 일관하고 있다. 이는 이 작품의 모든 이야기가 주제를 지향하도록 안배한 결과라 하겠는데, 그로 인해 텍스트 전체의 응집성을 확보하게 된다.

먼저 T1에서는 시집간 사촌 형님이 온다는 소식에 마중을 가겠다는 이야기로 서두부분에 해당된다. 이어서 서로 만난 사촌 자매는 시집살이에 대한 호기심과 그 고단함에 대한 이야기를 한다. 즉 T2의 처음에는 '시집살이가 어렵다'로, 두 번째는 '시댁식구들이 어렵다'로, 그리고 마지막으로 '시집살이의 결과 망가진 자신의 모습'으로 그 내용이 전개된다. 마지막 T3에서는 그런 와중에 생긴 자식들을 거위와 오리로 비유하면서 해학적인 결말을 유도한다. 해학적 결말 속에서 그렇게 힘든 시집살이에 대한 원망보다는 그것에 대해 운명으로 순응하면서 극복하려는 의지를 엿볼 수 있다. 특히 T2에 나타나는 주제로의 응집성은 견고하다 할 수 있다. 이를 표로 보이면 다음과 같다.

내용	표현
시집살이의 내용	맵다 → 어렵다
시댁식구의 어려움	외나무다리, 대나무 → 호랑새, 꾸중새, 할림새, 뾰족새, 뾰중새, 미련새
시집살이의 서러움	귀머거리, 봉사, 벙어리 → 호박꽃, 비사리춤, 오리발 → 눈물 씻기, 콧물 받기

[표 4] T2의 이야기 구조

[표 4]는 T2에 나타나는 이야기 구조이다. 이들은 시집살이의 고단함과 서글픔이라는 주제를 향해 일관되게 기술되고 있다. 처음에는 시집살이의 내용에 대해 제시하고, 이어서 시집살이의 원천인 시집 식구들에 대해 언급하고 있다. 마지막은 이로 인해 파생된 결과를 말하고 있다. 이러한 내용 전개는 전체 텍스트가 하나의 주제로 일관될 수 있도록 한다. 이는 주제로의 응집성이 강함을 의미하는 것이다.

이처럼 전체 구조가 주제인 '시집살이'로 연결되며 긴밀하게 짜여 있다. 이러한 점으로 미루어 볼 때 〈시집살이요〉는 작품텍스트가 갖추어야 할 응집성을 충족한다 하겠다.

4. 〈시집살이요〉의 텍스트성과 언어 활용의 관계

앞에서는 〈시집살이요〉에 나타난 응결성과 응집성에 대해 살펴보았다. 텍스트를 텍스트답게 만들어주는 요소인 응결성과 응집성은 텍스트를 형성하는 형태적 조건과 의미적 조건이라 달리 말할 수 있다. 텍스트는 적어도 표현과 내용 면에서 충족되어야만 텍스트성을 확보할 수 있기 때문이다.

〈시집살이요〉는 위와 같은 면을 충족하면서 동시에 대화체의 간결한 노랫말이라는 점, 여성들이 겪어야 하는 아픔을 진솔하게 노래했다는 점에서 온전한 작품텍스트라 할 수 있다. 실제로 이 작품은 형식적인 면에서 대용이나 생략, 그리고 반복에 의한 응결성을 확보하고 있으며, 노래의 전반적인 흐름이 시집살이의 서러움을 향하도록 고려하여 내용상의 응집성도 분명히 하고 있다. 이제 이 작품에 나타난 텍스트언어학적 특성을 몇 가지로 나누어 확인해 보도록 하겠다.

첫째, 이 작품은 당시의 사회상을 충실히 반영한 작품텍스트이면서 발화텍스트라는 점이다. 노랫말이기에 분량은 비록 적지만 하나의 테마를 향한 일관된 진술은 텍스트가 지녀야 할 주제 전달력을 충실히 소화하고 있다. 실제로 이 작품은 하나의 사건을 중심으로 서사·본사·결사의 구조를 적절히 구비하고 있다. 즉 전체 노랫말의 구성이 ㉠'서사-화제도입' ㉡'본사-사건전개' ㉢'결사-마무리와 해결책'으로 이루어져 있다. 그리고 제시된 사건은 당시의 일반적인 여성 화자들이 겪었던 생활상을 구어 형태로 재현한 것이기에 발화텍스트로서의 자질도 충족되어 있다. 따라서 〈시집살이요〉는 작품텍스트 내지 발화텍스트로서의 자질이 충분함을 알 수 있다.

둘째, 이 작품은 압축된 내용을 운율에 맞추어 규칙적으로 안배하여 응결성이나 응집성을 강화하고 있다. 실제로 형식적인 운율성은 텍스트 형성의 중요한 인자로 작용하고 있다. 4.4조의 음수율은 텍스트 전체를 하나의 작품으로 결집시키는 데 중요한 기능을 한다. 음수율에 의한 응결성과 함께 의미단락별로 종결어미의 규칙적 사용에 의한 응결성도 중요하다. 즉 '-더라, -랴, -요, -네' 등의 종결어미를 내용단락에 따라 통일되게 사용하여 응결성을 도모한다. 내용단락별로 종결어미의 양상을 보면 다음과 같다.

의미단락	내용단락	종결어미
T1	S1~S4	-다.
T2	S5~S6	-까?
	S7(s1~s2)	-라.
	(s3~s4)	-랴.
	(s5~s6)	-요, / -니.
	(s7~s8)	-네.
T3	S8~S9	-네.

[표 5] 내용단락별 종결어미

[표 5]에서 보는 것과 같이 종결어미는 의미단락 안에서 형식적인 통일성은 물론, 내용에서도 긴밀한 응집성을 확보케 한다. 그리고 전체적으로 두 구씩 이루어진 대구도 형식적인 통일성과 구조적인 일관성으로 인하여 전체 텍스트의 응집성을 형성하는 데 일조한다.[12]

셋째, 이 작품은 다양한 문학적인 기교를 통하여 주제 전달력을 높이고 있다. 실제로 이 작품에서는 주제를 선명하면서도 효과적으로 제시하기 위하여 여러 가지 문학적 기법을 동원하고 있다. 예를 들면 시댁 식구들을 의미 특징

12 〈시집살이요〉는 전체 구성이 두 구씩 대구를 이루고 있다. 예를 들어 '형님 형님 사촌 형님 // 시집살이 어떱뎁까'라든지 '앞밭에는 당추 심고 // 뒷밭에는 고추 심어, 고추 당추 맵다 해도 // 시집살이 더 맵더라'와 같은 구조로 이루어져 있다. 따라서 대구 형식을 통해 내용상의 연결성은 물론 형식적인 통일성까지도 담보한다.

에 맞게 새(호랑새, 꾸중새, 할림새, 뾰족새, 뾰중새, 미련새)로 명명하거나 마지막에 자식을 오리와 거위로 비유하는 등의 수사적 표현은 이 작품의 개성창출에 크게 기여한다. 또한 무겁고 우울한 주제를 유쾌하고 해학적으로 표현함으로써 전체 내용의 분위기를 심각하게 받아들이기보다는 그저 살면서 겪을 수 있는 여러 고생 중의 하나로 처리하였다. 그리하여 '시집살이'에 대한 무게감을 다소 덜고 있다. 그리고 '시아버지, 시어머니'의 무서움을 강조하기 위해 사용한 설의법도 주제 전달 면에서 효과가 크다. 즉 '시아버지같이 어려우랴?, 시어머니보다 더 푸르랴?' 등의 설의적 표현은 의미를 강조하여 주제를 부각시킨다. 뿐만 아니라 비유법을 지속적으로 사용하거나, 생략을 이용한 간결한 표현도 전체 텍스트가 주제를 향해 짜임새를 갖도록 한다.

넷째, 이 작품을 통해 여성화자의 발화 양상을 살필 수 있다는 점이다. 현대국어에서도 여성화자와 남성화자의 언어사용 양상은 음운·문법·어휘 그리고 종결어미 등에서 차이가 난다.[13] 그런데 이 작품의 경우 화자가 여성이기에 발화된 어휘 표현이나 종결어미 사용에 있어서 여성성이 부각된다. 예를 들어 본문에 사용된 종결어미 '-요'는 남성화자보다는 여성화자가 주로 사용하는 어미이다. 종결어미 '-다'보다는 비격식적이면서 정감어린 표현이기에 여성화자들에게 어울린다. 그리고 '요내'라는 어휘도 '이내'보다는 작고 귀여운 어감 때문에 여성화자가 주로 사용한다. 개시발화인 '시집살이 어떱데까?'도 친근함을 강조하는 여성 발화의 특성이라 하겠다. 물론 전개되는 내용에 따라 사용된 어휘들도 여성들이 주로 구사하는 어휘군이다. 이처럼 〈시집살이요〉는 여성화자의 표현이 빈번하게 나타나고 있으며, 이로 인해 청자나 독자는 친근함을 느낄 수 있다.

---

13 현대국어에서 나타나는 여성어의 어휘적 특징으로 축약이나 작고 귀여운 어감을 들 수 있다.(김선희, 2001 : 12~31)

5. 결론

이상으로 〈시집살이요〉의 텍스트성을 살펴보았다. 먼저 내용과 구조를 살핀 다음, 응결성과 응집성을 중심으로 텍스트성을 확인해 보았다. 이를 토대로 이 작품이 갖는 텍스트의 특성을 검토하였다. 지금까지의 논의를 요약·정리하는 것으로 결론을 대신한다.

첫째, 〈시집살이요〉는 4.4조 4음보의 대화체 민요로, 내용은 크게 세 단락으로 나누어진다. 처음 단락은 시집간 사촌 형님이 온다는 말에 반갑게 마중을 나가면서 발화하는 부분이고, 두 번째 단락은 사촌 형님이 시집살이에 대한 어려움을 토로하는 부분이며, 마지막 단락은 시집살이의 고난에 대한 해결방안을 해학적으로 묘사한 부분이다. 이와 같은 내용은 반다이크의 서사구조에 잘 부합한다. 즉 하위 구조인 '사건(시집살이)+해결(순응 및 체념)'에서부터 상위 구조인 '이야기(시집살이에 얽힌 고난과 그에 대한 평가)+모럴(운명적인 순응)'에 이르기까지 긴밀한 관계를 구축하여 반다이크의 서서구조 이론에 잘 부응한다.

둘째, 〈시집살이요〉는 응결성이 강화된 텍스트이다. 실제로 〈시집살이요〉는 음운·형태·통사상의 응결성과 의미·기능상의 응결성을 두루 갖추고 있다. 전자에는 동일 음운의 반복이나 종결어미의 통일, 의태어의 반복 사용과 생략을 통한 음운론적 응결성이, 동일 단어나 동일 어구의 반복을 통한 형태론적인 응결성이, 그리고 동일 구조의 반복이나 대칭·대구에 의한 통사론적인 응결성이 확보되어 있다. 후자는 같은 표현의 반복이나 유의어, 상·하위어, 반의어의 사용을 통한 의미론적인 연결성이, 동일한 대상을 다양하게 표현하면서 주제와 연관되도록 한 기능적 응결성이 확인된다.

셋째, 〈시집살이요〉는 주제를 향한 응집성이 강하다. 즉 내용 전개가 주제인 '시집살이의 고됨'을 향해 유기적으로 조직되어 있다. 실제로 각각의 의미단락이 주제를 부각하기 위해 긴밀히 작용한다. 그러다가 마지막 의미단락에 이르러 '자식'을 통해 운명적으로 순응하는 한국 여인의 정서를 효과적으로 드러낸다. 따라서 전체적으로 주제를 향한 응집성이 견고함을 알 수 있다.

넷째, 〈시집살이요〉에 나타나는 텍스트의 특징을 네 가지로 나누어 살펴보았다. 첫 번째는 구비전승으로 인하여 당시의 사회상을 충실히 반영한 작품텍스트라는 점이다. 비록 짧은 텍스트이지만 서사·본사·결사를 갖춰 독립된 작품텍스트의 자질을 확보하였기 때문이다. 두 번째는 노래로 불려야 할 필요에 따라 운율을 맞추면서 간결하고 압축적인 표현을 고려했다는 점이다. 이는 리듬을 고려한 노래라는 점에서 필연적일 수밖에 없다. 세 번째는 주제를 효과적으로 제시하기 위해 다양한 문학적 기교, 즉 비유법·설의법·해학적 표현을 구사하고 있다는 점이다. 네 번째는 주로 향유계층이 여성이기 때문에 여성 발화 양상이 두드러진다는 점이다.

제4장

〈노처녀가〉의 층위와 텍스트언어학

1. 서론

이 장에서는 〈노처녀가〉의 층위와 텍스트의 구조를 바탕으로 텍스트언어학적인 특성을 살피는 것이 주목적이다. 사람들은 복잡하고 현학적인 글보다는 소박하지만 진솔하게 감정을 토로한 글에 매료되기 쉽다. 솔직한 글이 읽는 이의 감정을 자극하여 쉽게 공감대를 형성하기 때문이다. 따라서 작품을 선정하고 읽을 때도 문학적 기교가 다소 부족하지만 감정을 꾸밈없이 표현한 작품에 더 관심을 기울이는 것이다. 이 장에서 살펴볼 〈노처녀가〉[01] 역시 시집가지 못한 처녀가 자신의 신세를 진솔하게 노래한 작품이다.

01 규방가사인 〈노처녀가〉와 《삼설기》에 수록된 〈노처녀가〉가 현전하고 있다. 이 장에서는 《삼설기》 소재 〈노처녀가〉를 분석텍스트로 선정한다. 두 작품 모두 서사맥락이 비슷하지만, 후자가 소설성을 지향하여 작품내적 구조를 비교적 더 잘 갖추었기 때문이다.

조선후기 국문소설집 《삼설기》[02]에 수록된 〈노처녀가〉는 가사가 소설화되는 과도기에 형성된 작품이다. 이 작품은 주인공이 불구의 여성이라는 점, 그러한 여성이 시집가고 싶은 마음을 적나라하게 표현했다는 점, 그리고 적극적으로 노력하여 결국에는 결혼에 성공한다는 점에서 독특한 특징이 있다.[03] 또한 내용이 전개되는 과정에서 결혼하지 못한 여성화자가 자신의 심정을 진솔하게 토로하기 때문에 해학과 유머를 담으면서도 주인공의 안타까운 심정이 청자에게 직접 와 닿을 수 있도록 했다.[04] 화자의 이러한 직설적인 감정표현은 당시의 언어사용의 일면을 고구할 수 있기에, 이 작품은 국어학적인 측면에서 중시할 만한 자료라 할 수 있다.

고영근(1999 : 264~269)에서 분류한 텍스트 유형에 비추어 볼 때, 〈노처녀가〉는 작품의 처음에서부터 마지막까지 일관된 하나의 사건을 중심으로 구성되어 작품텍스트로 분류될 수 있다. 작품텍스트는 일반적으로 중심사건을 바탕으로 기술되다가 마침내는 하나의 주제로 귀결된다. 이렇게 하나의 주제로 귀결되는 텍스트를 서사텍스트라고 한다. 따라서 〈노처녀가〉는 작품텍스트이면서 동시에 서사텍스트라고 할 수 있다.

이에 이 장에서는 작품텍스트-서사텍스트에 속하는 〈노처녀가〉를 대상으로 텍스트의 서사구조를 분석하고, 이를 바탕으로 텍스트언어학적 특성에 대

---

02 조선후기 국문고소설집 《삼설기》는 작자 미상으로 9편 3책으로 구성되어 있다. 경판본 · 방각본의 최고본(最古本, 1848)으로 보이는 파리 동양어학 교본 3책에 보면 이 소설집에 실린 작품은 〈삼사횡입황천기〉 · 〈오호대장기〉 · 〈서초패왕기〉 · 〈삼자원종기〉 · 〈황주목사기〉 · 〈노처녀가〉 · 〈황새결송〉 · 〈녹처사연회〉 · 〈노섬상좌기〉 등 9편이다.(『표준국어대사전』 참조)

03 여성이 시집가고 싶은 마음을 솔직하게 이야기하는 것은 현대적인 관점에서도 쉽지 않다. 그런데 이 작품은 조선시대의 여성이 시집가고 싶은 마음을 직설적으로 표현하여 해학적인 웃음을 유발한다.

04 〈노처녀가〉의 서두에는 '일일은 가만히 탄식 왈 … 이처로 방황하더니 문득 노래를 지어 화창하니 갈왔으되'라는 표현이 있다. 이로 보아 '어느 노처녀의 이야기'를 다른 사람들에게 구연한 것을 문자로 기록한 것이라 하겠다. 텍스트의 마지막 부분도 '이 말이 가장 우습고 희한하기로 기록하노라'라고 마무리되었다. 따라서 〈노처녀가〉는 이야기되는 것을 누군가가 정리하여 문헌으로 정착시킨 문서텍스트라 할 수 있다.

해 살펴보고자 한다. 텍스트의 구조 분석은 결국 주제에 대한 결속성을 살피는 것이다. 그리고 텍스트언어학적 특성을 살피는 것은 근대국어의 일면을 고찰하는 것과도 상통한다. 이러한 논의는 이 텍스트의 특성을 논리적으로 분석하여 '텍스트다움'을 객관적으로 입증하는 것이기도 하다.[05]

2. 〈노처녀가〉의 층위와 구조

2.1. 화자와 서사적 층위

〈노처녀가〉는 시집 못 간 노처녀가 자신의 신세를 한탄하면서 시집가고 싶은 욕망을 드러내다가 결국은 적극적인 노력으로 결혼에 성공하는 이야기이다. 일면 단순한 이야기 흐름을 갖는 듯하지만, 구체적으로 보면 세 단계의 계층적인 서사구조를 구비하고 있다. 이 작품에는 크게 두 명의 내레이터가 등장한다. 작품 초반의 도입부분에서는 어느 노처녀의 이야기를 들려주는 이야기꾼이 등장하여 "옛날에 이러저러한 사람이 있었는데 …"로 말문을 연다.

① 옛적에 한 여자가 있으되 일신이 갖은 병신이라
나이 사십이 넘도록 출가치 못하여 그저 처녀로 있으니 …
이처로 방황하더니 문득 노래를 지어 화창하니 갈왔으되

05 고영근(1999 : 138)에서는 '텍스트다움'이란 '텍스트성(textualität)'의 정도에 따라 '매우 텍스트다움, 비교적 텍스트다움, 텍스트답지 못함, 결코 텍스트답지 못함'으로 설명한다. 하나의 텍스트는 상황과 맥락을 바탕으로 화 · 청자에게 텍스트로 인정받게 된다. 예를 들어 '조용히!'라는 발화텍스트는 상황과 맥락에 의해 상당히 텍스트다울 수도 있고 그렇지 못할 수도 있다. 병원 복도에 붙어 있는 '조용히!'와 노래방에 붙어 있는 '조용히!'는 그 기능이 사뭇 다르기 때문에, 텍스트다움의 정도도 달라진다.

①은 〈노처녀가〉의 처음부분이다. 이야기꾼은 시집 못 간 어떤 여자의 이야기를 시작한다. '이러저러한 여자가 있었는데, 그 여자가 어쩌고저쩌고 …'의 내용으로 작품이 시작된다. 그리고 다음부터는 직접 노처녀가 화자로 등장하여 자신의 신세를 한탄하며 이야기를 시작한다.

② 어와 내 몸이여 섧고도 분한지고 이 설움을 어이하리
인간만사 설운 중에 이내 설움 같을쏜가
설운 말 하자 하니 부끄럽기 측량없고
분한 말 하자 하니 가슴 답답 그 뉘 알리

이렇게 자신의 처지를 비관하며 이야기를 시작한다. 소설의 구성으로 보면 발단이라 할 수 있다. 그러던 이야기가 몇 가지 에피소드로 확대되어 전개·위기가 이어지다가 주인공인 화자가 잠시의 잠에서 절정에 이르는 꿈을 꾼다. 꿈속에서는 성사되지 못했던 혼사가 현실에서는 화자의 적극적인 노력으로 성공한다. 그리고 다음과 같은 표현으로 작품이 마무리된다.

③ 부부의 금슬 좋고 자손이 만당하며
가산이 부요하고 공명이 이음차니 이 아니 무던한가

이 말이 가장 우습고 희한하기로 기록하노라

마지막 구절 '이 말이 가장 우습고 희한하기로 기록하노라'에서 다시 화자가 바뀐다. 도입부분에서 개시발화를 했던 화자가 다시 등장하여 이야기를 마무리한다. 그래서 이 작품은 두 명의 화자가 말하여 액자구조가 되었다.

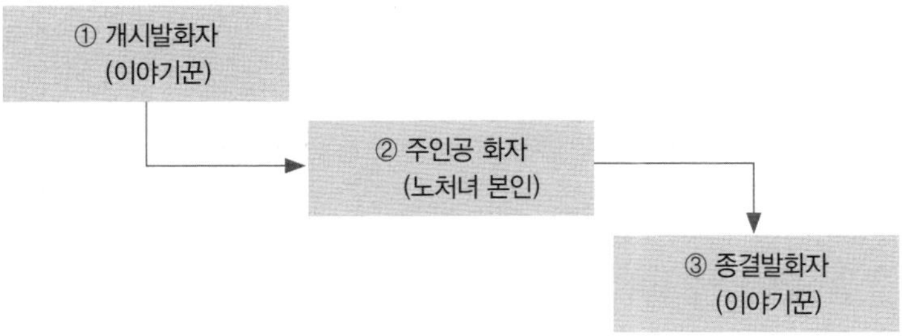

[그림 1] 〈노처녀가〉의 화자 변화

[그림 1]과 같이 〈노처녀가〉는 처음에 이야기를 시작한 개시발화자가 마지막에 다시 이야기를 받아서 마무리하는 구조를 취했다. 따라서 화자에 따라 크게 두 계층의 이야기 구조를 갖는다. 노처녀의 이야기를 실감나게 전달하기 위해 내부액자에서 노처녀를 화자로 등장시킨 것이라 할 수 있다.[06]

2.2. 내용의 전개와 서사구조

〈노처녀가〉는 위에서 살펴본 것처럼 두 명의 화자에 의해 이야기가 전개된다. 그중 개시발화와 마무리발화를 뺀 가운데 부분, 즉 노처녀가 결혼을 못하여 탄식하다가 마침내 결혼에 성공하는 과정을 서사한 내용이 텍스트의 핵심이다. 이 부분은 [그림 2]와 같이 크게 여섯 개의 의미구조를 갖는다.

[그림 2] 〈노처녀가〉의 내용전개도

06 한편 위와 같은 액자구조는 이 작품이 당시에 구연되었던 사정을 반영하였기 때문이라 할 수 있다. 구연을 전제로 했기 때문에 구연자(1차 화자)와 구연내용 속의 화자(2차 화자)가 등장한 것이라 하겠다.

자기소개에서 푸념을 시작하다가 자신이 처한 상황을 설명하면서 스스로 결혼할 수 있는 방안을 모색한다. 그런 다음 점치기를 거쳐 꿈에서 몽중혼을 이룬다. 꿈에서 깬 다음 가족들과 꿈 이야기를 통해 결혼에 이르고, 결혼 후 행복하게 잘 산 것으로 이야기가 마무리된다. 그 과정에서 노처녀는 시집을 가지 못한 것에 대해 직설적으로 한탄하면서, 자신에 대한 그간의 일들을 에피소드 방식으로 이야기한다. 이러한 에피소드는 각 내용별로 긴밀하게 구성되면서, 전체적으로는 '결혼'이라는 궁극적 목표를 지향하게 된다. 이를 세분화하면 [그림 3]과 같다.

[그림 3] 〈노처녀가〉의 이야기전개도

이 작품은 전형적인 이야기 구조[07]를 가지고 있어서 #1[08]의 자기소개에서부터 #6의 행복한 결말에 이르기까지 내용전개가 긴밀하다. 실제로 이러한 긴밀성을 확인할 만한 표지를 각 에피소드에서 찾을 수 있다.[09] 이들 표지는 텍스트 전체의 통사적·의미적 긴밀성을 담보하는 기제로 청자를 주제로 이끌도록 기능한다.

〈노처녀가〉의 이러한 이야기 구조는 반다이크의 서사구조[10]에 잘 부합한다. 즉 '결혼'에 이르기까지의 사건과 배경으로 짜인 여섯 개의 에피소드가 긴밀하게 연결되어 있다. 이를 정리하면 [표 1]과 같다.

<table>
<tr><th colspan="3">이야기</th></tr>
<tr><th colspan="2">줄거리(에피소드)</th><th rowspan="2">평가</th></tr>
<tr><th>사건</th><th>배경</th></tr>
<tr><td>#1. 자기소개: 형과 동생의 결혼,
얼굴자랑, 행실자랑, 재주자랑</td><td>둘째 딸, 오십 줄의 나이</td><td>츠릉군, 병인, 광객</td></tr>
<tr><td>#2. 배경설명: 신세한탄</td><td>형과 아우의 결혼</td><td>불쌍한 팔자</td></tr>
<tr><td>#3. 점치기: 쇠침놓기(김도령, 권수재)</td><td>오늘 밤</td><td>어깨춤</td></tr>
<tr><td>#4. 꿈: 김도령과의 결혼</td><td>결혼식</td><td>침상일몽</td></tr>
<tr><td>#5. 결혼: 천정배필과의 결혼</td><td>결혼준비, 결혼</td><td>하늘의 뜻</td></tr>
<tr><td>#6. 행복한 결말: 불구회복, 득자녀</td><td>결혼생활</td><td>희한, 무던</td></tr>
</table>

[표 1] 반다이크의 서사구조에 의한 〈노처녀가〉의 서사구조

---

07 일반적으로 고전서사물은 고난과 역경을 이겨 낸 주인공이 행복한 삶을 보장받는다. 〈노처녀가〉 역시 주인공의 고난이 이어지고, 나중에 결혼을 통해 행복한 삶이 성취되기에 동일하다.

08 #은 서사구조 중 에피소드에 해당하는 단위의 기호로 설정하였다. 〈노처녀가〉는 모두 여섯 개의 에피소드로 구성되어 있는데, 이들을 #1~#6으로 표시한다.

09 에피소드 간 긴밀한 연결 관계는 다음에 다룰 언어 활용과 텍스트의 관계에서 살핀다.

10 반다이크에 의하면 일정한 줄거리를 가지고 있는 서사텍스트는 사건과 배경으로 이루어진 에피소드가 결합하여 줄거리를 형성하고, 줄거리에 화자의 평가가 결합되어 이야기를 형성하며, 최종적으로 이야기에 모럴(moral)이 결합되어 서사텍스트가 형성된다.(고영근, 1999 : 216~217)

각각의 에피소드는 결혼하고 싶은 마음에서 출발하여 결혼에 이르기까지의 과정이 순차적으로 연결되어 있다. 그리고 각 에피소드에 대한 화자의 평가가 결합되어 전체 텍스트를 형성하게 된다. 화자는 나이 사십이 넘도록 결혼하지 못한 자신의 처지를 한탄하면서 형제들의 결혼을 회상한다.

#1에서는 형의 결혼식을 보며 다음은 자기 차례라 생각했는데, 동생이 먼저 결혼한다. 왜 그렇게 되었는지 속상한 마음을 드러내다가 자기 자신의 인물됨을 내세운다. 얼굴 · 행실 · 재주가 뛰어남에도 불구하고 그렇게 될 수밖에 없었던 자신을 '츠릉군'(천덕꾸러기)이라 평가한다. 그리고 #2에서는 자신의 불쌍한 팔자를 좀 더 구체적으로 표현하면서 이러지도 저러지도 못하는 심정을 직설적으로 읊조린다. 성질부릴 수도 없고, 내숭 떨 수도 없는 그야말로 사면초가의 상태를 '가슴 두드리며 답답하다'는 표현으로 대신하고 있다. 그러다가 #3에서는 자신이 직접 결혼을 준비해야겠다고 생각한 후 점을 친다. 소문으로 듣던 김도령과 권수재를 놓고 쇠침을 놓는다. 상대가 김도령으로 결정되자, 아침이 되기를 기다리다 잠깐 사이에 잠이 든다. #4에서는 꿈에서 점친 김도령과 성대한 혼례를 치른다. 기쁨이 절정에 다다르는 순간 개 짖는 소리에 깨어나 침상일몽이라 생각한다. #5에서는 허망한 마음을 추스르고 꿈의 내용을 홍두깨에 옷을 입혀 재현한다. 그리고 그 내용을 부모와 의논하여 결국은 김도령과 결혼한다. 마지막 #6에서는 행복한 결혼생활이 이어지면서 자신의 불구가 없어지고, 쌍둥이를 낳았는데 모두 영준(英俊)하여 문재(文才)가 비상하다고 밝히며 마무리된다. 내부액자인 서사텍스트는 이렇게 끝난다.

따라서 〈노처녀가〉는 여섯 개의 에피소드가 각각의 사건과 배경, 그리고 평가와 결합하여 이야기를 형성하고, 이것이 설정된 모럴, 즉 '고난에 굴복하지 말고 목표를 위해 적극적으로 노력하자'로 귀결되도록 구조화되었다. 그리고 이 이야기의 앞과 뒤에 이 서사물을 액자처럼 감싸고 있는 개시발화와 마무리발화가 첨부된 것이다.

3. 〈노처녀가〉의 언어 활용과 텍스트의 관계

보그란데와 드레슬러(1981)는 텍스트를 보다 더 텍스트답게 만들어 주는 성질을 텍스트성이라 하고, 일곱 가지 텍스트성을 언급한다.[11] 일곱 가지 텍스트성은 결속구조, 결속성, 의도성, 용인성, 정보성, 상황성, 상호텍스트성이다. 이 중 의도성과 용인성은 심리적 관점에서, 그리고 정보성과 상황성은 사회적 관점에서 접근할 수 있다. 다만 이 장에서는 통사적 결속구조와 의미적 결속성을 중심으로 〈노처녀가〉의 텍스트성을 분석하고자 한다.[12]

3.1. 통사적 결속구조(cohesion)

텍스트의 통사적 결속구조는 음운·형태·통사상의 연결고리를 의미한다. 이는 텍스트 표층구성요소들 간의 문법적 의존 관계를 말하는 것이다. 텍스트 표층구성요소인 회기(recurrence)·대용(proforms)·환언(paraphrase)·생략(ellipsis)·접속(junction) 등은 텍스트 구조를 공고히 다진다. 따라서 〈노처녀가〉에 나타나는 회기·병행구문·환언·대용·생략 등의 기제를 분석함으로써 〈노처녀가〉의 결속구조를 살필 수 있다.

첫째, 〈노처녀가〉는 회기[13]를 통하여 결속구조를 강화하고 있다. 다음의 예

---

11 결속구조(cohesion)와 결속성(coherence)은 번역의 과정에서 응결성(cohesion)과 응집성(coherence)으로 대치되기도 한다. 이 장에서는 결속구조와 결속성으로 통일한다.

12 일곱 가지 텍스트성을 모두 분석하지 않는 것은, 텍스트에는 이 일곱 가지 텍스트성이 다 들어 있다는 전제 때문이다. 신지연(2007 : 24~25)에서 '모든 텍스트는 7가지 텍스트성을 가지고 있지만, 그들 모두를 텍스트 성립을 위한 필요조건으로 이해해서는 안 된다. 텍스트 형성에 관여하는(relevant) 조건쯤으로 인식하는 것이 텍스트성을 바로 이해하는 길이다'라고 논의하였듯이, 일곱 가지 텍스트성은 텍스트의 특성에 따라 그 연관 정도가 차별화된다. 따라서 텍스트의 성격에 따라 좀 더 특성화·가시화되는 텍스트성이 존재할 수 있다.

13 회기(recurrence)는 한 텍스트 내에서 앞서 사용한 발화체가 다시 나타나는 것이다. 같은 언어적 표현을 반복하는 것으로, 구체적으로는 같은 표현을 그대로 반복(완전회귀)하거나 약간 변용하여 부분적으로 반복(부분회귀)하는

문을 보자.

④ 어와 내 몸이야 섧고도 분한지고 이 설움을 어이하리
인간만사 설운 중에 이내 설움 같을쏜가
설운 말 하자 하니 부끄럽기 측량없고
분한 말 하자 하니 가슴 답답 그 뉘 알리
남모르는 이런 설움 천지간에 또 있는가
밥이 없어 설워할까 옷이 없어 설워할까 이 설움을 어이 풀리

④의 예문에는 '서럽다'가 9번 반복되고 있다. 지속적으로 같은 어휘를 반복함으로써 청자에게 화자의 서러움을 각인시키는 효과를 거두고 있다. 이렇게 화자는 회기를 사용하여 단락 안에서의 결속구조를 강화하며, 청자는 제시된 정보를 받아들이고 해석함에 있어서 '서럽다'는 어휘를 공통분모로 일관된 전달의지를 유추하게 된다.

둘째, 〈노처녀가〉는 병행구문[14]을 통하여 결속구조를 강화하고 있다. 이는 텍스트 전체적으로 4.4조의 자수율을 맞추려 한 결과이기도 하다. #1 자기소개에서는 자신의 단점을 제시하고, 이에 대한 긍정적인 해석을 병행구문을 통해 발화함으로써 형식적 통일성에 의한 결속구조를 강화함은 물론 규칙적인 리듬감이 내용을 활기찬 방향으로 유도하고 있다. 이는 화자의 극심한 불구조건이 부정적으로만 비치지 않게 한다.

것을 들 수 있다.

14 병행구문(parallelism)은 같은 표층 표현 형식에 다른 의미 내용을 채워서 사용하는 것이다. 일정한 문형이나 패턴을 틀로 삼아 계속 반복하며 내용을 첨가하는 것이다. 〈노처녀가〉는 텍스트 전체적으로 병행구문의 활용이 두드러지는데, 이는 운율성 때문이라 할 수 있다.

⑤ 내 얼굴 얽다 마소 // 얽은 궁게 슬기 들고
내 얼굴 검다 마소 // 분칠하면 아니 흴까 …
한편 눈이 멀었으나 // 한편 눈은 밝아 있네 …
귀먹다 나무라나 // 크게 하면 알아듣고 천둥소리 능히 듣네 …
왼편 다리 병신이나 // 뒷간 출입 능히 하고
콧구멍이 맥맥하나 // 내음새는 일쑤 맡네
입시울이 푸르기는 // 연지빛을 발라보세
엉덩뼈가 너르기는 // 해산 잘할 장본이요
가슴이 뒤앗기는 // 진일 잘할 기골일세
턱 아래 검은 혹은 // 추어 보면 귀격이오
목이 비록 움쳤으나 // 만져 보면 없을쏜가

이 부분에서는 화자가 자신의 얼굴, 외모를 소개하고 있다. 전체적으로 두 부분으로 나눌 수 있는데, 앞부분은 '-마소, -(으)나, -는'으로, 뒷부분은 '-네, -요, -가'로 형식적 통일성을 기하고 있다. 일정한 구문 안에 내용만 바꿔서 이야기를 진행하여 리듬감과 함께 통사적 결속구조를 확보하고 있다. 나아가 앞부분은 자신의 불구의 모습을, 뒷부분에서는 그 부분에 대한 긍정적인 해석을 덧붙임으로써 부정적인 내용이 다소나마 상쇄되는 효과를 거두고 있다. 한편 이 병행구문은 4.4조의 형식적 특성 때문에 빈번히 나타날 수밖에 없다.[15]

셋째, 〈노처녀가〉는 생략을 통해서도 결속구조를 확보하고 있다. 다음의

---

15 병행구문의 또 다른 예로 다음을 들 수 있다.
간수 먹고 죽자 한들 목이 쓰려 어찌 먹고 // 비상 먹고 죽자 한들 내음새를 어찌할꼬
음식 먹고 체한 병에 정기산을 먹은 듯이 // 급히 앓는 곽란병에 청심환을 먹은 듯이
알고지고 알고지고 어서 바삐 알고지고 // 내 서방이 뉘가 되며 내 낭군이 뉘가 될까

예문을 보도록 하자.

⑥ 내 얼굴 볼작시면 (∅) 곱든 비록 아니하나
일등 수모 불러다가 (∅) 헌거롭게 단장하면 …

⑦ 행주치마 지어낼 제 (∅) 다시 고쳐본 일 없네
함박쪽박 깨어지면 솔뿌리로 (∅) 기워내고

⑧ 장독소래 벗겨내어 (∅) 뒷물 그릇 한 일 없고
양치대를 집어내어 (∅) 추목하여 본 일 없네

⑥, ⑦, ⑧의 예문은 생략을 활용하여 결속구조를 강화하고 있다. ⑥에서는 앞서 발화한 '얼굴'을 다음 발화에서 생략하여 긴밀한 연결을 고려했으며, ⑦에서는 '행주치마, 함박쪽박'이, ⑧에서는 '장독소래, 양치대'를 각각 생략하고 있다. 생략은 발화내용을 속도감 있게 함으로써 청자가 새로운 정보에 쉽게 몰입할 수 있게 한다. 또한 알고 있는 구정보를 발화하지 않음으로써 정보 집중도를 고양하는 효과도 있다. 따라서 청자는 자신의 인지구조 안에서 선행발화에 의한 구정보와 생략정보를 조합하면서 자연스럽게 발화내용을 해석한다.

넷째, 〈노처녀가〉는 환언[16]을 사용해서 결속구조를 공고히 한다. 자기를 소개하는 #1 다음 부분의 발화에서는 먼저 제시한 내용을 간단한 어휘로 요약하여 연결성을 제고하였다. 예문을 보자.

16 환언(paraphrase)은 표현을 다소 바꿔 앞서 제시한 의미내용을 반복하는 기법이다. 일종의 의미상의 회기라 할 수 있다.

⑨ 내 얼굴 검다 마소 얽은 궁게 슬기 들고 … 남대되 맞는 서방 낸들 설마 못 맞을까

// 얼굴모양 그만두고 시속행실 으뜸이니 … 이내 행실 이만하면 어디 가서 못 살쏜가

// 행실자랑 이만하고 재조자랑 들어보소 … 음식묘리 이만알면 봉제사를 못 할쏜가

// 내 얼굴 이만하고 내 행실 이만하면 무슨 일이 막힐쏜가 //

위에 제시한 예문을 보면 화자는 처음에 자신의 외모를 묘사한다. 그리고 다음에 행실 자랑으로 내용이 바뀌는데, 그 바뀌는 부분의 서두에 이전 발화 내용을 간단한 어휘로 정리하고 다음 발화로 전환한다. 이처럼 환언도 앞뒤 내용을 이어주는 결속기능을 수행한다.[17]

3.2. 의미적 결속성(coherence)

결속성은 텍스트 구성 자질 중에서 주제 접근에 크게 기여한다.[18] 이것은 청자가 일관성과 통일성을 가지고 텍스트를 해석하도록 하는 의미적 연속성이라 할 수 있는데, 청자는 이를 바탕으로 발화의지를 추론한다. 다음의 예를 보자.

⑩ 먼저는 우리 형님 십구 세에 시집가고 셋째의 아우년은 이십에 서방맞아 … 형님을 치웠으니 나도 저러할 것이라 … 괴악한 아우년이 먼저 출가한단 말가 …

---

17 그 밖의 통사적 결속구조 기제로 대용이나 시제 · 상 · 접속표현 등을 더 들 수 있다. 그런데 이들은 〈노처녀가〉에서 두드러지게 나타나지 않는다.

18 보그란데 · 드레슬러(1981)는 결속성은 담화를 해석하는 청자의 정보처리 과정과 결과라고 논의한다. 따라서 결속성 논의의 주안점은 담화 해석과정에서 이루어질 수 있다.(이현호, 1994 : 44~45)

형님 불워 쓸데없고 아우년 저만 것이 나를 어이 숭을 보랴

형님이며 아주미며 아우년 조카붙이 긴 담장 자른 담장 거룩하게 모였으니 …

위 예에서 보는 것처럼 텍스트 전체에서 화자가 형과 아우를 지칭하는 표현이 일관되게 기술되고 있다. 언니는 '형님'으로 여동생은 '아우년'으로 발화하는데, 이는 상대에 대한 감정을 직설적으로 표현한 것이다. 언니가 먼저 결혼한 것에 대해 수긍하며, 다음은 본인의 차례라 여겼는데 동생이 먼저 결혼하자 그에 대한 화풀이로 동생의 지칭은 '아우년'으로 일관된다. 나아가 '아우년' 앞에 '괴악한'(성질 나쁜)이라는 수식어까지 첨가하고 있다. 청자는 이러한 표현에서 동생에 대한 화자의 감정, 심적 태도를 추론할 수 있다.

또한 화자가 자기 자신을 묘사·발화한 곳에서도 발화감정을 추론할 수 있다.

⑪ 둘째딸 → 츠릉군 → 어른인지 아해련지 → 병인, 광객, 취객

⑫ 두 귀 밑에 흰 털 나고 이마 위에 살 잡히니 운빈화안이 어느 덧에 어디 가고 속절없이 되었구나

어른인 체하자 하니 머리 땋은 어른 없고 내인이라 하자 하니 귀밑머리 그저 있네

아무리 생각하나 이런 팔자 또 있는가

⑪은 화자가 자기 자신을 지칭하는 표현이다. '둘째딸'이라는 객관적 어휘로 시작됐으나, 내용이 전개됨에 따라 '츠릉군(천덕꾸러기)'으로, 다시 '어른인지 아이인지 모르겠다'는 표현으로, 나중에는 '병자·미친 사람·취한 사람'으로 언급한다. ⑫는 자신의 처지를 묘사한 부분인데, 역시 ⑪과 같은 맥락으로

추론할 수 있다. 이러한 일관된 표현은 의미적인 결속성을 확보하여 청자의 의미추론을 한 방향으로 이끌게 된다. 화자가 자신의 심정을 일관성 있게 표출하여 의미적 결속성을 형성한다.

⑬ 인간만사 설운 중에 이내 설움 같을쏜가 … 어와 설운지고 내 설움 어이할꼬
용심이 절로 나고 화증이 복발한다 … 이 신세를 어이할꼬 살고 싶은 뜻이 없네
날다려 이른 말이 불상하다 하는 소리 더구나 듣기 싫고 눈물만 솟아나네
아무리 생각하나 이런 팔자 또 있는가
가슴을 두드리며 답답하고 답답하다 이 마음을 어찌 할꼬 미친 마음 절로 난다

화자는 자신의 심정을 이와 같이 토로한다. 따라서 청자는 연속되는 발화 맥락을 바탕으로 화자의 발화의지를 해석한다. 이러한 과정을 거치면서 의미적 결속성이 확보되는 것이다.

⑭ 내 얼굴 볼작시면 곱든 비록 아니하나 일등수모 불러다가 헌거롭게 단장하면
남대되 맞는 서방 낸들 설마 못 맞을까 …
이내 행실 이만하면 어디 가서 못 살쏜가 …
내 얼굴 이만하고 내 행실 이만하면 무슨 일이 막힐쏜가
남이라 별 수 있고 인물인들 별날쏜가

⑮ 대체로 생각하면 내가 결단 못할쏜가 부모동생 믿다가는 서방맞이 망연하다 …
내 서방을 내 가리지 남다려 부탁할까 내 어찌 미련하여 이 의사를 못 냈던고 …
부모들도 의논하고 동생들도 의논하여 … 이처로 말한 후에 혼일이 다다르니
이렇듯이 쉬운 일을 어찌하여 지완턴고

〈노처녀가〉의 화자는 결혼하지 못한 것을 한탄하지만, 거기에 머무르지 않고 스스로 결혼의지를 표명하며 적극적으로 노력한다. 그래서 늦었지만 '결혼'에 대한 강한 의지를 부모에게 말하고, 부모님의 의사에 따라 염두에 두었던 신랑감과 혼인하기에 이른다. 그리고 결말부분에 '이렇듯이 쉬운 일을 어찌하여 지완턴고'라고 발화함으로써 화자의 의지여부에 따라 고난을 극복할 수 있음을 시사하고 있다. 따라서 청자는 화자의 발화를 바탕으로 일관된 내용해석이 가능하며, 이것이 텍스트 전체적으로 의미적 결속성을 담보한다.

4. 〈노처녀가〉의 텍스트언어학적 특성

4.1. 감정표현의 진솔성과 해학성

〈노처녀가〉의 화자는 여성임에도 불구하고 솔직한 감정표현을 서슴지 않는다. 직설적이고 풍자적이며 때로는 부끄러울 정도로 솔직하게 감정을 표현한다. 이러한 발화를 바탕으로 청자는 화자의 우스꽝스러운 행동을 상상하며 화자와의 감정적 거리를 줄인다.

해학적 어휘를 통한 솔직한 감정표현은 이 작품이 창작·향유되던 근대국어 시기의 특징으로 귀결될 수 있다. 당시 서민생활은 문학의 주요한 테마였고, 문학에서는 서민들의 감정을 솔직하게 표현함으로써 그들과 공감대를 형성하고자 했다. 이것은 자연스럽게 공시적으로 텍스트의 확산을 가져오도록 했다.[19] 그러기에 〈노처녀가〉도 화자의 감정을 여과 없이 표현하여 독자가 쉽

19 전복규(2000 : 165~166)에서는 조선후기의 텍스트에는 인간생활의 다양한 국면을 일상용어와 속어로 사실적이고 해학성이 강하게 표현한다고 언급한다. 이런 표현상의 특징은 문학은 물론, 회화·음악 등 당시 서민예술의 공통적인 현상이다.

게 공감대를 형성한 것으로 볼 수 있다.

⑯ 창틈으로 엿보니 신랑의 풍신 좋고 사모풍대 더욱 좋다 …
차례로 할작시면 내 아니 둘째런가 형님을 치웠으니 나도 저러할 것이라
이처로 정한 마음 그대로 아니 되어 괴악한 아우년이 먼저 출가한단 말가 …
원수로 온 중매어미 날은 아니 치워주고 …

⑰ 웃지 말고 새침하면 남 보기에 매몰하고 게정풀이 하자 하면 심술궂은 사람 되네 …
베개를 탁 던지고 입은 채 드러누워 옷가슴을 활짝 열고 가슴을 두드리며 …

위 예문을 보면 화자는 자신의 언니가 결혼하는 것을 '치우다'라고 발화한다. 언니의 결혼을 물건을 옮기는 것처럼 표현함으로써 웃음을 유발한다. 그리고 먼저 결혼한 동생에 대해서 '괴악하다'는 수식어를 사용함으로써 동생에 대한 화자의 감정을 직설적으로 드러낸다. 나아가 중매어미에 대해 '원수'라고 발화함으로써, 동생에게처럼 적대감을 갖고 있다. 이러한 표현에서 청자는 화자의 속상함이나 결혼하고 싶은 심경을 추론할 수 있다. 또한 ⑰에서 드러누워 옷가슴을 활짝 열고 가슴을 치는 여성화자의 우스꽝스러운 행동에서는 솔직함을 넘어 해학성까지 엿볼 수 있다. 화자의 솔직하면서도 해학적인 행동은 다른 곳에서도 잘 나타난다.

⑱ 고름 맺고 내기하며 손바닥에 침을 뱉아 맹세하고 이른 말이
내 팔자에 탕인 서방 어떤 사람 몫에 질꼬 쇠침이나 하여보세

⑲ 미친증이 대발하여 벌떡 일어 앉으면서 입은 치마 다시 찾고 신은 버선 또

찾으며

방춧돌을 옆에 끼고 짖는 개를 때릴 듯이 와당퉁탕 냅들 적에 업더지락 곱더지락

바람벽에 이마 박고 문지방에 코를 깨며 면경 석경 성적함을 낱낱이 다 깨치고

한숨지며 하는 말이 아깝고 아까울사 이내 꿈 아까울사

⑳ 주먹을 불근 쥐고 종종걸음 보살피며 삽살개 귀에 대고 넌지시 이른 말이

나도 이제 시집간다 네가 내 꿈을 깨던 날에 원수같이 보았더니

오늘이야 너를 보니 이별할 날 멀지 않고 밥 줄 사람 나뿐이랴

㉑ 홍두깨에 자를 매어 갓 씌우고 옷 입히니 사람모양 거의 같다 쓰다듬어 세워놓고

새 저고리 긴 치마를 호기있게 떨쳐입고 머리위에 팔을 들어 제법으로 절을 하니

눈물이 종행하여 입은 치마 다 적시고 한숨이 복발하여 곡성이 날 듯하다

위의 예문에서도 화자의 솔직한 발화와 행동이 계속된다. ⑱에서는 '손바닥에 침을 뱉어' 맹세하고, 화자가 직접 결혼 점을 친다. 결혼에 대한 열망을 솔직하게, 그러면서도 해학적으로 그린 것이다. ⑲에서는 '침상일몽'의 아쉬움을 아무 생각 없이 짖고 있는 개에게 전가한다. 개에게 달려 나가 분풀이하려는 모습을 희극적으로 묘사한 것이다. 마치 현대 희극이나 풍자극, 개그와 유사하다. 청자는 이러한 것에서 해학과 희극미를 맛볼 수 있다. ⑳에서는 결혼이 결정되고 추진되는 과정인데, 앞에서 미워했던 개에게 다가가 귀에다 대고 '결혼하게 되었다'고 속삭인다. 화자의 극에 달한 기쁨을 단적으로 보이는 행위이다. 역시 솔직하면서도 희극적인 상황으로 제시하여 청자에게 웃음을 준다. 이렇게 화자가 감정표현을 솔직하면서도 해학적으로 구사하여 청자는 감정적인 카타르시스까지 맛보게 된다. 반면 ㉑에서는 화자가 꿈에서 깨어 아쉬움을 달래려고 방안의 홍두깨에다 옷을 입혀 연극처럼 가장한다. 여기에서

청자는 해학성을 맛보는 일면 화자에 대한 연민을 느낄 수 있다.

진솔성과 해학성은 청자가 화자의 상황을 긍정적으로 인식하도록 한다. 〈노처녀가〉 역시 결혼하지 못한 화자의 상황이 비극으로 인식된다기보다는 '결혼 못함'의 상황을 웃음을 곁들여 표현함으로써, 청자의 마음을 긍정적인 방향으로 유도한다. 그리하여 청자가 화자의 상태를 이해함과 동시에 긍정적인 희망을 갖게 만든다. 이처럼 화자의 감정을 솔직하게 표현하는 것은 〈노처녀가〉를 비롯한 당시의 많은 텍스트에서 일반적이다.[20]

4.2. 운율적 대구에 의한 언어구조화

〈노처녀가〉는 가사에서 고전소설로 넘어가는 과도기적인 텍스트이다. 가사에 나타나는 4.4조의 기본 음수율을 유지하면서 간혹 파격이 일어나는 것도 이 때문이다. 이러한 특성으로 화자는 텍스트의 내용을 마치 노래하듯이 발화할 수 있고, 청자는 이야기지만 노랫말인 듯 받아들일 수 있다. 이러한 규칙적인 운율에 의한 발화는 청자의 집중력을 고양시켜 정보전달력이나 주제집중도를 높이는 효과가 있다. 또한 청자가 텍스트에 흥미를 갖도록 유도하기도 한다.

㉒ 중인이 모인 곳에 / 방귀 뀌어본 일 없고 // 밥주걱 엎어놓아 / 이를 죽여본 일 없네
장독소래 벗겨내어 / 뒷물 그릇한 일 없고 // 양치대를 집어내어 / 추목하여본 일 없네 …

---

20 근대국어 시기 사실적 표현이 나타나는 텍스트로 〈규원탄〉·〈원한가〉·〈우부가〉·〈이별곡〉·〈화전가〉·〈오섬가〉·〈기음노래〉·〈거창가〉 등을 들 수 있다. 이들 텍스트는 공통적으로 화자의 감정을 솔직하게 표현하였다.(전복규, 2000 : 165~172 참조)

세폭붙이 홑이불을 / 삼일만에 맞춰내고 // 행주치마 지어낼 제 / 다시 고쳐본 일 없네

함박쪽박 깨어지면 / 솔뿌리로 기워내고 // 버선본을 못 얻으면 / 닛뷔자루 제일이오 …

수수전병 부칠 제는 / 외꼭지를 잊지 말며 // 상치쌈을 먹을 제는 / 고추장이 제일이오

청국장을 담을 제는 / 묵은 콩이 맛이 없네 // 청대콩을 삶지 말고 / 모닥불에 구워먹소

㉒는 노처녀가 자기의 재주를 자랑하는 부분이다. 모두 'A+B, C+D'의 구조로 이루어졌는데, 같은 형식단위로 분절됨으로써 청자는 수월하게 신정보를 받아들일 수 있다. 또한 일정한 운율의 반복에서 오는 리듬감은 청자의 기분을 고취시키는 기능까지 수행한다. 〈노처녀가〉는 텍스트 대부분이 4.4조로 이루어져 리듬의 반복이 가능하고, 이것이 가볍고 유쾌한 기분을 조성한다.

이러한 4.4조의 운율구조는 근대국어 시기 가사 텍스트의 전형이라 할 수 있다. 조선전기부터 이어져 온 가사는 근대국어 시기에 접어들면서 형식이 다변화된다. 그래서 가사에서 소설텍스트로 변이된 것이라 할 수 있다. 즉 소설적 사건구조를 가사의 운율형식에 담아 표현한 것이다.[21] 그러기에 고전소설도 읊조리고 청취하기 쉬운 4.4조의 운율형식을 준용하게 된다. 이러한 운율구조는 대부분의 장르에서 나타나기에 근대국어 시기의 특징으로 보아도 좋겠다. 다음의 예문에도 그러한 특징이 나타난다.

---

21 시조나 가사의 운율성에, 서사성을 구비한 고전소설의 특성이 겹쳐지면서 〈노처녀가〉가 형성된 것으로 본다. 가사의 운율성을 함유한 그릇에 소설의 서사성이 내용물로 가미되어 구성된 것이다. 따라서 이 작품은 가사작품 〈노처녀가〉 1과 후대의 고전소설 〈고독각시전〉과의 연관성을 감안할 때 시기적으로 그 중간쯤에 위치한다 하겠다.

㉓ 간수 먹고 죽자한들 / 목이 쓰려 어찌 먹고 // 비상 먹고 죽자한들 / 내음새를 어찌 할꼬 …
생각을 마자하나 / 자연히 절로 나고 // 용심을 마자하나 / 스스로 먼저 나네 …
김도령이 배필될까 / 권수재가 배필될까 // 내 일로 되게 하여 / 신통함을 뵈옵소서
흔들흔들 높이 들어 / 쇠침하나 빼어내니 // 수망치던 김도령이 / 첫가락에 나단말가 …

㉓에서도 노처녀는 자신의 신세한탄을 리듬에 맞춰 발화한다. 반복되는 리듬으로 어두운 내용이 상쇄될 뿐 아니라, 이어지는 점을 치는 장면에서는 흥겨움까지 느낄 수 있다. 청자는 노처녀의 이야기를 경청하면서 리듬에 의해 마음이 유쾌하게 되고, 결국은 결말의 해피엔딩과도 자연스럽게 연결되도록 한 것이다.[22]

4.3. 상투적인 한자어의 활용

〈노처녀가〉에는 여러 곳에서 한자어 표현이 나타난다. 기본적인 어휘에서부터 특정 분야에서 사용하는 특수어휘, 그리고 사자성어에 이르기까지 다양하게 사용된다. 이것은 화자가 여성이라는 점, 그리고 텍스트의 내용이 일상사를 다루었다는 점을 생각할 때 나름의 특성으로 볼 수 있다. 이 작품에 나타나는 한자어는 다음과 같다.

---

22 한편 근대국어 시기 텍스트의 운율구조는 앞에서 살펴본 텍스트의 형식적 결속구조와 의미적 결속성을 고양하는 데도 일조한다. 가사의 운율구조는 소설에 비해 짧은 문장구조를 갖는다. 그런데 여기에 소설과 같은 서사구조를 넣어 자연스럽게 의미적 결속성이 확보되었다. 또한 4.4조의 운율구조는 같은 음이나 글자를 반복하게 된다. 이는 형식적인 통일성을 부여하여 독자의 집중도를 높이는 데 일조한다.

㉔ a. 일일(一日), 왈(曰), 장본(張本), 귀격(貴格), 수모(手母), 수품(手品), 보자(褓子), 안반(案盤), 숙설(熟設), 음식묘리(飮食妙理), 봉제사(奉祭祀), 내인(內人), 괴악(怪惡), 후생목(後生木), 용심(用心), 화증(火症), 복발(復發), 자웅(雌雄), 망연(茫然), 청각(聽覺), 연갑(年甲), 춘몽중(春夢中)

b. 숙수(熟手), 지의(地衣), 와룡촉대(臥龍燭臺), 부용향(芙蓉香), 전안(奠雁), 초례(醮禮), 사주단자(四柱單子) 의양단자(衣樣單子), 중매파(仲媒婆), 정기산(正氣散), 천정배필(天定配匹), 수망(首望), 부망(副望), 후취(後娶), 삼취(三娶), 화문방석(花紋方席), 만화방석(滿花方席), 포설(鋪設), 가화(假花), 촉비(觸鼻), 위의(威儀), 용잠(龍簪), 용문대단(龍紋大緞), 홍선(紅扇), 초례교배(醮禮交拜), 동뢰연(同牢宴)

c. 이순풍(李淳風), 소강절(邵康節), 원천강(袁天剛), 응신지령(應神祇靈), 감이순통(感而順通)

d. 옥빈홍안(玉鬢紅顔)이 스스로 늙어가고 설화부용(雪禍婦容)이 공연히 없어지니 …

운빈화안(雲鬢花顔)이 어느 덧에 어데 가고 속절없이 되었구나 …

부모유체(父母遺體) 난처하다 이런 생각 저런 생각 …

인연을 못 일우고 개 소리에 놀라 깨니 침상일몽(寢上一夢)이라 …

위의 예문에 제시된 한자어 이외에도 다수의 한자어가 〈노처녀가〉에 등장한다. ㉔의 a는 일상적인 생활에서 사용할 수 있는 기본적인 한자어이다. 반면에 b는 결혼식이라는 특수한 상황에서 주로 사용되는 한자어이다. 또한 c 역시도 화자가 점치는 주문(呪文)에 사용된 한자어이다. d는 본문에 나오는 것으로, 지금도 종종 사용하기는 하지만 특히 그 당시 흔히 사용했었던 보편적인 사자성어이다.

〈노처녀가〉의 분량이 길지 않음을 감안하면 한자어 사용빈도는 상당히 높은 편이다.[23] 사실 a의 경우는 고유어로 표현해도 무방하지만, 음수율을 맞추기 위해 굳이 한자어로 표현한 것으로 보인다. 고유어로 풀어서 표현하면 글자 수가 길어져 4.4조의 대구운율에 맞지 않게 된다. 따라서 대구의 운율을 맞추기 위한 방편으로 한자어를 사용한 것으로 보인다. b의 경우 특정 분야의 전문 한자용어를 사용했는데, 이는 당시의 문화를 반영한 것으로 볼 수 있다. 다만 c의 경우 결혼하지 않은 여염집 처녀가 이러한 구절을 서슴지 않고 읊었다는 점이 특기할 만하다. 이는 일상적으로 무엇인가를 소원할 때 중얼거렸던 주문으로 이해할 수 있다. d는 지금도 회자되고 있는 사자성어인데, a와 마찬가지로 리듬감을 고려하거나 화자의 의도를 적절하게 표현하기 위한 것이다.

앞에서 살펴본 것처럼 한자어와 고유어가 빈번하게 섞여 사용된 것은 시대상을 반영하는 지표로 볼 수 있을 것 같다. 중세국어와 현대국어를 잇는 근대국어 시기는 중세국어에서 주류를 차지했던 한자문화와 현대국어의 주류인 한글문화가 뒤섞인 전이지대라 할 수 있다. 그러다 보니 한자어가 많은 범주를 차지하는 일면, 국문표기의 고유어가 그 영역을 넓혀 나간다. 〈노처녀가〉 역시 근대국어 시기에 위치하여 위와 같은 현상이 그대로 반영된 것으로 보인다. 그리하여 어느 부분에서는 한자어가 주류를 차지하고, 어느 부분에서는 고유어가 중시되는 것이다.

주의 깊게 볼 것은 한자어들이 모두 한글로 표기되고 한자어는 가로 안에 병기되었다는 점이다. 이는 당시의 언어문화가 한자문화권에서 벗어나고 있음을 시사한다고 할 수 있다. 실제로 현대로 접어들면서 한글표기가 확대되고 한자표기가 사라진다. 따라서 이러한 표기 역시 근대 국어의 한 특성이라

---

23 〈노처녀가〉에 등장하는 한자어는 100단어 이상이다. 〈노처녀가〉 전체 분량이 4.4조 대구형식으로 230여 줄 정도임을 감안하면 비교적 많은 편이다.

고 보아도 좋겠다. 다시 말해 당시의 텍스트에 나타나는 한자와 고유어의 겸용은 현대국어로 진행되는 과도기적 산물이라 할 수 있을 것이다.

4.4. 종결문장의 요약적 평가발화

〈노처녀가〉는 앞서 살펴본 것처럼 6개의 의미단락으로 이루어져 있다. 그런데 각각의 의미단락이 마무리되는 부분에 내용전개에 대한 화자의 평가 표현이 첨가되어 있다. 그리하여 화자가 유도하는 방향으로 청자의 사고가 자연스럽게 전환되도록 했다. 화자는 각 의미단락 안에서 에피소드를 풀어놓고 마지막에서 자신이 발화한 내용을 바탕으로 평가발화를 함으로써 청자에게 전달하고자 하는 주제를 강조하거나 부각시켰다.

의미단락	내용전개	마무리발화(요약제시발화)
#1	자기소개	e1. 내 얼굴 볼작시면 곱든 비록 아니하나 일등수모 불러다가 헌거롭게 단장하면 남대되 맞는 서방 낸들 설마 못맞을까 e2. 이내 행실 이만하면 어디 가서 못살쏜가 e3. 음식묘리 이만 알면 봉제사를 못할쏜가 e4. 어른인체 하자 하니 머리땋은 어른 없고 내인이라 하자 하니 귀밑머리 그저 있네
#2	배경설명	e1. 용심이 절로 나고 화증이 복발한다 e2. 날다려 이른 말이 불상하다 하는 소리 더구나 듣기 싫고 눈물만 솟아나네 e3. 가슴을 두드리며 답답하고 답답하다 이 마음을 어찌할꼬 미친마음 절로난다
#3	점치기	e1. 평생에 맺힌 인연 오늘밤 춘몽중에 혼인이 되었구나
#4	꿈	e1. 인연을 못 일우고 개소리에 놀라 깨니 침상일몽이라
#5	결혼	e1. 가련하고 불쌍하다 이런모양 이거동을 신령은 알것이니 지성이면 감천이라 e2. 신랑의 동탕함과 신부의 아담함이 차등이 없었으니 천정한 배필 인줄 오늘이야 알겠구나

#6	해피엔딩	e1. 부부의 금슬좋고 자손이 만당하며 가산이 부요하고 공명이 이음 차니 이 아니 무던한가

[표 2] 〈노처녀가〉의 의미단락별 마무리발화

[표 2]에 제시된 마무리 발화는 여섯 개의 의미단락에 포함된 에피소드의 마지막에 있다. 이것은 에피소드의 내용전개를 요약·평가하여 마지막에 발화한 것이라 할 수 있다. 화자는 이 마지막 발화를 통해 자신이 의도하는 대로 청자를 유도하고 있다. 실제로 청자도 마지막 발화를 바탕으로 자연스럽게 에피소드의 내용을 요약·정리하게 된다. 마지막 요약·평가발화에 의해 각 에피소드는 형식적 통일성을 갖추게 되고, 전체적으로는 텍스트의 구조가 질서정연하게 된다. 따라서 마지막 요약·평가발화는 주제전달의 측면에서도 유용하다.

이러한 요약제시 발화는 이 텍스트가 구연을 통해 유통되었음을 시사한다. 구어로 발화될 때 청자는 전체적인 사건전개를 간추릴 여유가 없다. 그래서 화자는 에피소드가 마무리될 때마다 간략하게 요약하여 제시한다. 청자의 입장에서는 전개된 내용을 정리하면서 다음 에피소드로 나아갈 수 있어 도움이 된다. 이로 인해 텍스트 전체의 서사성이 강화됨은 물론, 화자와 청자의 정서교감과 주제 접근이 용이해진다. 이러한 요약발화에 의한 의미구조는 근대국어 시기 다른 텍스트에서도 나타난다.[24] 따라서 내용에 따른 요약제시 발화는 근대국어의 특성으로 간주할 수도 있겠다.

24 요약발화는 한문 고문의 '소결(小結)'과도 연결된다. 고문의 형식적 특징인 소결은 하나의 의미단락이 마무리될 때마다 내용을 간단히 요약·제시하는 것이다. 따라서 소결을 적절히 연결·배치하면 줄거리를 요약한 것과 같다. 이러한 고문의 특징이 근대국어 시기의 문서텍스트에 영향을 미친 것으로 추론할 수 있다. 이러한 요약 제시는 현대국어에서 잘 나타나지 않는 특성이기도 하다.

5. 결론

이상으로 〈노처녀가〉의 서사층위와 텍스트성, 그리고 근대국어의 관점에서 텍스트언어학적 특성을 살펴보았다. 이제까지의 논의를 요약·정리하는 것으로 결론을 대신하고자 한다.

첫째, 〈노처녀가〉는 화자가 두 명인 관계로 서사적 층위가 중층구조를 갖게 되었다. 개시발화와 마무리발화를 담당하는 이야기꾼과 '노처녀 이야기'를 직접 전개하는 노처녀가 등장하여 중층구조가 되었다. 이러한 중층구조 중 내부액자인 '노처녀 이야기'는 여섯 개의 의미단락, 즉 에피소드로 분절된다. 각각의 에피소드는 '자기소개→배경설명→점치기→꿈→결혼→행복한 결말'로 이어져 이 작품의 서사구조를 담보하고 있다. 물론 각각의 에피소드는 '결혼'이라는 전체 주제를 지향하게 된다.

둘째, 〈노처녀가〉는 통사적 결속구조와 의미적 결속성을 바탕으로 하나의 주제를 향해 사건이 결집된다. 〈노처녀가〉에 나타나는 통사적 결속구조로 회기, 병행구문, 환언, 생략 등을 들 수 있다. 이들은 전체내용을 긴밀하게 연결하여 텍스트다움을 제고한다. 즉 이들 기제의 작용으로 문장표층의 결속구조가 공고해진다. 〈노처녀가〉의 의미적 결속성에서는 상대인물들에 대한 감정적 호칭이나 화자의 일관되면서도 선명한 의지가 중요하게 작용한다. 먼저 감정적 호칭이 긍정형인 경우는 끝까지 긍정형으로, 부정형인 경우는 끝까지 부정형으로 발화된다. 텍스트 전체적으로 감정을 이입하여 일관되게 표현함으로써, 의미적 결속성이 공고해진다. 다음으로 화자인 노처녀의 강한 의지가 작품 곳곳에 반영되어 의미적 결속성을 확보한다. 화자는 결혼에 대한 의지를 천명한다. 처음에는 결혼하지 못한 것에 대해 한탄하다가 문제를 스스로 해결하겠다고 다짐한다. 그 결과 주변인물의 도움으로 원하던 결혼을 이룬다. 따라서 독자는 화자의 강한 의지를 염두에 두면서 작품의 전체 맥락을 이해하게 된다. 이는 화자가 해학적이지만 강한 집념을 가지도록 하여 청자가 쉽게 텍스트의 주제에 접근하도록 한 것이다.

셋째, 〈노처녀가〉의 텍스트언어학적인 특징을 크게 네 가지로 요약할 수 있다. 첫 번째, 진솔한 감정표현과 해학성이다. 〈노처녀가〉의 화자는 여성화자임에도 불구하고 직설적으로 감정을 표현하여 청자에게 웃음을 준다. 이것은 화자와 청자의 감정적 거리를 좁히는 것이기도 한다. 두 번째, 〈노처녀가〉는 운율적인 대구표현에 의한 언어구조를 갖추었다. 이는 가사와 고전소설을 아우른 특성 때문이라 하겠다. 화자가 노래하듯이 발화하여 청자는 이야기를 노랫말인 듯 받아들일 수 있다. 이러한 규칙적 운율에 의한 발화는 청자의 집중력을 고양시켜 정보전달력이나 주제집중도를 높일 수 있다. 세 번째, 상투적인 한자표현이 빈번하다. 한자어의 빈번한 활용은 당시의 언어현실을 충실히 반영한 때문이다. 여전히 한자문화에 익숙했던 당시의 언어문화적 특성이 〈노처녀가〉에 반영된 결과라 하겠다. 물론 작품 내적으로 운율을 맞추기 위한 면도 없지 않다. 네 번째, 마지막 문장에서 요약적 평가발화를 제시하였다. 화자는 각 에피소드의 마지막에서 앞의 내용을 요약 제시함으로써 자신이 유도하고자 하는 방향으로 청자를 이끌었다. 청자 역시 마지막 발화를 통해 자연스럽게 에피소드의 내용을 정리하게 된다. 이러한 요약발화는 한문 고문체의 '소결'과도 관련된다고 볼 수 있다. 따라서 당시에 성행했던 언어의 특징이 구어적 문어텍스트인 〈노처녀가〉에 반영된 것으로 해석할 수 있다.

제5장

〈애국가〉의 텍스트성과 텍스트 구조

1. 서론

이 장은 1896년에 창간된 『독립신문』에 게재된 〈애국가〉 12편의 텍스트언어학적 특징을 살펴보는 데 목적이 있다. 『독립신문』에 제목이 〈애국가〉라고 실린 텍스트 12편을 선정하여 각 텍스트에 나타나는 응결성과 응집성의 실현 양상을 분석하고, 이를 바탕으로 〈애국가〉의 텍스트 구조를 밝히고자 한다. 〈애국가〉의 각 텍스트가 텍스트성을 어떻게 구비하고 있는지, 그리고 주제전달을 위한 텍스트 구조를 어떻게 형성하고 있는지를 살펴봄으로써, 최종적으로는 〈애국가〉류가 갖고 있는 텍스트언어학적 특징을 밝히는 데 목적이 있다.

애국계몽기 혹은 개화기라고 불리는 1870년부터 1910년대는 전통과 근대의 혼효기라고 할 수 있다. 새로운 문물과 사조의 유입으로 신학문과 신사상이 풍미한 반면, 전통문화를 고수하려는 움직임도 여러 분야에서 전개되었기 때문이다. 새로운 세계와 문화에 대한 동경으로 개화사상을 강조하였지만, 한편 부국강병을 위한 자주독립과 충군애국을 부르짖던 때이기도 했다. 그래서 근대는 개방과 보수의 두 축이 혼효했던 시기라고 할 수 있다. 이때에 새로운 것에 대한 흥미와 관심이 고조되는 가운데, 내 백성을 위해 온전한 나라를 건설해야 한다는 목소리가 커지면서 계몽적인 신문·잡지가 다수 간행되었다.

신문·잡지는 당시의 여러 문화를 다양한 사람들에게 보여 주는 유용한 매체이다. 당시 사람들은 새로 들어온 문화, 여론이 강조하는 문화, 우리가 지켜야 하는 문화 등을 자유롭게 다룰 수 있는 신문·잡지에 주목했다. 신문·잡지는 전국 여러 사람들에게 같은 내용을 동시다발적으로 전달하는 장점 때문에 다수종이 간행되었다. 그중 '자주독립·애국애족' 등을 표방하면서 간행된 것이 『독립신문』이다.

『독립신문』은 1896년에 창간되어 1899년 12월에 폐간된, 비교적 짧은 수명을 가졌던 신문이다. 발행기간은 짧았지만, 『독립신문』에 수록된 여러 기사들은 당시의 시대상을 여과 없이 보여 주었다. 신문의 이름에서 표방하는 것처럼 『독립신문』은 '자주독립'을 그 중심 모토로 삼았으며, 따라서 게재된 기사와 작품들도 이것에 초점이 놓이도록 했다. 신문에 게재된 다양한 장르의 글 가운데 주목한 것은 '가사장르'이다.[01] 시, 소설, 수필 등의 장르에 비해 가사가 가지고 있는 '계몽성'과 '대중성'이 '자주독립'의 염원을 널리 알리는 데 유용했기 때문이다. 그래서 가사를 통해 당시 사회의 언어현상을 주밀하게 살펴볼 수 있다. 『독립신문』에 게재된 가사는 '자주독립' 및 '충군애국'을 전면에 내세웠다. 그래서 일관되게 〈애국가〉라는 제목을 붙여 여러 편 발표하였다.

---

01 이 장에서 다루는 〈애국가〉 역시 개화가사의 한 유형이다. 여러 장르 중 가사텍스트를 선정한 이유는 개화가사가 가지고 있는 장르적 보편성 때문이다. 이미 이전부터 있었던 대중적인 장르를 활용하면 계몽과 교육, 계도의 효과가 커지기 마련이다.

구체적으로 『독립신문』에 게재된 〈애국가〉류는 〈뎐경틱 익국가〉를 위시해서 총 12편이다.[02] 중국으로부터의 자주독립과 건실한 새 나라를 세우자는 목소리를 전면에 내세웠다. 부강하고 독립적인 새 나라를 세우기 위해 정치·경제·교육 등 다방면의 개혁과 변화의 바람을 강조하였으며, 이를 국민들에게 지속적으로 계몽하기 위해 『독립신문』에 〈애국가〉를 연재한 것이다. 『독립신문』의 '잡보'란에 수록된 작품이 전부 27수인데 그중 〈애국가〉를 제목으로 표방한 작품이 12편이다.[03] 신문의 고정란을 통해 독자 및 국민들에게 '자주독립'의 필요성과 이를 위한 '애국의식'의 확산을 강조한 것이라 할 수 있다. 따라서 당시에 『독립신문』에 연재되었던 〈애국가〉는 우리나라의 자주독립과 문명개화를 주장하였는데, 이를 위해서는 임금에게 충성하고 나라를 위해 애국해야 한다고 강조하였다. 제목과 주제의식이 분명하다는 점에서 '가독성'이 매우 용이한 텍스트라 할 수 있다.

이 장에서는 분석텍스트로 『개화기가사자료집』에 수록된 『독립신문』본 〈애

02 구체적으로 발표된 텍스트는 다음과 같다.

제목	발표 날짜	제목	발표 날짜
뎐경틱 익국가	1896년 5월 19일	최병희 익국가	1896년 9월 1일
한명원 익국가	1896년 7월 4일	김죵셥 익국가	1896년 9월 5일
리용유 익국가	1896년 7월 7일	리영언 익국가	1896년 9월 10일
윤태셩 익국가	1896년 7월 18일	김철영 익국가	1896년 9월 15일
익국가	1896년 7월 23일	인승션 익국가	1897년 1월 28일
박기렴 익국가	1896년 8월 1일	리치응 애국가	1898년 6월 11일

03 『독립신문』 소재 〈애국가〉의 분류에 대한 견해가 다양하다. 김학동(2009)에 의하면 『독립신문』에 수록된 〈애국가〉는 31편으로 제시하고, 조지훈은 20편, 송민호와 정한모는 23편, 김윤식은 23편, 김병철은 26편으로 제시한다.(김학동, 2009 재인용) 이렇게 동일한 신문에 게재된 작품 수가 달라진 데에는 〈애국가〉를 어느 범주까지 설정하여 유형화했느냐의 차이에서 기인한다. 곧 제목으로 〈애국가〉라 명기한 텍스트만 유형화했는지, 주제 면에서 '애국'을 강조하는 텍스트 모두를 유형화했는지 등에 따라 〈애국가〉의 편수가 달라진다. 따라서 이 장에서는 『독립신문』에 수록된 작품 중 〈애국가〉라는 제목이 명시된 텍스트만을 선정하여 분석대상으로 제한하였다. 기실 '애국애족'을 주장하는 대부분의 텍스트는 〈애국가〉류로 분류할 수 있지만 견해가 분분하여 우선은 제목으로 〈애국가〉라 명시된 텍스트만으로 범위를 한정하여 분석을 시도하였다.

국가〉 12편을 선정하였다.[04] 기타 개인 문집이나 신문에 수록된 〈애국가〉류는 우선은 배제하였다. 당시 '애국애족(자주독립)' 및 '근대화'를 내세워 출판된 『독립신문』의 특성과 이 신문에 게재된 텍스트의 공통된 특징을 거시적으로 추출하기 위함에서이다. 따라서 이 장에서는 『독립신문』에 〈애국가〉라는 제목으로 게재된 12편을 대상으로 〈애국가〉류에 나타난 텍스트성과 텍스트 구조를 분석하고, 나아가 〈애국가〉류의 텍스트언어학적 특징을 살펴보고자 한다.

2. 〈애국가〉의 텍스트성

텍스트는 '일관된 주제를 언어적 방법을 활용해 기술한 표현체'라고 말할 수 있다.[05] 일반적으로 언급하듯이 길이에 제한이 없고, 표현양식이 다양한, 그러면서 주제전달이 가능한 일군의 표현체를 텍스트라 할 수 있다. 이러한 텍스트를 더욱 텍스트답게 만들어주는 요소를 '텍스트성'이라 한다. 텍스트성은 학자마다 견해가 다양한데, 여기서는 보그란데·드레슬러의 응결성(cohesion)과 응집성(coherence)을 중심으로 살펴보고자 한다.[06] 텍스트성은 텍

---

04 『개화기가사자료집』(신지연 · 최혜진 · 강연임, 2011)은 1870년부터 1910년까지 지어진 가사자료를 수록하였다. 당시 간행된 신문 · 잡지, 그리고 개인문집 등에서 자료를 추출하여 '민족애국, 교육, 여성, 기행, 종교, 전통윤리, 문명개화' 등 일곱 가지로 유형화하고 연도별로 배열하였다. 그중 『독립신문』본 〈애국가〉는 모두 12편이 수록되어 있다. 한편 정기철(1999)에서는 『독립신문』 '잡보'란에 실린 26편의 작품 중 〈애국가〉로 명기된 작품을 13편으로 제시하였는데, 이는 논자의 판단에 따라 작품 분류가 달라질 수 있기 때문이다.

05 텍스트에 대한 정의는 고영근(2012), 윤석민(2011)을 참조할 수 있다. 고영근(2012)에서 '텍스트는 사람이 의도를 가지고 산출하는 언어적 표현이나 언어로 번역 가능한 기호'라고 정의한다. 윤석민(2011)에서는, '텍스트란 의미론적으로 완결된(통보성, 응집성) 내적 구조를 가지는(응결성, 응집성) 언어적 표현(맥락)'으로 정의한다. 이를 감안하면 일관된 주제를 가지고 일정한 구조 안에서 언어로(혹은 언어로 번역될 수 있는 방법으로) 표현된 표현체를 텍스트라 할 수 있다.

06 보그란데 · 드레슬러의 텍스트성에서는 텍스트를 더 텍스트답게 만들어 주는 요소로서 일곱 가지를 제시한

스트를 더 정교하게 만들어주는 기능이 있지만, 이것들이 항상 동일범주로 동일하게 영향력을 행사하는 것은 아니다. 텍스트의 주제나 구조 등에 따라 취사선택될 수 있으며, 동시다발적으로 혹은 개별적으로 기능하기도 한다. 따라서 텍스트의 특징에 따라 더 강화되거나 약화된 텍스트성이 가능하다.[07] 그러한 배경 아래 모든 텍스트에 공통적으로 적용될 수 있는 텍스트성으로 형식적 응결성과 내용적 응집성을 들 수 있다. 고영근(2012)에 의하면 '응결성'은 '결속구조'나 '표층 결속성'으로 제시된다. 곧 텍스트의 표면에 등장하는 연결고리로 음운적 기제에서 형태·통사적 기제, 어휘적 기제까지 발화표면에 등장하는 요소들의 연결고리라 할 수 있다. 반면 '응집성'은 '결속성'이나 '심층 결속성'으로 제시되며(고영근, 2012), 텍스트의 심층에 존재하는 의미적 연결고리라 할 수 있다. 이 둘의 조화가 텍스트를 더 텍스트답게 만들어주고, 주제 표현력 및 주제 전달력을 고양시킨다. 따라서 본 장에서는 〈애국가〉의 형식적 응결성과 내용적 응집성에 대해 살펴봄으로써 텍스트로서의 적격성 여부를 확인해 보도록 하겠다.

2.1. 응결성

〈애국가〉의 응결성으로 크게 음운적 응결장치와 형태·통사적 응결장치, 그리고 의미적 응결장치를 살펴볼 수 있다.[08]

다. 형식적응결성(cohesion), 주제적응집성(coherence), 의도성(internationality), 수용자의 용인성(acceptability), 정보성(information), 상황성(situaionality), 간텍스트성(intertextuality)이 그것인데, 이 장에서는 이 중 텍스트 형식과 주제표현에 중점을 두고 응결성과 응집성을 분석하였다.

07 이러한 관점에 대해 신지연(2007 : 22~25)에서는 모든 텍스트는 텍스트성을 갖추고 있지만 이는 텍스트 형성의 필요조건이라기보다는 텍스트 형성에 관여하는 기능 정도로 인식하는 것이 타당할 것이라고 언급한다. 곧 텍스트의 장르가 무엇이냐에 따라 텍스트성에 차이가 있음을 확인한 것이다.

08 고영근(2012)에서는 응결성의 장치로 응결성 1(자소적 응결장치, 음운적 응결장치, 형태적 응결장치)과 응결

먼저 음운적 응결장치로는 가사장르가 갖고 있는 기본적 음수율에 의한 어절 배분을 들 수 있다. 곧 4음보의 규칙적 음수율은 형식적 일관성을 부여함으로써 〈애국가〉의 통일성을 담보해 준다.

① 봉츅ᄒᆞ세 봉츅ᄒᆞ세 아국 태평 봉츅ᄒᆞ세
즐겁도다 즐겁도다 독립 ᄌᆞ쥬 즐겁도다
ᄭᅩᆺ 퓌여라 ᄭᅩᆺ 퓌여라 우리 명산 ᄭᅩᆺ 퓌여라
향기롭다 향기롭다 우리 국가 향기롭다 〈뎐경ᄐᆡᆨ ᄋᆡ국가〉

② 즐겁도다 즐겁도다 ᄌᆞ쥬독립 즐겁도다
동포형뎨 합심ᄒᆞ여 부국강병 ᄒᆞ여보셰
부국강병 ᄒᆞ량이면 영웅 열ᄉᆞ 모화다가
실샹 ᄌᆡ죠 시험ᄒᆞ여 동방 뎨일 빗내보셰 〈윤태셩 ᄋᆡ국가〉

위에 제시된 〈애국가〉는 〈뎐경ᄐᆡᆨ ᄋᆡ국가〉와 〈윤태셩 ᄋᆡ국가〉의 일부이다. 보는 것과 같이 두 작품 모두 일관된 4음보로 구성되었으며, 나머지 10편의 〈애국가〉도 동일한 형식으로 제작되었다.[09] 이러한 형식적 응결성은 수용자에게 텍스트의 정형성은 물론 〈애국가〉라는 텍스트 유형의 고정성을 제시한다는 점에서 주목해 볼 수 있다. 그리고 이는 장르적인 정체성이면서 〈애국가〉

성 2(의미적 등가성에 의한 응결장치, 기능적 등가성에 의한 응결장치)를 제시한다. 이들이 조화롭게 맞물려 텍스트의 형태적 연결고리로 작용하면서 형식적 완결성을 확보하게 된다. 이 장에서는 응결성 장치를 이와 같이 둘로 나누지 않고 하나로 묶어 살펴보기로 한다.

09 이처럼 4음보의 특징은 〈애국가〉에만 나타나는 것은 아니다. 당시 개화가사가 전통가사의 4음보 율격을 그대로 답습했기 때문이다. 대중에게 널리 유포시킬 목적성 때문에 이미 대중에게 익숙한 전통가사의 4음보를 바탕으로 〈애국가〉를 창작한 것이다.

류에 대한 형식적인 일관성을 담보한다는 점에서 응결성 장치의 하나로 이해해도 좋겠다.

형태적 응결장치는 동일 품사의 반복이나 대용어 표현의 반복을 들 수 있다. 〈애국가〉에 나타나는 형태적 응결장치로는 동일어의 빈번한 반복을 들 수 있다. 텍스트 안에서 동일 어휘나 어구를 반복함으로써 형태적으로 결속되도록 하였다.

③ a. ᄉᆞ랑ᄒᆞ셰 ᄉᆞ랑ᄒᆞ셰 우리 인민 ᄉᆞ랑ᄒᆞ셰
ᄉᆞ랑 ᄉᆞ랑 ᄉᆞ랑이야 ᄇᆡᆨ셩들은 정부 ᄉᆞ랑
ᄉᆞ랑 ᄉᆞ랑 ᄉᆞ랑이야 정부에ᄂᆞᆫ ᄇᆡᆨ셩 ᄉᆞ랑
상하 ᄉᆞ랑 서로 ᄒᆞ면 부국강병 ᄌᆞ연 되고 〈김철영 ᄋᆡ국가〉
b. 님군 ᄉᆞ랑 몬져 ᄉᆞ랑 ᄇᆡᆨ셩 ᄉᆞ랑 후에 ᄉᆞ랑
ᄉᆞ랑 ᄉᆞ랑 ᄉᆞ랑 즁에 이 ᄉᆞ랑이 뎨일일셰 〈리영언 ᄋᆡ국가〉

④ 봉츅ᄒᆞ세 봉츅ᄒᆞ세 아국 태평 봉츅ᄒᆞ세
즐겁도다 즐겁도다 독립 ᄌᆞ쥬 즐겁도다
ᄭᅩᆺ 퓌여라 ᄭᅩᆺ 퓌여라 우리 명산 ᄭᅩᆺ 퓌여라
향기롭다 향기롭다 우리 국가 향기롭다
열ᄆᆡ 열나 열ᄆᆡ 열나 부국강병 열ᄆᆡ 열나 〈뎐경ᄐᆡᆨ ᄋᆡ국가〉

③과 ④의 예문에는 동일어휘의 반복이 지속적으로 나타난다. 이로 인해 각 줄이 형태적 결속성이 형성되고, 거시적으로는 통일된 구조의 반복으로 의미 전달에도 효과적일 수 있다. 또한 〈애국가〉의 속성이 일반대중에게 광범위하게 유포되어야 하는데, 이러한 형태적 일관성은 대중의 기억에 쉽게 안착되어 도움이 될 수 있다.

〈애국가〉에 나타나는 통사적 응결장치로 가장 두드러지는 것은 종결어미 '-ᄒᆞ세'의 사용이다. 전체적으로 〈애국가〉는 종결어미의 사용이 매우 단조롭다. '-ᄒᆞ세'의 청유형과 '-다'의 평서형이 주류를 이룬다. 내용전개상으로 볼 때 상황제시 '-다'의 평서형 진술과, 행동촉구 '-ᄒᆞ세'의 청유형 유도로 나뉜다. 두 가지 종결어미의 반복사용으로 형식적 일관성에 의한 응집성이 담보된다. 다음의 예문을 보자.

⑤ a. 우리 대한 신민들아 독립협회 입참ᄒᆞ야
효뎨츙신 반ᄌᆞᄒᆞ고 인의례지 도ᄇᆡᄒᆞ셰 〈리치응 애국가〉

b. 근시 효셩 츙셩ᄒᆞ여 부국 안민 ᄒᆞ여보셰 …
어화 죠흘시고 ᄌᆞ쥬독립 ᄒᆞ여보셰 …
텬하 강병 되온 후에 만국 뎨일 독립ᄒᆞ셰 〈인응션 ᄋᆡ국가〉

c. 깁히 든 잠 번듯 ᄭᆡ여 ᄌᆞ쥬독립 도와주셰
합심ᄒᆞ고 동력ᄒᆞ야 우리 인민 보호ᄒᆞ셰 〈김철영 ᄋᆡ국가〉

d. 면면촌촌 ᄇᆡᆨ셩들은 ᄉᆞ롱공샹 힘써보셰
삼강오륜 쥰힝ᄒᆞ고 효뎨츙신 직혀보셰
ᄀᆡ화 ᄀᆡ화 헛말 말고 실샹ᄀᆡ화 ᄒᆞ여보셰 〈리영언 ᄋᆡ국가〉

제시된 예문 ⑤에서는 종결어미가 '-ᄒᆞ세'형으로 통일되었는데, 이로 인해 텍스트는 구문상의 통일성을 획득하게 된다. 〈애국가〉의 내용은 주로 청자에게 나라를 위한 애국적인 행동을 촉구하는 것이다. 그러다 보니 종결어미 역시 '-ᄒᆞ세'의 청유형을 빈번하게 사용하였다. 따라서 청자는 화자가 전달하고자 하는 메시지를 정확하게 인지함은 물론 화자의 발화의도 역시 명확하게 파악할 수 있다.

또한 텍스트 말미에 부가된 후렴구도 전체 텍스트에 형식적 통일성을 부여

한다.[10] 〈애국가〉 12편 중 8편의 말미에 다음과 같은 후렴구가 등장한다.[11]

⑥ a. 만셰 만셰 만만셰는 대군쥬 폐하 만만셰 〈뎐경튁 이국가〉

b. □새 만만세를 불너 우리 〈한명원 이국가〉

c. 만셰 만셰 만만셰 독립긔쵸 억만셰 〈박기렴 이국가〉

d. 만셰로다 만셰로다 셩샹폐하 만셰로다

만셰로다 만셰로다 우리 독립 만셰로다. 〈최병희 이국가〉

e. 만셰 만셰 만만셰 우리 셩쥬 억만셰 〈김죵섭 이국가〉

f. 만셰로다 만셰로다 우리나라 만셰로다 〈리영언 이국가〉

g. 셩슈 천셰 쳔쳔셰 만셰 만셰 만만셰

태평 태평 쟝태평 시여 시여 시부여 〈인응션 이국가〉

h. 여민동락 연셜가로 우리 셩샹 만만셰라 〈리치응 애국가〉

위의 예에서처럼 동일구조의 후렴구가 텍스트 말미에 제시되어 있다. 이로 인해 〈애국가〉는 형식적인 결속성이 확보되어 이전에 제시된 내용을 효과적으로 전달하는 보조발화와 같은 기능을 수행한다.

텍스트에 나타나는 의미론적 응결장치는 동일어의 반복이나, 유의어·반의어·상위어 등의 어휘사용을 들 수 있다. 일관된 메시지를 전달하기 위해 화자는 동일한 의미범주에 속하는 어휘를 지속적으로 발화할 수밖에 없다. 따라서 동일어의 반복이나, 비슷한 의미를 가진 유의어의 반복은 의미적 일관성

---

10 '후렴구'라 칭한 것은 논의의 전개상 편의를 위해 붙인 명명이다. 더 좋은 표현이 있다면 얼마든지 수정이 가능하다.

11 12편의 〈애국가〉 중 〈리용우 이국가〉, 〈윤태셩 이국가〉, 〈이국가〉, 〈김철영 이국가〉의 네 편에는 위와 유사한 후렴구가 등장하지 않는다. 다만 내용상으로 애국을 당부하거나, 임금에 대한 충성을 독려하는 표현으로 텍스트를 마무리한다.

을 유지하게 만들어 주제를 향한 결속장치로 작용하게 된다. 『독립신문』 소재 〈애국가〉에는 동일어의 반복에 의한 의미론적 응결성을 확보하는 기제가 빈번히 사용된다. 다음의 예문에서 동일어의 반복에 의해 의미적 응결성을 확인할 수 있다.

⑦ 봉츅ᄒᆞ세 봉츅ᄒᆞ세 아국 태평 봉츅ᄒᆞ세
즐겁도다 즐겁도다 독립 ᄌᆞ쥬 즐겁도다
ᄭᅩᆺ 퓌여라 ᄭᅩᆺ 퓌여라 우리 명산 ᄭᅩᆺ 퓌여라
향기롭다 향기롭다 우리 국가 향기롭다
열ᄆᆡ 열나 열ᄆᆡ 열나 부국강병 열ᄆᆡ 열나
열심ᄒᆞ세 열심ᄒᆞ세 츙군ᄋᆡ국 열심ᄒᆞ세
진력ᄒᆞ세 진력ᄒᆞ세 ᄉᆞ롱공샹 진력ᄒᆞ세
빗나도다 빗나도다 우리 국긔 빗나도다
영화롭다 영화롭다 우리 만민 영화롭다
놉흐시다 놉흐시다 우리 님군 놉흐시다 〈뎐경ᄐᆡᆨ ᄋᆡ국가〉

위의 〈뎐경ᄐᆡᆨ ᄋᆡ국가〉를 보면 '봉츅, 즐겁다, ᄭᅩᆺ 피다, 향기롭다, 열ᄆᆡ 열다, 열심ᄒᆞ다, 진력ᄒᆞ다, 빗나다, 영화롭다, 놉흐시다'의 어휘가 같은 구조 속에서 반복되고 있다. 이러한 어휘들이 반복 수용됨으로써 의미적 응결성을 형성함은 물론 거시주제를 중심으로 하나의 텍스트로 통합됨을 알 수 있다. 전체적으로 〈애국가〉에서의 이런 어휘 반복 현상은 매우 빈번하다.

⑧ a. 즐겁도다 즐겁도다 ᄌᆞ쥬독립 즐겁도다
동포형뎨 합심ᄒᆞ여 부국강병 ᄒᆞ여보셰
부국강병 ᄒᆞ량이면 영웅 열ᄉᆞ 모화다가

실샹 ᄌᆡ죠 시험ᄒᆞ여 동방 뎨일 빗내보셰 〈윤태셩 ᄋᆡ국가〉

b. 인의동방에 ᄭᅩᆺ이 피니 건양원년 쵸츈일세

ᄭᅩᆺ 피엿네 ᄭᅩᆺ 피엿네 만민화락 ᄭᅩᆺ 피엿네

학도들아 학도들아 츙ᄋᆡ 두 ᄌᆞ 잇지 마라

입신양명 ᄒᆞ량이면 츙군ᄋᆡ국 위쥬로라 〈최병희 ᄋᆡ국가〉

c. 어화 죠흘시고 국부민강 ᄒᆞ여볼가

국부민강 ᄒᆞ량이면 시화셰풍 ᄒᆞ얏셰라

어화 죠흘시고 ᄌᆞ쥬독립 ᄒᆞ여보셰

ᄌᆞ쥬독립 ᄒᆞ량이면 영츈 만죠 ᄒᆞ얏셰라

어화 죠흘시고 우리 군ᄃᆡ 챵시힛네

우리 군ᄃᆡ 챵시흠은 교련 양병 긔쵸로다 〈인응션 ᄋᆡ국가〉

d. ᄌᆡ미잇고 ᄌᆞ미잇네 독립협회 연설이여

오ᄇᆡᆨ년ᄅᆡ 업던 연셜 오늘이야 쳐음 듯네

듯기 죠흔 의리 연셜 보기 죠흔 국긔 셔젹

츄호일분 ᄉᆞ졍 업시 공평졍즉 화답ᄒᆞ고

일심합력 위국ᄋᆡ민 ᄌᆞ쥬독립 견고연셜

토론연셜 쟝ᄒᆞᆫ 셩명 륙대쥬에 진동ᄒᆞ네 〈리치응 애국가〉

⑧의 a에서 '즐겁다, 부국강병, 동방제일'의 어휘 반복을 통해 주제로 접근해 가고 있으며, b에서는 '꽃이 피다, 충애(충군애국)'를 반복하여 애국할 것을 강조하고 있다. 그리고 c에서는 '국부민강, 자주독립, 군대창시'를 반복하여 의미적인 결속구조를 형성하고 있다. d에서는 '독립협회 연설'을 '독립협회 연설, 오백년래 없던 연설, 의리 연설, 견고 연설, 토론 연설'이라는 형태로 재수용하였다. 이처럼 동일 어휘의 반복 및 재수용으로 전체적으로 의미상의 결속성을 확보하고 있다. 그리고 이것은 형태적 결속성과

맞물려 주제 도출을 선명히 하는 기제로 작용함을 알 수 있다.

2.2. 응집성

텍스트의 응집성이란 텍스트를 텍스트답게 만드는 데 필요한 의미적 조건으로(고영근, 2012 : 119~126) 텍스트의 주제에 대한 일관성이라 말할 수 있다. 곧 텍스트 내용 전개 상에 나타나는 주제로의 집약구조 및 주제표현의 선명성을 위한 의미상의 연결고리라 할 수 있다. 앞서 살펴본 응결성이 형식적 측면의 필요조건이라면, 이제 살펴볼 응집성은 내용적 측면의 필요조건이라 할 수 있다. 『독립신문』 소재 〈애국가〉에서는 이러한 내용적 응집성의 구도가 비교적 명확하다.

⑨ 봉축ᄒᆞ세 봉축ᄒᆞ세 <u>아국 태평</u> 봉축ᄒᆞ세
즐겁도다 즐겁도다 <u>독립 ᄌᆞ쥬</u> 즐겁도다
ᄭᅩᆺ 퓌여라 ᄭᅩᆺ 퓌여라 우리 <u>명산</u> ᄭᅩᆺ 퓌여라
향기롭다 향기롭다 우리 <u>국가</u> 향기롭다
열ᄆᆡ 열나 열ᄆᆡ 열나 <u>부국강병</u> 열ᄆᆡ 열나
열심ᄒᆞ세 열심ᄒᆞ세 <u>튱군ᄋᆡ국</u> 열심ᄒᆞ세
진력ᄒᆞ세 진력ᄒᆞ세 ᄉᆞ롱공샹 진력ᄒᆞ세
빗나도다 빗나도다 우리 <u>국긔</u> 빗나도다
영화롭다 영화롭다 우리 <u>만민</u> 영화롭다
놉흐시다 놉흐시다 우리 <u>님군 놉흐시다</u>
만셰 만셰 만만셰ᄂᆞᆫ 대군쥬 폐하 만만셰
쟝셩ᄒᆞᆫ 기운으로 셰계에 유명ᄒᆞ야
텬하 각국 넘볼세라 〈뎐경ᄐᆡᆨ ᄋᆡ국가〉

위 ⑨는 〈뎐경틱 ᄋᆡ국가〉의 전문이다. 본문의 내용은 크게 자주독립에 의한 부국강병과 충군애국에 의한 임금에의 충성으로 구성된다. 전반부의 자주독립에서 '아국태평→독립자주→명산, 국가→부국강병'의 의미망을 형성하면서, 태평스러운 시대에 자주독립을 완성하고, 이를 바탕으로 부국강병을 이루자는 의미망을 형성하고 있다. 또한 후반부는 충군애국을 바탕으로 국기를 빛내고 백성이 영화롭게 된다면 이 역시 임금에 대한 충성임을 강조하고 있다. 이를 위해 '충군애국→국기, 만민→임금 칭송'의 의미망을 구성하고 있다. 이 〈뎐경틱 애국가〉에는 두 범주의 어휘가 사용됨을 알 수 있다. 먼저 '애국'과 관련된 '봉축, 태평, 자주독립, 부국강병, 국가, 충군애국, 국기, 만민, 임금'의 어휘와, '꽃 피어라, 명산, 향기롭다, 열매'와 같은 비유적 표현이 그것이다. 어쨌든 이들은 일관된 맥락을 유지하면서 거시주제인 '애국'으로 연결·발화된다. 따라서 청자는 이 동일범주의 어휘를 연속적으로 수용하면서 자연스럽게 주제를 도출할 수 있다.

『독립신문』의 〈뎐경틱 ᄋᆡ국가〉 이외의 텍스트도 이와 유사한 구조를 가지고 있다. 따라서 의미적 응집성도 비교적 명료한 편이다. 다음의 예문을 더 보도록 하자.

⑩ 즐겁도다 즐겁도다 ᄌᆞ쥬독립 즐겁도다
동포형뎨 합심ᄒᆞ여 부국강병 ᄒᆞ여보셰
부국강병 ᄒᆞ량이면 영웅 열ᄉᆞ 모화다가
실샹 ᄌᆡ죠 시험ᄒᆞ여 동방 뎨일 빗내보셰
ᄉᆞ롱공샹 업을 지어 ᄉᆞ시장츈 즐겨보셰
우리 형뎨 남녀 간에 셩덕을 츅슈ᄒᆞ셰
남ᄌᆞ 녀ᄌᆞ 교휴ᄒᆞ여 고등학ᄉᆞ ᄒᆞ여보셰
이리 뎌리 ᄒᆞ여보면 모든 일이 경ᄉᆞ로다

ᄉᆡᆼ각ᄉᆞ록 즐겁도다 동국에 형뎨들아
부ᄃᆡ부ᄃᆡ 동심ᄒᆞ여 보국ᄋᆡ민 ᄒᆞ여보셰 〈윤태셩 ᄋᆡ국가〉

⑪ 독립공원 굿게 짓고 태극긔를 놉피 달셰
하ᄂᆞ님ᄭᅴ 셩심긔도 국ᄐᆡ평과 민안락을
상하만민 동심ᄒᆞ야 문명례의 일워보셰
님군봉츅 졍부 ᄉᆞ랑 학동병졍 슌검 ᄉᆞ랑
젼국 인민 깁히 ᄉᆞ랑 부강셰계 쥬야 빌셰
사ᄅᆞᆷ마다 ᄋᆞᄌᆞ 픔어 공평 뎡직 힘을 쓰오
앏뒤 집이 인심료량 급히급히 합심ᄒᆞ셰
륙신 셰샹 잇슬 ᄯᅢ에 국ᄐᆡ평이 뎨일 죠타
쳔년 셰월 허숑 말고 동심합력 부ᄃᆡ ᄒᆞ오
국긔 잡고 ᄆᆡᆼ셰ᄒᆞ야 대군쥬의 덕을 돕셰 〈ᄋᆡ국가〉

위의 두 텍스트도 의미적 응집성을 잘 갖추고 있다. ⑩의 경우 '자주독립→부국강병→동방제일→성덕축수→보국애민'으로 이어지는 의미망을 바탕으로 청자는 자주독립해서 보국애민하자는 텍스트의 메시지를 추론할 수 있다. 그리고 의미적 결속성을 어휘로 가시화하여 텍스트 전체의 의미망이 일관되게 전개됨을 알 수 있다. 또한 ⑪도 '독립공원→부강세계→국가태평→동심합력→군주칭송'의 의미구조를 형성하여, 독립공원에 태극기를 달고 부강세계를 이루고 이를 바탕으로 협력하여 임금의 덕을 돕자는 텍스트의 메시지를 부각하고 있다. 이처럼 『독립신문』 소재의 〈애국가〉는 의미적 응집성을 바탕으로 주제결속성을 강화하고 있음을 알 수 있다. 『독립신문』에 게재된 〈애국가〉는 모두 제목에서 가시화된 것처럼 '애국'을 주제로 표방하고 있다. 이는 의미적 응집성을 전제하고 텍스트가 생산되었음을 의미하는 것이기도 하다.

제목	어휘사용 양상
한명원 익국가	자주독립 → 충성 → 보국 → 봉축 → 진보 → 양병
리용유 익국가	애국 → 동포 → 경천위지 → 충성 → 해육군
윤태셩 익국가	자주독립 → 부국강병 → 성덕축수 → 동심 → 보국애민
익국가	독립공원 → 태극기 → 국태평 민안락 → 군주칭송
박기렴 익국가	자주독립 → 독립문 → 독립원 → 태극기
최병희 익국가	충군애국 → 교육 → 성상덕택 → 문명진보 → 독립
김죵셥 익국가	충효 → 자주독립 → 태극기 → 애국가 → 충군애국
리영언 익국가	자주독립 → 문명개화 → 독립문 → 태극기 → 애국가
김철영 익국가	자주독립 → 부국강병 → 애국애민 → 태극기 → 독립문
인응션 익국가	국부민강 → 자주독립 → 조선만세 → 군대만세
리치응 애국가	자주독립 → 위국애민 → 성상만세

[표 1] 『독립신문』 소재 〈애국가〉의 어휘사용 양상

[표 1]은 각 〈애국가〉에 등장하는 '애국'을 표방한 어휘사용 양상이다. 표에서 보는 것처럼 각각의 〈애국가〉에서 주장하고자 하는 '애국하자'의 주제와 상통하는 어휘들이 지속적으로 발화되고 있다. 따라서 청자는 자연스럽게 텍스트 전체의 내용을 이해할 수 있고, 이를 통해 주제를 추론할 수 있다.

3. 〈애국가〉의 텍스트 구조

텍스트 구조는 텍스트 주제를 좀 더 명시적으로 전달하는 데 도움을 준다. 텍스트의 주제를 어떻게 배치하느냐에 따라 텍스트 구조는 달라진다. 곧 텍

스트의 주제가 어떤 성격을 갖느냐에 따라 달라질 수 있다. 일정한 줄거리를 갖는 서사물일 경우는 서사구조로, '가정-결론'의 특징을 갖는 논증물의 경우는 논증구조로, 그리고 '문제제기-해결'의 성격을 갖는 학술논문은 연구보고서의 계층구조 등으로 유형화된다.[12] 한편 텍스트의 가장 큰 단위에서 형성되는 거시구조와, 거시구조의 하위계층에 분포하는 미시구조로 계층적 구조를 이루기도 한다. 거시구조와 미시구조의 적절한 분포는 청자에게 더 효율적으로 주제전달을 도모할 수도 있다. 각각의 미시구조가 유기적으로 연결되면, 이들이 모아져서 텍스트 전체의 거시구조를 형성하고, 이것이 곧 거시명제인 주제로 연결되기 때문이다.[13]

이 장에서 분석대상으로 삼은 〈애국가〉는 거시구조로 '애국하자'는 주제를 표방하고, 미시구조로 '자주독립'과 '임금에의 충성'이라는 두 하위유형으로 구성된다.[14] 따라서 〈애국가〉의 텍스트 구조는 '애국'이라는 주제를 상정한 거시구조 아래, 두 개의 미시구조로 이루어졌음을 알 수 있다.

---

12 고영근(2012 : 171~176)에 의하면, 반다이크 · 드레슬러는 주제의 선명한 도출을 위해 거시구조, 서사구조, 논증구조 등의 텍스트 구조를 상정하고 이에 대한 분석을 시도하였다.

13 반다이크의 거시구조를 계층구조로 보이면 다음과 같다.(고영근 2012 : 167 참조)

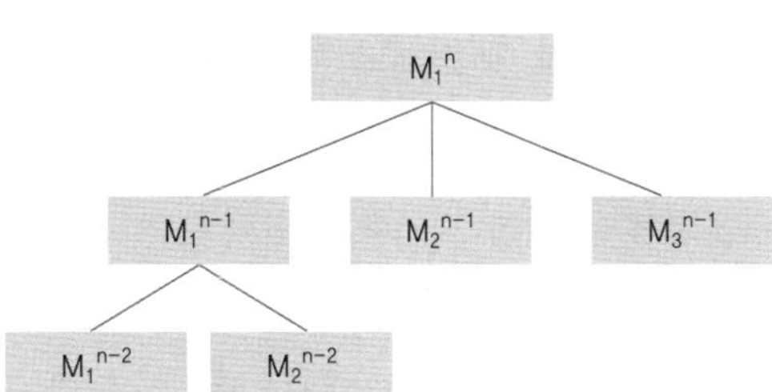

14 두 개의 미시구조와 함께 후렴구가 붙어 있지만, 후렴구는 주제전달에 결정적 영향력을 행사하지는 않는다. 그래서 구조분석에서는 후렴구를 배제하였다.

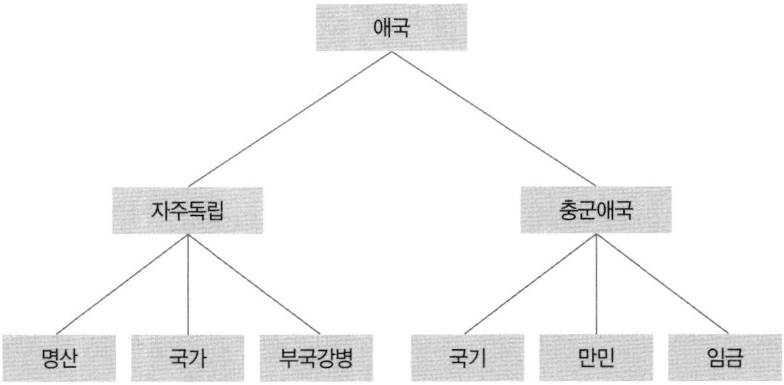

[그림 1] 〈뎐경틱 익국가〉의 거시구조도

[그림 1]은 〈뎐경틱 익국가〉의 거시구조도이다. 거시주제 '애국' 아래에 미시주제 '자주독립'과 '충군애국'이 배치되고, '자주독립'은 '태평을 봉축하면서, 명산에 꽃 피고 열매 열어, 부국강병'과 연결된다. '충군애국'은 '사농공상 진력하여, 우리 국기 빛나고 만민 영화로워지며, 곧 임금 만세'로 이어진다. 그리고 마지막에는 〈익국가〉류에 공통으로 들어가는 후렴구가 배치된다. 앞부분 '자주독립'이 거시주제 '애국'을 위한 상황제시의 역할을 수행한다면, 뒷부분 '충군애국'은 애국을 위해 구체적으로 해야 할 일을 호소한다고 하겠다. 따라서 〈익국가〉의 미시구조는 '상황제시(자주독립) + 실천호소(충군애국)'로 이루어졌음을 알 수 있다. 곧 '자주독립'이라는 상황을 제시하고, 그런 상황이 되었을 때 해야 할 일이 '충군애국'을 실천할 것을 호소하는 내용으로 구성된다. 위의 〈뎐경틱 익국가〉 역시 '자주독립'을 위한 상황제시로 '명산에 꽃이 피고 향기가 나며, 부국강병이라는 열매'를 맺는 것이라고 한다면, 이후 청자에게 호소하는 것은 '국기를 빛내고 만민이 영화를 보게 하는 충군애국'이며 이는 곧 임금에 대한 충성으로 귀결된다. 이러한 '상황제시 + 행동호소'의 구조는 『독립신문』에 게재된 〈익국가〉 12편에 공통적으로 나타난다. 지은이가 각

기 다른 데도 불구하고 이러한 형식적 통일성이 발견되는 것은 아마도 동일 한 신문에 게재하면서 생긴 일일 수도 있고, 처음 발표된 작품이 모(母)텍스트가 되어 이후에 게재되는 텍스트에 영향을 끼쳤을 가능성도 충분하다.[15]

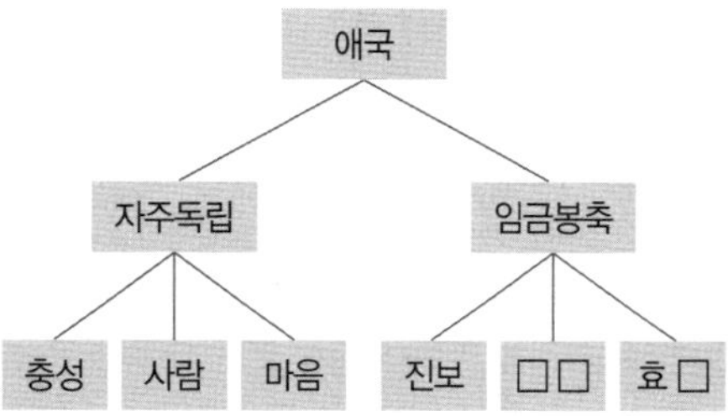

[그림 2] 〈한명원 ᄋᆡ국가〉의 구조도

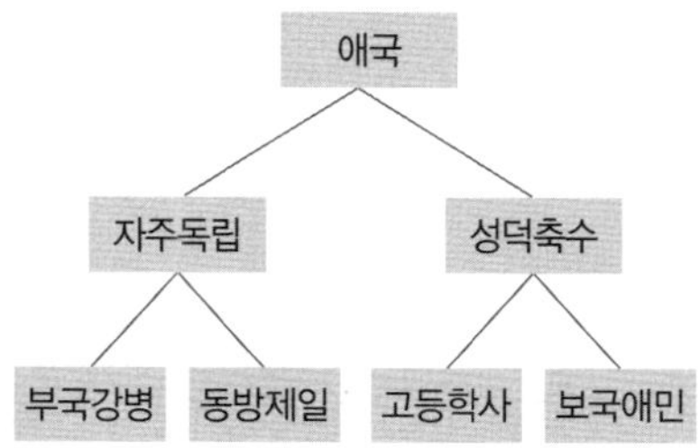

[그림 3] 〈윤태셩 ᄋᆡ국가〉의 구조도

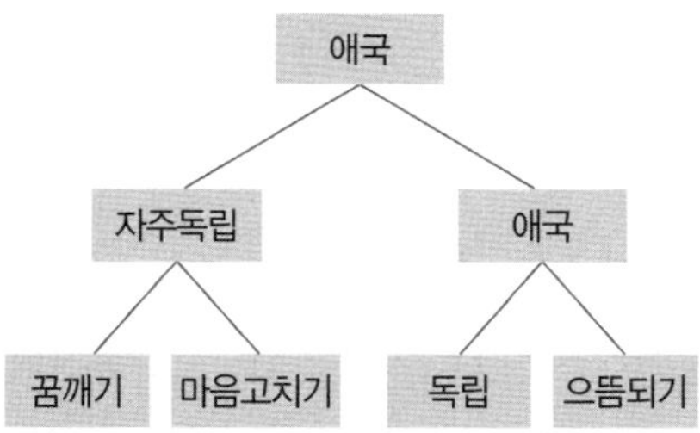

[그림 4] 〈박기렴 ᄋᆡ국가〉의 구조도

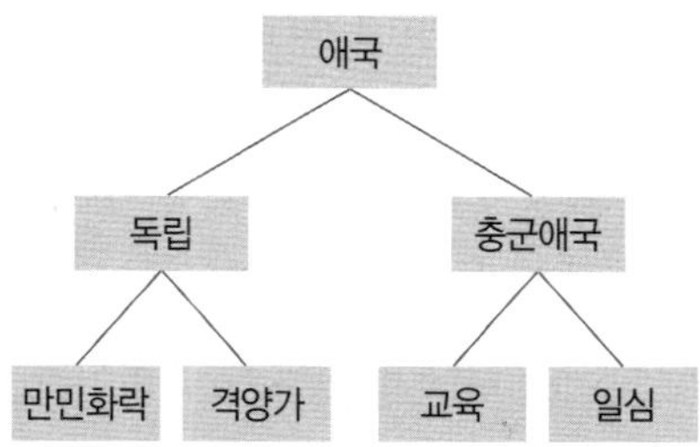

[그림 5] 〈최병희 ᄋᆡ국가〉의 구조도

위에 제시한 〈ᄋᆡ국가〉의 텍스트 구조 역시 크게 '상황제시+실천호소'의 기능인 '자주독립+애국'으로 유형화됨을 알 수 있다. 공통적으로 제시하는 상황은 '자주독립'된 우리나라이며, 이런 상황을 전제하고 청자에게 촉구하는 행동이 뒤에 '임금에 대한 충성'의 호소로 나타난다. 나머지 〈ᄋᆡ국가〉 텍스트 역시

---

15 곧 동일한 신문에 게재되기 위해서는 신문사의 교정 작업이 이루어졌을 가능성도 있고, 이전에 발표된 텍스트의 형식구조를 기본형으로 형식적인 조정이 진행되었을 가능성도 없지 않다.

이러한 구조로 유형화됨을 알 수 있다. 따라서 『독립신문』에 게재된 〈익국가〉 텍스트는 '상황제시+실천호소'의 미시구조가 '애국'이라는 거시구조의 하위범주로 구성됨을 알 수 있다. 이러한 미시구조와 거시구조의 통일체가 곧 거시주제 '애국'으로 귀착되기 때문이다. 이를 간단히 도식화하면 [그림 6]과 같다.

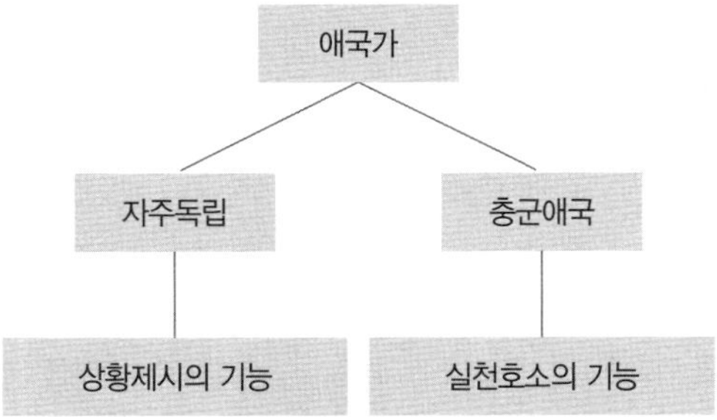

[그림 6] 〈익국가〉의 텍스트 구조도

이렇게 형성된 텍스트 구조는 결국 앞서 살펴본 응결성과 응집성이 바탕이 되어 구성되는 것이다. 곧 형식적 응결성이 텍스트 구조인 거시구조와 미시구조로 기능한다면, 내용적 응집성이 '상황제시+실천호소'라는 주제로 통일되도록 작용한다. 따라서 『독립신문』의 〈익국가〉 텍스트들은 응결성과 응집성의 텍스트성을 바탕으로 텍스트구조를 형성한다고 할 수 있다.

4. 〈애국가〉의 언어 활용과 화용적 의미

4.1. 애국의식 고취와 상투어의 사용

『독립신문』에 게재된 〈익국가〉는 앞에서 살펴본 것처럼 텍스트 응결성과 응집성을 갖추고, 거시구조를 바탕으로 주제를 일관되게 표방하여 '텍스트'

의 전형이라고 할 수 있다. 곧 당시의 시대배경과 맞물려 청자에게 '애국의식의 고취'라는 주제를 명확하게 전달하려는 의도가 고려된 텍스트라고 할 수 있다. 이는 12편의 텍스트 모두 제목이 〈애국가〉로 정해진 것에서도 알 수 있다. '애국'을 강조하는 화자의 의도는 텍스트 전체적으로 발화된 어휘에서 쉽게 발견된다. 그리고 이들 어휘는 거시주제 '애국'을 향해 결집되고 있음을 알 수 있다.

주제를 잘 드러내기 위해서는 당시의 언중에게 정형화된 표현, 곧 상투적인 표현이 메시지 전달에 쉬울뿐더러 청자 입장에서도 의미수용이 수월해진다. 이런 상투적 표현으로 〈애국가〉에서 자주 발화되는 것으로 넉 자로 된 한자어를 들 수 있다. 근대국어는 후기중세국어의 경계와 맞닿아 있다. 그래서 이전 시대의 어휘적 표현이 상당부분 그대로 답습될 수밖에 없다. 그러다 보니 이전 시대부터 익숙하게 사용되었던 한자어들이 의미전달이나 수용 면에서 쉬울 수 있다. 그리하여 〈애국가〉 텍스트에도 이러한 한자어의 발화빈도가 높을 수밖에 없다. 다음을 보자.

⑫ a. 자주독립(12), 부국강병(5), 효제충신(3), 공평정직(2), 입신양명(1), 문명개화(1), 인의예지(1), 강구연월(1), 동심합력(1), 경천위지(1), 요순세계(1)

b. 충군애국(3), 국부민강(2), 천하강병(2), 공평정직(1), 부강세계(1), 아국태평(1), 독립자주(1), 영웅열사(1), 보국애민(1), 문명예의(1), 상하만민(1), 임금봉축(1), 만민화락(1), 실상개화(1), 애국애민(1), 부국안민(1)[16]

위 ⑫의 예에서 알 수 있듯이 애국의식의 고취를 위한 상투적 한자어의 사

16 각 어휘 옆 괄호 안의 숫자는 12편의 텍스트에 나타나는 출현빈도수이다.

용이 매우 빈번함을 알 수 있다. 특히 a의 예는 기존의 넉 자 한자어구인데 비해 b는 텍스트에서 만든 네 글자 한자어구들이 대부분이다. 모두 '애국'을 강조하는 데 사용된 어휘들이며, 크게는 자주독립이나 충군애국과 결속되는 의미망이라 할 수 있다.

이렇게 화자의 의도성이 반영된 어휘사용은 텍스트 전체적으로 내용적 응집성을 확보함은 물론 주제접근의 용이성을 제공하기도 한다. 따라서 청자는 빈번히 등장하는 이러한 어휘들을 바탕으로 텍스트의 거시주제를 도출하게 되는 것이다.

4.2. 4.4조 반복구조와 문학관습의 계승

개화기 가사는 시대적으로 대략 1860년부터 1910년 전후에 지어졌다. 이 시기에 제작된 가사텍스트를 개화기 가사라고 할 때, 그 연원을 후기중세에서 찾을 수 있다. 곧 조선후기 성행했던 가사의 형식적 틀이 개화기 가사로 이어졌다고 할 수 있다. 새로운 시대의 도래는 새로운 장르의 생성을 유도하기 마련이나, 개화기 가사는 전통가사의 형식적 틀을 그대로 답습하였다. 전달하고자 하는 메시지를 널리 알리기 위해서는 새로운 형식보다는 익숙한 장르에 얹혀 제시하는 것이 훨씬 더 용이하기 때문이다.[17] 따라서 자주독립을 표방한 시대적 요구를 개화기 〈이국가〉류가 적절히 담아낸 것이라 할 수 있다. 그만큼 전통적인 문학 장르가 언중에게 부담 없이 다가갈 수 있어서 가능한 일이라 하겠다.

---

17 물론 4음보 율격은 『독립신문』 〈이국가〉의 독자적인 특징은 아니다. 이는 개화가사가 모두가 갖고 있는 형식적 특징이되 이 또한 전통가사의 형식적 율격을 수용한 결과이다.

⑬ 봉츅ᄒᆞ세 봉츅ᄒᆞ세 아국 태평 봉츅ᄒᆞ세
즐겁도다 즐겁도다 독립 ᄌᆞ쥬 즐겁도다
ᄭᅩᆺ 퓌여라 ᄭᅩᆺ 퓌여라 우리 명산 ᄭᅩᆺ 퓌여라
향기롭다 향기롭다 우리 국가 향기롭다
열ᄆᆡ 열나 열ᄆᆡ 열나 부국강병 열ᄆᆡ 열나 〈뎐경ᄐᆡᆨ ᄋᆡ국가〉

⑭ ᄌᆡ미잇고 ᄌᆞ미잇네 독립협회 연설이여
오ᄇᆡᆨ년ᄅᆡ 업던 연셜 오늘이야 쳐음 듯네
듯기 죠흔 의리 연셜 보기 죠흔 국긔 셔젹
츄호일분 ᄉᆞ졍 업시 공평졍즉 화답ᄒᆞ고
일심합력 위국ᄋᆡ민 ᄌᆞ쥬독립 견고연셜
토론연셜 쟝ᄒᆞᆫ 셩명 륙대쥬에 진동ᄒᆞ네 〈리치응 애국가〉

⑬의 예에서 '봉축하세 봉축하세 아국태평 봉축하세'에 나타난 4음보의 율격은 텍스트 전체에 적용되고 있다. 특히 〈뎐경ᄐᆡᆨ ᄋᆡ국가〉에는 어휘를 반복 배치함으로써 리듬감과 함께 강조어휘를 가시적으로 확인할 수 있다. 그리하여 청자는 이 텍스트에서 강조하는 중요 어휘 '아국태평, 독립자주, 우리 명산, 우리 국가, 부국강병' 등을 중심으로 거시주제로 접근해갈 수 있다. ⑭에서도 '독립협회의 연설, 오백년래 없던 연설, 듣기 좋은 의리 연설, 자주독립 견고연설, 토론연설'로 중요어휘가 궤를 같이하고, 이에 대해 '공평 정직한 화답과 육대주에 진동하는 연설'로 화자의 전달 메시지를 담고 있다. 역시 여기서도 4음보의 율격을 활용하여 수용성을 높이고 있다. 이처럼 4음보 율격은 화자와 청자에게 익숙한 리듬이고, 이는 전통가사와 동일한 형식이어서 자연스럽게 수용될 수 있다. 나머지 〈ᄋᆡ국가〉도 위의 텍스트처럼 모두 4음보의 형식을 준수하고 있다. 따라서 〈ᄋᆡ국가〉는 4.4조 음보율의 형식적 틀을 고수하

면서, 용이한 메시지 전달을 모색한다. 이러한 4음보 율격은 단순한 구조에 단어를 반복 배치하여 단조로운 느낌도 없지 않지만, 여러 사람에게 쉽게 전달되고 기억되어야 하는 텍스트의 목적성을 감안하면 사정은 달라진다. 단조로울수록 많은 사람에게 전파됨은 물론 쉽게 기억할 수 있기 때문이다. 그런 점에서 〈ᄋᆡ국가〉는 4.4조의 음보율을 선택한 것으로 볼 수 있다.

4.3. 청유형 어미의 활용과 행동 촉구

『독립신문』의 〈ᄋᆡ국가〉는 청유형 어미를 반복적으로 사용하고 있다. 그리하여 청자에게 독립을 위해 해야 할 일이 무엇인지를 구체적으로 제시하고, 나아가 그렇게 행동해야 함을 강조한다. 청유형 어미의 반복은 앞선 텍스트의 응결성에서 제시되기도 했지만, 실은 이것이 형식적 통일성 외에 화자의 발화의도를 가장 직접적으로 표현하는 기제이기도 하다.

제목	청유형 어미
뎐경틱 ᄋᆡ국가	봉츅ᄒᆞ세, 열심ᄒᆞ세, 진력ᄒᆞ세
한명원 ᄋᆡ국가	보국ᄒᆞ세, ᄆᆡ셔보세, 봉츅ᄒᆞ세, 진보ᄒᆞ세, 효□마세
리용유 ᄋᆡ국가	ᄋᆡ국ᄒᆞ세, 경텬위디 ᄒᆞ여보세, 봉츅ᄒᆞ세, 평안시절 향복ᄒᆞ세
윤태셩 ᄋᆡ국가	부국강병 ᄒᆞ여보셰, 동방데일 빗내보셰, 셩덕을 츅슈ᄒᆞ셰, 고등학ᄉᆞ ᄒᆞ여보셰, 보국ᄋᆡ민 ᄒᆞ여보셰
ᄋᆡ국가	문명례의 일워보셰, 부강셰계 쥬야 빌셰, 합심ᄒᆞ셰, 대군쥬의 덕을 돕셰
박기렴 ᄋᆡ국가	ᄆᆞᄋᆞᆷ이나 곳쳐 보셰
최병희 ᄋᆡ국가	죠션관민 일심ᄒᆞ세, 어셔 밧비 공부ᄒᆞ세
김죵셥 ᄋᆡ국가	ᄋᆡ국가를 불너보셰, 츙군ᄋᆡ국 ᄒᆞ여보셰, 효뎨츙신 본을 밧셰, 날과 ᄯᅢ로 츅슈ᄒᆞ셰

리영언 익국가	스롱공샹 힘써보세, 효뎨츙신 직혀보세, 실샹긔화 ᄒᆞ여보세, 태극기를 놉히 달셰, 익국가를 불너보셰
김철영 익국가	ᄌᆞ쥬독립 도와주셰, 우리 인민 보호ᄒᆞ셰, 우리 졍부 도와주셰, 우리 인민 ᄉᆞ랑ᄒᆞ셰, 사름마다 본을 밧셰
인응션 익국가	부국 안민 ᄒᆞ여보셰, ᄌᆞ쥬독립 ᄒᆞ여보셰
리치응 애국가	인의례지 도빅ᄒᆞ셰

[표 2] 〈익국가〉의 청유형 어미 분포

[표 2]에 나타난 것처럼 각각의 〈익국가〉에는 청유형 어미를 사용해 청자가 해야 할 일을 구체적으로 제시하고 있다. 즉 자주독립과 부국강병을 위해 노력할 것을 피력하고 있다. 그리고 최종적으로는 나라의 군주에게 충성을 다할 것을 촉구하기도 한다.

이 외에 〈익국가〉에 등장하는 종결어미는 평서형 '-다'와 감탄형 '-다' 정도이다. 종결어미를 단순하게 사용함으로써 형식적인 통일성을 부여하고, 의미 수용에서 선택의 폭을 한정하여 발화내용을 자연스럽게 수용하도록 유도한다. 그리하여 텍스트를 제공받는 청자는 텍스트에서 제시하는 내용대로 행동해야 할 것 같은 의지를 갖게 만드는 것이다. 이것이 애국애족 의식을 고양하고 자주독립을 이룩해야 하는 당시의 청자에게 제시된 자연스러운 계몽인 것이다.

4.4. 후렴구의 삽입과 텍스트 완결

가사 텍스트에 후렴구가 삽입된 것은 전통가사에서 흔히 나타나는 것은 아니지만 거슬러 올라간다면 고려가요에서 확인되는 한편 민요와 같은 구비전승에서는 일반적인 현상이기도 하다. 후렴구의 삽입이 주제전달에 강력한 영향력을 행사하기는 어렵다. 그러나 텍스트 전체적으로 형식적 통일성을 부여하고, 이야기 흐름의 마무리 기능을 담당한다는 점에서는 종결발화의 기능이 없지 않다. 12편의 〈ᄋᆡ국가〉 중 후렴구로 발화를 마무리하는 텍스트는 모두 8편이다.

제목	후렴구
뎐경ᄐᆡᆨ ᄋᆡ국가	만셰 만셰 만만셰ᄂᆞᆫ 대군쥬 폐하 만만셰
한명원 ᄋᆡ국가	□새 만만세를 불너 우리
박기렴 ᄋᆡ국가	만셰 만셰 만만셰 독립긔쵸 억만셰
최병희 ᄋᆡ국가	만셰로다 만셰로다 셩상폐하 만셰로다 만셰로다 만셰로다 우리 독립 만셰로다
김죵셥 ᄋᆡ국가	만셰 만셰 만만셰 우리 셩쥬 억만셰
리영언 ᄋᆡ국가	만셰로다 만셰로다 우리나라 만셰로다
인응션 ᄋᆡ국가	셩슈 쳔셰 쳔쳔셰 만셰 만셰 만만셰
리치응 애국가	우리 셩샹 만만셰라

[표 3] 후렴구가 삽입된 〈ᄋᆡ국가〉

[표 3]을 보면 알 수 있듯이 『독립신문』의 〈ᄋᆡ국가〉는 마무리 발화로 '만세 만세~만세'의 후렴구를 사용하고 있다. 국어 표현 중 가장 보편적인 칭송의 표현 중 하나가 '만세'이다. 어휘적 의미 '만세'에서 확장된 의미의 '만세'로 언표화됨에 따라 '만세'가 여러 발화에 어울려 사용되고, 각각의 발화양상도 맥락에 따라 다양해졌다.

〈ᄋᆡ국가〉 텍스트에 나타나는 '만세'도 '나라'의 안녕을 기원하는 것에서부터, '임금, 독립, 백성' 등으로 그 의미가 확장되었다. 이들 '만세' 후렴구는 각각의 텍스트 말미에서 발화되는데, 텍스트 전체의 내용을 아우르면서 자연스럽게 청자 유도의 기능을 수행한다. 화자가 전달하고자 하는 메시지를 청유형 문장으로 발화한 후, 마지막에 '만세, 만세'의 발화를 첨가하여 메시지에 대한 동화를 유도하고, 화자의 발화의도 또한 강조하는 기능을 맡고 있다.

⑮ 인의동방에 ᄭᅩᆺ이 피니 건양원년 쵸츈일세
ᄭᅩᆺ 피엿네 ᄭᅩᆺ 피엿네 만민화락 ᄭᅩᆺ 피엿네
요순셰계 도라왓나 거리 거리 격양가라
학도들아 학도들아 츙ᄋᆡ 두 ᄌᆞ 잇지 마라
입신양명 ᄒᆞ량이면 츙군ᄋᆡ국 위쥬로라
학교 셰워 교휵ᄒᆞ니 셩샹덕ᄐᆡᆨ 산ᄒᆡ로다
산ᄒᆡᄀᆞᆺ흔 만ᄒᆞᆫ 덕ᄐᆡᆨ 무어스로 갑흘쇼냐
갑흘 거슨 ᄒᆞ나 잇네 교휵ᄒᆞ여 셩취ᄒᆞᆫ 후
문명 진보 ᄒᆞᄂᆞᆫ ᄯᅢ에 죠션관민 일심ᄒᆞ세
시호시호 부ᄌᆡᄅᆡ라 어셔 밧비 공부ᄒᆞ세
<u>만셰로다 만셰로다 셩샹 폐하 만셰로다</u>
<u>만셰로다 만셰로다 우리 독립 만셰로다.</u> 〈최병희 ᄋᆡ국가〉

위에 제시된 〈최병희 ᄋᆡ국가〉에 나타난 후렴구 '만세'를 보면 텍스트 전체의 내용을 아우르며 마무리하는 기능을 맡고 있다. 임금의 은혜를 잊지 말고, 독립 국가를 건설하기 위해 열심히 공부하자는 화자의 주장을 아우르며 마지막 발화로 '임금 만세'와 '독립 만세'를 강조하듯이 한번 더 힘주어 발화한다. 따라서 청자가 자연스럽게 텍스트 전체의 주제를 도출할 수 있게 만들면서, 청자와 화자가 하나됨을 느낄 수 있도록 유도한다. 이는 후렴구를 통해 청자에게 텍스트의 주제를 다시 한번 자연스럽게 강조하는 효과도 없지 않다.

5. 결론

이상으로 『독립신문』에 나타난 〈이국가〉 12편의 텍스트성과 텍스트 구조, 그리고 이를 바탕으로 한 텍스트 언어학적 특징에 대해 살펴보았다. 이들 〈이국가〉는 동일한 매체에 수록되어 표현방식이 상당 부분 비슷하다. 여타 장르와 달리 목적성이 가시적으로 표방되었고, 텍스트성의 형성이나 텍스트 구조도 매우 명시적으로 짜였다. 따라서 이들 텍스트의 구조적 특징과 텍스트 언어학적 특징을 제대로 고찰하면, 〈이국가〉류의 장르적 특성을 효과적으로 이해할 수 있을 것이다. 지금까지 논의한 내용을 정리하면 다음과 같다.

첫째, 『독립신문』 소재의 〈이국가〉들은 동일 어휘의 반복이나, 단일한 종결어미의 사용, 그리고 후렴구의 반복 배치 등으로 형식적 응결성을 확보하고 있다. '애국하자'를 표방하는 어휘의 지속적 발화로 '자주독립의 염원'이라는 거시적 주제로의 의미적 응집성을 확보하고 있다. 따라서 『독립신문』 소재의 〈이국가〉는 텍스트가 갖춰야 하는 응결성과 응집성을 구비한 것으로 볼 수 있다.

둘째, 『독립신문』 소재 〈이국가〉의 텍스트 구조를 살펴본 결과, 이들은 거시구조로 '애국하자'는 주제를 표방하면서, 하위 미시구조로 '자주독립'과 '임금에의 충성'이라는 두 층위를 구성하고 있다. 구체적으로 '자주독립'이라는 상황을 상정하고, 이를 위해 청자에게 행동촉구를 '호소'하는 형식으로 구성되어 있다. 즉 '애국→자주독립(상황설정)+임금에게 충성(실천 호소)'으로 구성되어 있음을 알 수 있다.

셋째, 『독립신문』 소재 〈이국가〉의 텍스트언어학적 특징으로 첫 번째, 애국의식을 고취하기 위한 상투어의 빈번한 발화를 들 수 있다. 당시의 시대상황을 감안할 때 상투적 표현을 계속 발화하는 것은 대중에게 주제를 전달하는데 도움이 될 수 있다. 두 번째, 전통가사에 나타나는 4.4조의 반복구조를 차용함으로써 청자에게 친숙감을 갖도록 하였다. 그렇게 함으로써 청자는 〈의국가〉 텍스트를 자연스럽게 수용하게 된다. 세 번째, 청유형 어미를 반복 발화함으로써 청자, 혹은 독자에게 독립의지를 촉구하고 있다. '-하자'라는 청유형 어미를 반복 사용하면서 독립을 위한 행동에 동참할 것을 촉구한 것이다. 네 번째, 텍스트 말미에 '만세- 만세-' 후렴구를 삽입함으로써 텍스트의 통일성을 획득하였다. 이러한 텍스트 언어학적 특징은 앞서 살펴본 텍스트성과 텍스트 구조와 맞물려 실현되기 마련이다. 따라서 이러한 요소는 〈의국가〉류의 장르적 특성을 고착시키는 데 일조했다고 할 수 있다.

제6장

〈ᄃᆡ일본유람가〉의 어휘와 텍스트

1. 서론

이 장은 1890년대 후반에 제작된 〈ᄃᆡ일본유람가〉의 어휘유형을 분석하고, 이 분석 내용을 바탕으로 개화기 국어의 특징이 무엇인지 살펴보는 것을 주목적으로 한다. 흔히 개화기라고 일컫는 시기는 1890년부터 1900년대 초까지라고 볼 수 있는데, 이때에는 전통문화에 대한 고수와 새 문화에 대한 수용이 맞부딪히면서 혼란이 야기되었다. 이와 더불어 이 시기는 새로운 형태의 문화가 소개되고, 그에 따라 기존과는 변별되는 어휘가 다수 등장하기도 하였다. 그런데 당시의 새로운 문화나 어휘는 대부분 일본을 통해 유입·소개되는 것이 일반적이었다. 마찬가지로 이 장에서 다루어 볼 텍스트인 〈ᄃᆡ일본유람가〉의 화자도 공무 수행을 위해 일본에 가서 보고 들은 것들을 토대로 작품을 형상화하였다.

〈ᄃᆡ일본유람가〉는 이태직이 1895~1896년 일본에 사신으로 가서 보고 들은 문물을 기록한 기행가사이다.[01] 1895년 즈음은 전통적 유교관념을 고수하기도 하고, 근대화된 문물의 수용을 갈망하기도 하여 문화적 격변기라 할 수 있다. 이러한 문화 혼효의 시기에 화자의 눈에 비친 일본의 문화와 문물은 새롭고 신기하게만 보였을 것이다.[02] 화자는 〈듸일본유람가〉에서 일본의 자연환경에 대해 감탄하기도 하고, 발달된 서양식 시설에 관심을 집중하기도 했다. 한편으로는 우리나라와 다른 일본의 혼례나 상례를 부정적으로 그리거나 일본과 엮인 우리나라의 암울한 시대상황을 자탄하기도 하였다. 따라서 〈듸일본유람가〉는 개화기 일본 문화와 문물의 소개와 함께 일본에 대한 태도 등이 직간접적으로 드러나는 텍스트라 할 수 있다.[03]

이렇게 새로운 문물을 소개하는 과정에서 자연스럽게 그에 관련된 새로운 어휘가 등장하기에 개화기 어휘를 살피는 데도 이 작품이 아주 유용하다.[04] 이들 어휘는 현대국어와 비슷한 한편 일부는 사어가 되기도 하였다. 따라서

---

01 『한국역대가사문학집성』(임기중, KRPIA)에서 〈듸일본유람가〉는 1895년 주차일본동경 조선공사관 대리공사를 지낸 이태직 선생이 1년간의 일본 외교관 생활을 마치고 귀국하여 국문으로 지은 사행가사(使行歌辭), 보고가사(報告歌辭)라 소개하고 있다. 또한 외국 상주 외교관이 그 나라 풍속과 문물을 소개한 최초국문가사로의 가치가 있다고 소개한다.(〈듸일본유람가〉 해제, 한국의 지식콘텐츠, KRpia.co.kr) 또 박애경(2006 : 77)에 의하면, 〈듸일본유람가〉는 일본에 외교 사절로 거주했던 외교 관리 이태직이 지은 일본 보고서라 할 수 있다고 언급하며, 이본으로 필사본 〈遊日錄〉이 있음을 소개한다. 〈듸일본유람가〉에 대한 소개는 최강현(1999)의 『조선 외교관이 본 명치시대 일본』이라는 책에서 〈유일록〉이라는 제목으로 제시된다.

02 〈듸일본유람가〉의 여정은 마포에 사는 화자가 제물포, 부산을 거쳐 일본 장기, 신호, 경도를 지나 동경에 도착한 후 동경의 여기저기를 본격적으로 소개하면서 진행된다. 그리고 다시 이 여정을 거꾸로 거치면서 귀국하는 여정으로 텍스트가 마무리된다. 주로는 동경에서 보고 들은 문화와 문물에 대한 소개가 많다.

03 예를 들면 '자선회'와 같이 어려운 이웃을 도와주는 행사에 대해 '여러 사람 돈 걷우어 구차한 사람들을 구제하는 방략이니 부인들의 적선함이 매우 좋은 법이로다'라며 긍정적으로 소개하는가 하면, 일본의 목욕문화에 대해서는 '야만의 풍속이라 내외 없긴 고사하고 이렇듯이 무례하니 돈견이나 다를소냐'라며 비판하고 있다. (〈듸일본유람가〉 본문 참조)

04 개화기 신생어 및 신어에 대한 논의로 송민(2007 : 205~209)을 보면, 일본어 및 영어 등의 직 · 간접 차용으로 인해 상당수의 어휘가 유입되고 만들어졌다고 제시한다. 〈듸일본유람가〉에서는 화자가 일본에 머무는 동안 방문한 동물원을 소개하며, 거기서 본 '낙타'를 '탁타(橐駝)'라고 표현한다. 또 야저, 면양, 비취새, 뻐국이, 앵무새, 거위, 백로 등 다양한 동물명이 제시되고 있다.

〈듸일본유람가〉에 나오는 어휘를 유형별로 살피면 개화기 어휘의 특징을 파악하는 성과를 거둘 수 있다.[05] 이에 이 장에서는 〈듸일본유람가〉를 텍스트로 개화기 어휘 양상을 단일어 · 파생어 · 합성어의 관점에서 살펴본 다음, 개화기 어휘의 특징을 짚어 보도록 하겠다.

2. 〈듸일본유람가〉의 자료적 면모

이태직이 1895~1896년에 일본에 사신으로 가서 보고 들은 것을 가사로 기록한 것이 〈듸일본유람가〉이다.[06] 〈듸일본유람가〉는 최강현(1999 : 9~10)에 의하면, 전체 55장짜리 1책으로 되었으며, 책의 크기는 가로 17.9×세로 29.0cm이다.

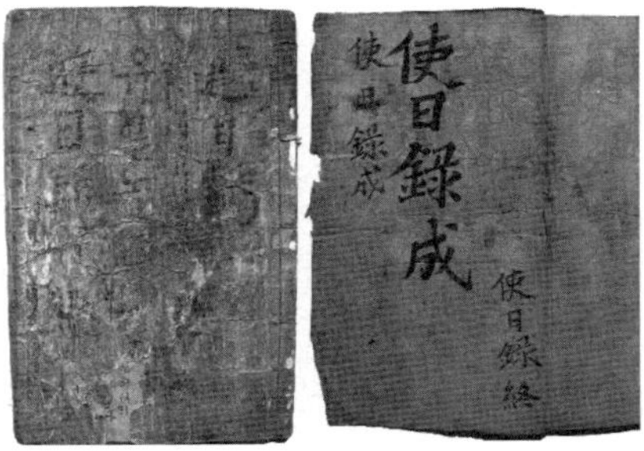

[그림 1] 〈듸일본유람가〉의 표지

이 작품은 개화기 일본의 문물을 소개함은 물론 새로운 어휘를 다양하게 구사하여 주목할 만하다. 이 작품이 새로운 문물을 소개하면서 새로운 어휘

05 이 장에서 선정한 분석 텍스트 〈듸일본유람가〉는 『개화기가사자료집』 6(신지연 · 최혜진 · 강연임, 보고사)에 수록되어 있다. 『개화기가사자료집』은 1870년부터 1910년까지의 가사 자료를 내용과 주제 유형별로 수집 · 분류하여 엮은 자료집이다. 이 자료집에서는 '문명 · 개화, 민족 · 애국, 교육, 전통 · 윤리, 여성, 종교, 기행, 기타'의 여덟 유형의 하위 주제별로 가사 작품을 분류하고 있는데, 그중 이 장의 분석 대상인 〈듸일본유람가〉는 '기행' 부분에 수록된 작품이다.

06 송택호(2003 : 90)에 의하면, 〈듸일본유람가〉의 이본은 2종으로 〈듸일본유람가〉(국립중앙도서관 소장본)와 〈遊日錄유일녹〉(일명 〈使日錄〉, 손자 이윤구 소장)이 있다고 계보를 소개한다. 또 두 작품은 자구의 이동만 있을 뿐 거의 차이가 없으며, 〈듸일본유람가〉가 〈유일녹〉보다 더 원본에 가깝다고 언급한다. 두 작품은 앞서 언급된 것처럼 몇몇 부분의 자구 이동을 제외한다면 거의 비슷하다고 할 수 있기에 변별성이 크다고 할 수는 없을 것이다.

를 구사할 수 있었던 것은 그만한 동인이 있었기 때문이다. 여기에서는 그러한 동인을 살피는 것으로 이 작품의 자료적 특성을 부각하고자 한다.

첫째, 이 작품이 기행가사라는 점이다. 잘 아는 것처럼 가사는 운문의 형식으로 아주 다양한 내용을 담아내는 장르이다. 서정적인 것에서부터 서사적인 것은 물론 극적이거나 교술적인 것도 담아내어 독특한 장르성향을 보인다. 다양한 내용 중에서 〈딕일본유람가〉는 기행가사에 속한다. 사신으로 한양을 출발해 일본에 도착하여 유람하면서 겪은 정회나 신문물에 대한 인상을 이방인의 시각에서 적절히 포착해 놓았다. 잘 아는 것처럼 기행가사는 교술장르에 속한다. 이 교술장르는 자아와 세계의 관계에서 자아가 세계화되는 것이라고 정의한다. 즉 시적 자아가 새로운 것을 이해하고 수용한다는 측면에서 자아의 세계화라 할 수 있다. 따라서 교술장르는 자연스럽게 새로운 문물을 수렴·표출하는 데 유용하다. 이는 기행문의 보편적인 특성이기도 하다. 기행문의 경우 새로운 문물과 문화, 언어 등을 접하고, 이들에 대해 기술하는 특성이 있기 때문이다. 이 작품에 새로운 문물이나 새로운 언어가 다양하게 담긴 것도 그 때문이라 하겠다. 즉 장르적인 특성상 개화기 문물이나 언어를 수렴하면서 작품을 형상화하였기에, 이 작품을 토대로 개화기 언어의 사용양상을 수월하게 살필 수 있다. 요컨대 이 작품은 다양한 사물을 효과적으로 서술하는 교술장르라는 점, 그중에서도 새로운 문물이나 언어 등을 적절히 수렴하는 기행장르라는 점 때문에 개화기의 어휘를 살피는 데 유용한 자료라 할 수 있다.

둘째, 유람지가 근대 서구문물을 우리보다 먼저 받아들인 일본이라는 점이다. 우리의 경우 근대문물을 일본을 통하여 받아들이는 것이 보편적이었다. 일본이 먼저 개항하고 서구의 문물을 받아들이면서 근대를 지향했기 때문이다. 그래서 일본 유람을 다룬 이 작품이 개화기 언어의 다양한 모습을 실질적으로 수렴한 것이라 하겠다. 앞에서 이 작품이 교술장르 중의 하나인 기행가사라고

하였다. 그것만으로도 새로운 문물이나 언어를 표현하는 데 도움이 될 수 있었지만, 유람 지역이 근대화가 진척된 일본이라는 점에서 개화기 언어를 더 다양하게 담아낼 수 있었다. 실제로 이 작품이 창작될 당시의 기행가사는 국내의 명승지를 돌아보며 감회를 담아낸 것과 중국을 다녀와서 지은 연행게 가사, 그리고 드물게 서구를 다녀와서 쓴 가사가 있지만 신문물이나 새로운 어휘를 살피는 데 용이한 기행가사는 일본을 유람한 것이라 할 수 있다. 그런 점에서 이 작품은 개화기 어휘를 살피는 데 유용한 텍스트라 할 만하다.

더욱이 이 작품은 화자가 일본 곳곳을 돌아보면서, 자신이 보고 들은 내용을 가감 없이 담아 놓았기 때문에 신문물과 관련된 어휘가 다수 활용될 수밖에 없었다. 특히 일본문화가 우리의 전통문화와 다를 경우 매우 소상하게 기술하여 개화기 어휘의 활용도 더 다양해질 수 있었다. 실제로 이 작품에서는 기행노정에 따른 지명과 내용 중간에 언급되는 국가명, 기관명, 행사명은 물론 산발적으로 구사한 새로운 단어가 개화기 어휘의 특징을 잘 부각하고 있다. 이해의 편의를 위해 몇 가지를 제시하면 다음과 같다.

구분	어휘
지명	마포, 오리점(서울 영등포), 제물포(인천), 부산, 장기(나가사키), 적마관, 신호(고베), 서경(교토), 빈송(하마마쓰), 동경(도쿄), 횡빈(요코하마), 대마도, 인천
국명	일본, 미국, 불란서, 영국
기관명	전환국, 동물원, 맹아원, 조선창, 조지소, 기명관
행사명	박람회, 자선회, 관국회, 무도회, 매화회
관직명	학부협판, 전권공사, 참서관, 공사참서, 외부대신, 수리감리주사, 일본영사, 영국영사, 외무대신, 국내대신, 황제, 황후, 폐하, 시녀, 대군주폐하, 황후폐하
기타	화륜선, 인력거, 실과, 개항, 화륜거, 술막, 사환, 순사, 전보, 단발, 무뢰배, 전어기계, 기계통

[표 1] 〈ᄃᆡ일본유람가〉의 어휘

[표 1]에서 보는 것처럼, 〈딕일본유람가〉에는 우리나라와 일본의 지명이 소개되고 있다. 이 어휘를 바탕으로 당시 사용되었던 지명을 찾아볼 수 있음은 물론이다. 일본에서 초대받은 여러 행사의 이름이 모두 '-회'로 되어 있는데, 이러한 조어는 현대국어와는 다른 양상을 보여 주목된다. 한편 화자는 자신이 방문한 '전환국, 동물원, 맹아원, 조선창, 조지소, 기명관'을 제시해 놓았는데, 이 중 동물원을 제외한 나머지는 현재는 사용되지 않는다.[07] 관직명도 지금은 사용되지 않는 어휘가 많은데, 이들 어휘는 개화기에 와서 구사된 것이기에 개화기 언어를 살피는 데 도움이 될 수 있다. 물론 이러한 어휘가 다수 구사될 수 있었던 것은 이태직이 근대문물이 발달된 일본을 유람했기 때문이다. 그런 점에서 이 작품은 개화기 어휘를 살피기에 유용한 텍스트라 하겠다.

3. 〈딕일본유람가〉의 어휘 양상

〈딕일본유람가〉의 어휘는 개화기 문물이 반영된 것이 많기에 이들을 중심으로 개화기 어휘의 쓰임을 엿볼 수 있다. 앞에서도 살핀 것처럼 이 작품은 다양한 방면에서 개화기 어휘를 담아 놓았다. 그래서 이들 어휘를 효과적으로 분석하면 개화기 언어의 일면을 부각하는 성과를 거둘 수 있다. 이를 전제하면서 여기에서는 개화기 어휘의 양상을 단일어·파생어·합성어로 나누어 살펴보도록 한다.[08]

---

07 '전환국'은 화폐 만드는 곳, '조선창'은 배 만드는 곳, '조지소'는 종이 만드는 곳, '맹아원'은 장애인 수용시설의 당시 이름이다.

08 이 장에서 어휘사용 양상을 살핌에 있어, 고유어, 외래어, 한자어의 구분은 적용하지 않는다. 고유어, 외래어, 한자어에 대한 논의는 기왕의 것을 참고하고, 이 장에서는 이들을 조어적 관점에서 단일어, 파생어, 합성어로 유형화하고자 한다.

3.1. 단일어 사용 양상

이 작품에 나타나는 단일어는 주로 명사류를 위시한 체언이 대부분을 차지하며, 동사나 형용사와 같은 용언류와 부사도 적지 않게 나타난다.

① a. 나루, 인력거, 인민, 교육, 학교, 인종, 편지, 마차, 우편, 순사, 황족, 인경, 양력, 단발, 양복, 치레, 윤선, 실과, 개항, 술막, 전어기계傳語機械

b. 어렵다, 다다르다, 앉다, 떠나다, 넓다, 보내다, 좋다

c. 점점, 과연, 적이, 심히, 매우, 워낙, 벼란간, 도루, 절로, 도무지, 슬쩍

② a. 품, 치레, 전수히(전수이), 입내

b. 사람 나서 칠팔 세면 교육하기 전혀 힘써

①의 예에서 알 수 있듯이, 단일어는 주로 명사류에 많음을 알 수 있다.[09] 동사와 형용사는 현대국어와 거의 같은 어휘여서 개화를 반영하는 어휘로 한정하기가 어렵다. 부사 역시 ① c에 제시된 것처럼 현대국어와 거의 흡사한 모습을 보이고 있다.[10]

그러나 ②의 예처럼 지금은 쓰이지 않는 몇몇 어휘가 사용되기도 했다. 그러나 이러한 어휘는 개화를 반영했다기보다는 이전부터 사용하던 것일 가능성이 높다.[11] 한편 ②의 b에 나타나는 '전혀'는 어형은 현대국어와 같지만 문

---

09 신중진(2005 : 43~44)에 의하면, '전화긔, ᄌᆞ힝거, ᄌᆞ전거, ᄌᆞ동거, 화륜션, 비힝션' 등의 어휘가 개화기에 등장한 신조어로 제시하는데 이들은 주로 신문이나 잡지를 통해 그 쓰임이 확산되었다고 소개한다.

10 부사의 표기는 원전에 '벼란간'과 같이 소리 나는 대로 표기한 것들이 있다. 이 장에서는 표기법에 대해서는 언급하지 않는다.

11 '품'은 고유어 '모양', '치레'는 고유어 '꾸미기, 치장', '전수히'는 '오로지', 그리고 '입내'는 '흉내, 모양'의 의미이다.

장에서의 용례는 정반대이다. 현대국어는 '전혀'가 일반적으로 부정문과 결합하지만, 여기서는 '전혀 힘쓰다'처럼 긍정문에 사용되고 이때의 의미도 '완전히'로 해석된다.

한편 화자가 동경에 있는 동물원을 소개할 때 제시되는 동물명은 현대국어의 동물명과 상당히 비슷함을 알 수 있다. 다만 몇몇 동물명에서만 차이가 나타날 따름이다.

③ 탁타, 코끼리, 여우, 곰, 토끼, 사슴, 노루, 야저, 돼지, 면양, 호랑이, 표범, 삵, 원숭이, 고양이, 족제비, 쥐, 새, 말, 원앙새, 비취새, 뻐국이, 딱다구리, 앵무새, 학, 두루미, 공작새, 오리, 기러기, 거위, 백로

③에 제시된 어휘는 화자가 동물원을 구경하면서 소개한 것인데, 현대국어와 비교해 차이가 거의 없다. 다만, '탁타(낙타), 야저(멧돼지), 비취새(물총새)' 정도만이 현대국어와 다를 뿐이다. 한편 〈딕일본유람가〉에는 줄임말이 나타나기도 한다.

④ a. 사면으로 돌아보니 첨 볼 짐승 많았도다

b. 이 싸움이 무슨 쌈고

c. 집에 갈 맘 기쁨으로 괴로운 줄 모르겠다.

④에서 보는 것처럼 '처음→첨, 싸움→쌈, 마음→맘'으로 줄임말을 쓰고 있다. 이처럼 〈딕일본유람가〉의 단일어는 현대국어와 비슷하다고 할 수 있다. 다만 일부의 동물명이나 부사의 활용이 지금의 언어사용과 차이가 있을 따름이다.

3.2. 파생어 사용양상

3.2.1. 접두 파생어

〈딕일본유람가〉에서 접두사에 의한 파생어는 많지 않다. 시대배경을 감안한 '양(洋)-'을 위시한 접두 파생어가 몇 종류 나타난다.

⑤ 양-: a. 십여 가지 양요리洋料理를 마음 먹어 하였으니

b. 각국各國의 양인洋人들이 삼사십명三四十名 늘어서서

c. 부득불不得不 갈 데 있어 양복洋服을 떨쳐입고

d. 곳곳이 공해公廨 집들 양제洋制로 지었으니

⑥ 대-: 처음 보는 안목에는 대도회大都會라 이를러라.

⑦ 무-: 무부모無父母한 아이들과 의지할 데 없는 사람

⑧ 몰-: 그 춤이 무슨 춤고 속을 몰라 몰沒재미라.

⑨ 맏-: 남의 집 맏아들과 신병 있는 사람 외에

⑩ 수-: 그 속에서 수탉 울어 화로를 뒤쳐 노니

⑤에서 보듯이 '양-' 접두사에 의한 '양요리'가 텍스트 전체에서 네 번 정도 나타나고, 나머지 ⑥~⑩의 접두사에 의한 파생어는 한 번씩 발화되고 있다.[12]

---

12 접두사 '양-'은 ⑤의 a에서와 b~d에서 그 기능이 다르다. 국어문법에 의하면 '양요리'만 파생어로 인정되고,

당시의 시대배경에 의해 서양에서 들어온 문화 및 문물에 대한 어휘표현으로 '양-'을 썼기에 이것이 상대적으로 많을 수 있다. 특이한 것은 ⑦의 '무부모'란 표현이다. 부모가 없는 고아를 표현하면서 접두사 '무-'를 사용하고 있다.[13] 또한 ⑧의 '몰재미' 역시 현대국어에서는 사용하지 않는다. 접두사 '몰-'은 있으나 '재미'와 합쳐진 파생어가 없기 때문이다.[14] 현대국어에서는 '몰-'이 한자어와의 결합빈도가 높은 데 반해 여기서는 고유어 '재미'와 결합되어 이채롭다. 그 외에 ⑨의 '맏-'이나 ⑩의 '수-'는 현대국어에서도 쉽게 찾을 수 있는 접두어로 사용 양상 또한 비슷하다.

결국 〈ᄃᆡ일본유람가〉에 나타나는 접두어에 의한 파생어는 그 종류나 예가 다양하지 않고, 현대국어와 비교할 때 별반 차이가 없다. 다만 시대배경을 감안한 '양-' 정도의 파생어 빈도가 높을 뿐이다.

3.2.2. 접미 파생어

접미 파생어는 크게 명사파생, 형용사·동사파생, 부사파생으로 나누어 살펴볼 수 있다. 먼저 명사파생은 명사화접미사 '-음(ㅁ), -기'에 의해 파생어가 만들어지는 유형이다.

⑪ 세 걸음씩 나아가며 / 이 놀음이 좋다 하고 / 저희끼리 노름하되

'양인, 양복, 양제'의 경우는 단일어에 포함된다. 여기서는 '양-'의 의미에 준한 한자 구성소로서의 특성을 반영하여 파생어의 예로 함께 묶어 제시하고 있다. 곧 '양인, 양복, 양제'의 경우는 단일어이지만, 접두사 '양-'의 한자어 구성 의미에 기준하여 '양요리'와 같은 범주로 묶어 제시하기로 한다.

13 현대국어에서는 잘 사용하지 않는 어휘로, 이해조의 신소설에서 '무부모한'이라는 어휘를 찾을 수 있다.(『표준국어대사전』 참조)

14 현대국어의 사용양상을 보면 '몰염치, 몰상식, 몰인정, 몰지각, 몰가치' 등에서 쓰임을 볼 수 있는데, 거의 대부분 한자어와 결합하여 사용된다.

한편 현대국어에서의 쓰임과 비슷한 접미사가 당시 문헌에도 나타나는데, 이는 다음과 같다.

⑫ a. 오입誤入장이 계집들은 제 머리 단장하고
　　술 한 잔 가득 쳐서 중매장이 먼저 주고
　b. 남녀노소 구경꾼이 어깨가 마주 닿아
　c. 삼사간三四間 굴러감이 터럭이나 일반이나
　d. 팔때기를 만져보니 별로 굵진 아니하나
　e. 옆댕이에 시립侍立하여 온갖 시종 다 하더라
　f. 도망逃亡질을 하려한들 어디 가면 면免해보리
　g. 버드나무 늘어져서 개아지가 나 긴 것 / 사람이라 하는 것이 모가지만 생겼으니

⑫의 예에서처럼 현대국어에서의 쓰임과 비슷한 접미사가 당시의 문헌에 다수 나타나는데, 다만 e의 '-댕이'와 같은 방언형 접미사, g의 '-아지'와 같은 축소접미사의 쓰임이 눈에 띈다. 하지만 전체적으로 현대국어와 흡사한 어휘 사용 양상을 보인다.

두 번째로 살펴볼 파생어는 동사 및 형용사 파생어형이다. 용언으로의 파생어 형성은 앞 명사형 파생어보다 훨씬 빈번하다. 우선은 당시에 한자어가 많이 사용되다 보니 한자어 조합에 의한 파생어가 우세할 수 있다.[15] 곧 한자어에 접미사가 결합된 파생어 유형을 들 수 있다. 접미사 '-하다'와 결합한 파생어 어휘가 전체 텍스트에서 매우 빈번하게 나타나는 것도 그 때문이다. 이

15 송민(2000 : 25~28)에 의하면, 국어의 근대화는 곧 한자어 체계의 근대화로 이루어진다고 언급한다. 이는 개화기 대다수의 어휘가 한자어로 구성되고 있음에 기인한 설명이다. 또 일본을 통해 개화과정에서 수용된 어휘 역시 한자어에 기반을 둔 표현이 많음을 감안한 것이라 할 수 있다.

는 한자어에 우리말 '-하다'를 결합해 형성된 어휘가 당시의 보편적 조어법임을 의미하는 것이기도 하다.

⑬ a. 을미乙未 유세하惟歲夏에 공사公使를 파송派送하여 일본국日本國에 주차駐箚할 새 학부협판學部協辦 고영희高永喜로 전권공사全權公使 임명任命하고 참서관參書官을 택차擇差하고 불사不仕한 내 이름을 정부政府에서 주임奏任하니 명命하오신 직책하職責下에 조궁措躬할 바 모를러라.

b. 빙사聘使하다, 심중甚重하다, 형별逈別하다, 용우慵愚하다, 다병多病하다, 이위離位하다, 청촉請囑하다, 칭탁稱託하다, 강잉强仍하다, 발론發論하다, 예궐詣闕하다, 배퇴拜退하다, 낭자浪藉하다, 상활爽闊하다, 수작酬酌하다, 조접稠接하다, 현황眩慌하다, 편행偏行하다, 이발離發하다

⑬의 예에서 볼 수 있듯이 접미사 '-하다'와 결합된 어휘가 매우 많다. a의 예에서처럼 한 문장 안에 '하다' 접미사와 결합하여 만들어진 어휘가 8개나 등장한다. 한편 〈ᄃᆡ일본유람가〉의 '-하다' 결합형 파생어 중 주목할 만한 것으로 '-하다'와 결합하는 앞 어휘가 동일한 글자가 반복된 첩어형 파생어가 있다. '엄엄하다, 비비하다'처럼 같은 글자를 반복하는 첩어에 접미사 '-하다'를 결합한 어형이 그것이다.

⑭ 기식이 엄엄奄奄하다, 음우가 비비霏霏하다, 또 이렇듯 요요撓撓하다, 행기行期 총총忽忽하다, 정신이 암암暗暗하다, 심중이 울울鬱鬱하다, 민심이 흉흉洶洶하다, 첩첩疊疊한 수음樹陰 속에 매미소리 어지럽다, 더욱이 답답하다, (대사가 떠나감에) 그도 또한 섭섭하다, (조그마한 골목들도) 평평하고 정결하다, 탐탐하지 않다, 어안이 벙벙하다

⑭에서 보듯이 같은 글자를 반복하여 만든 어형에 접미사 '-하다'를 결합한 파생어가 여럿 보인다. 같은 글자의 반복은 청자가 의미를 수용하는 데 용이한 점도 있고,[16] 의미중첩에 의한 강조의 기능도 수행할 수 있다.[17] 다만 '엄엄하다, 비비하다, 암암하다, 요요하다' 등은 지금은 많이 사용되지 않는 어형이다. 현대국어에서는 첩어형 어휘와 접미사 '-하다'의 결합이 의성어나 의태어에서 다양하게 나타난다. 예를 들면 '사각사각하다, 출렁출렁하다, 울긋불긋하다, 반듯반듯하다' 등처럼 의성어나 의태어와 수시로 결합한다. 이는 ⑭와 같은 한자어의 사용빈도가 현대국어로 올수록 줄어들기 때문이라 하겠다. 이처럼 같은 글자를 반복하는 첩어형 파생어가 현대국어와는 달리 다양하게 사용되어 주목된다.

세 번째로 살펴볼 파생어 유형은 부사화접미사 '-이, -히'에 의한 것이다. 〈딕일본유람가〉에는 부사화 접미사와의 결합으로 만들어진 부사어의 쓰임이 빈번하다.

⑮ a. 천연天然히, 전수히, 무사無事히, 일제一齊히, 무한無限히, 무단無斷히, 정녕丁寧히, 가만히, 홀연忽然히, 분명히, 실로히, 궐연蹶然히, 간신艱辛히, 대단大端히, 무탈無頉히, 능란能爛히, 방불彷佛히, 유심有心히

b. 더욱이, 적이, 반가이, 오죽이, 반드시(반듯+이), 괴로이, 실로이, 분주奔走이

16 곧 두 글자라 하더라도 같은 글자의 반복이므로 한 글자의 의미만 알면 전체 어휘의 의미수용이 용이해짐을 알 수 있다.

17 예를 들어 '빙 돌다'와 '빙빙 돌다'는 같은 글자의 반복 유무에 따라 의미의 가중치가 달리 인식된다. 곧 한 번 제시한 '빙 돌다'가 살짝 어지러운 상태를 표현한다면, '빙빙 돌다'는 그 어지러운 상태의 지속과 강도를 강조한 어형이라 할 수 있다. 이런 맥락으로 보면 여기서 살피는 첩어형 파생어도 같은 글자의 반복으로 인해 의미의 강조가 부가된다고 할 수 있다.

⑯ a. 소소疏疏히, 총총悤悤히, 총총叢叢히, 분분紛紛히, 세세世世히, 간간間間히, 제제齊齊히, 면면面面히, 적적寂寂히, 망망忙忙히, 잔잔潺潺히, 누누히, 선선히, 은은히, 일일一一히

b. 면면面面이, 층층層層이, 보보步步이, 간간間間이, 일일一一이, 쪽쪽이, 달달이, 겹겹이, 낱낱이, 길길이, 쌍쌍이, 번번이, 곳곳이, 줄줄이, 집집이

⑮와 ⑯은 접미사 '-이'와 '-히'에 의해 만들어진 파생어이다. ⑮의 예는 앞어형이 주로 명사, 부사거나 용언의 어근이며, 여기에 접미사가 결합하여 만들어진 유형으로 현대국어와 거의 비슷하다. 그런데 '-이'에 의한 파생어보다 '-히'에 의한 파생어가 훨씬 더 많다. 이는 ⑮ a는 한자어와 접미사의 조합인데 반해, ⑮ b의 예는 고유어에 접미사가 결합된 구성이기 때문이다. 한편 ⑯은 ⑭의 예와 마찬가지로 첩어구조의 어형에 접미사 '-이, -히'가 결합된 유형이다. 그런데 이들을 보면 같은 어형임에도 '-이'가 결합되기도 하고 '-히'가 결합되기도 한다. 예를 들면 '면면히-면면이, 간간히-간간이, 일일히-일일이' 처럼 같은 어휘가 '-이' 또는 '-히'로 표기되기도 한다. 이는 아마도 당시 표기법의 혼란을 반영한 것으로 짐작된다. 또한 현대국어의 화자에게는 병기된 한자어가 없으면 의미파악이 용이하지 않을 어휘도 상당수 분포한다.[18] ⑯의 첩어구조 파생어의 경우는 ⑭의 첩어구성과 마찬가지로 반복표기로 청자의 의미수용이 수월할 수 있으며, 나아가 이들 어휘 의미를 강조하는 효과까지 거둘 수 있다.

---

18 실제로 '제제히, 적적히' 등은 지금은 사용빈도가 매우 적기 때문에 이들 어휘의 의미는 한자어 병기가 없으면 추론하기 어렵다. 그 예문으로는 다음을 들 수 있다.(『표준국어대사전』 참조)

① 차례를 따라 제제히 군례를 드리다.→ 삼가고 조심하여 엄숙하게, 많고 성하게

② 그는 얼마 남지 않은 여생을 시골에서 적적히 보냈다.→ 조용하고 쓸쓸하게, 하는 일 없이 심심하게

3.3. 합성어 사용양상

〈듸일본유람가〉는 합성어 사용빈도가 단일어에 비해 훨씬 많다. 크게 명사 합성어와 동사·형용사 합성어, 그리고 부사 합성어의 유형으로 나누어 살펴볼 수 있다. 먼저 명사 합성어의 예이다.

⑰ a. 불기구 장한 것만 안광眼光이 현황眩惶하고

b. 전기등電氣燈 켜는 것은 / 전기등과 메기등이 백주白晝나 다름없어 / 전기등電氣燈과 광명등光明燈은 두세 길 높은 것을

c. 집치레가 대단하다 / 방치레가 대단하다

d. 바둑판과 장기판을 간간이 벌여 놓고 / 취하고 배부르니 놀음판을 차리는데

⑰의 예에서 보는 것처럼 당시의 합성어 조어 양상은 현대국어와 흡사하다. a의 '불기구'는 지금의 전등을 의미하는 합성어이고, b의 '전기등, 메기등, 광명등' 역시 현대국어 '전등'으로 해석할 수 있다. c의 '집치레, 방치레'는 '집, 방'과 명사 '치레'[19]가 결합된 합성어로 지금은 많이 쓰이지 않는다. d는 '바둑, 장기, 놀음'과 '판'이 결합된 합성어이다. 합성명사의 경우는 이상의 예처럼 현대국어의 조어현상과 유사하다. 다만 다음에 제시되는 어휘는 다소 이채로운 합성어라 할 수 있다.

⑱ a. 원앙새며 비취새며 앵무새며 공작새 모양 보니

b. 원숭이놈 거동 보소 / 흡사한 중놈이라 / 왜놈과 일반이라

---

19 명사 '치레'는 '잘 손질하여 모양을 냄'의 의미이다. '치레'는 접미사로 쓰일 수도 있는데 이때의 의미는 '치러 내는 일'(예 병치레, 손님치레)의 뜻, 또는 '겉으로만 꾸미는 일'(예 말치레, 인사치레)의 뜻을 더하는 접미사로 기능한다. 여기서는 명사로 간주함이 옳다.(『표준국어대사전』 참조)

c. 술막에서 먹던 중에 / 여술막 많이 보되 / 술막점에 들어가니 / 술막집에

d. 창倉집을 크게 짓고 / 빗돌로 눌러 세면 / 기계機械고동 한 번 틀면

e. 다 각각 등에 그려 대강짐작大綱斟酌 하겠더라. / 대강문자大綱文字 알아 보고

⑱의 a에 나오는 '원앙새, 비취새'는 현대국어에서는 '원앙, 물총새'의 어형으로 사용된다. 또한 b의 '원숭이놈'은 '원숭이'에 의존명사 '놈'이 결합되었는데, 여기서 '놈'은 '사람을 친근하게 혹은 낮추어 이르는 말' 또는 '사람이나 동물을 홀하게 이르는 말' 정도의 의미로 간주할 수 있다.[20] '중놈'과 '왜놈'도 같은 의미의 합성어라고 할 수 있다. c의 '술막, 여술막, 술막점'은 기실 같은 의미의 어형이다. 곧 '막'이 '주막'의 의미인데, 여기에 강조를 위해 '술'이 결합된 '술막'이 형성되고, 더해서 '여인숙, 여관'의 '여'가 결합되어 최종적으로 '여술막'이 형성되었다고 할 수 있다. 마지막 '술막점' 역시 '술막'에 '주막'을 의미하는 '점'이 다시 결합되어 '술막점'이 형성된 것이다. 결국 '주막'의 '막'에 같은 의미의 어형이 이중삼중으로 결합된 어휘라 할 수 있다.[21] 그런가 하면 d의 '창집'은 '창고'의 의미로, '빗돌'은 '비석'의 의미인데 역시 같은 의미의 어휘를 두 번 반복한 합성어라 할 수 있다. 또 '기계고동' 역시 '고동' 자체가 '기계장치'의 의미인데 여기에 같은 어휘 '기계'를 반복 합성한 어휘라 할 수 있다.[22] 또한 e처럼 부사와 명사로 합성명사를 만들기도 하는데, 현대국어에서

---

20 '놈'의 의미는 다음과 같이 정리할 수 있다.(『표준국어대사전』 참조)
① 사물이나 동물을 홀하게 이르는 말. 예 김 씨네 돼지처럼 큰 놈은 처음 본다.
② 그 사람을 친근하게 혹은 낮추어 이르는 말. 예 손자 놈이 벌써 학교에 들어갔네.

21 이는 화자의 발화의도가 반영된 것으로 추정할 수 있다. 보편적으로 '술막'을 발화하고, '여술막'은 화자가 여관처럼 머물면서 식사와 술을 마셨던 장소를 의미하며, '술막점'은 '주막'의 강조의미로 발화한 것으로 볼 수 있다.

22 곧 '창(倉)=집→창집 / 빗(碑)=돌→빗돌'의 구조를 형성하고 있다.

는 나타나지 않는 어휘라 할 수 있다. '대강'은 부사이기에 독립적으로 쓰이는데 여기서는 뒤의 명사와 결합하여 합성어를 이루고 있다.[23]

〈딕일본유람가〉에 나오는 두 번째 합성어 유형으로 합성용언을 들 수 있다. 합성용언은 현대국어와 큰 차이점이 발견되지 않는다. 그래서 현대국어에서 많이 사용하지 않는 합성용언만을 간단히 제시하도록 한다.

⑲ a. 그런 이치 뚫어내어 / 밤이며는 각색 물건 길에다가 벌여놓되 / 요술은 벌여놓게

b. 무엇을 먹으려면 무엇을 끌어다려 / 새옷을 떨쳐입고 / 양복을 떨쳐입고

〈딕일본유람가〉의 합성용언은 현대국어와 흡사하다. 그 용례를 보면 '돌아오다, 찾아가다, 먹어보다, 뒤따르다'처럼 현대국어에서도 빈번하게 사용하기 때문이다. 다만 ⑲의 어형처럼 현대국어에서는 사용되지 않는 것이 조금 있을 뿐이다. 또한 그 뜻도 각 어휘소의 축자적 의미에 근접하여 크게 다르지 않다.

다음으로 살펴볼 합성어 유형으로는 합성부사이다. 〈딕일본유람가〉에서 가장 두드러지는 합성어의 특징으로는 합성부사의 빈번한 사용이라 하겠다. 같은 부사를 반복해서 만든 첩어형 합성부사의 사용이 텍스트 전반적으로 매우 빈번하게 나타난다. 다음의 예를 보자.

⑳ a. 사랑사랑 발론해도 면免하기를 얻지 못해

b. 어렁더렁 지껄이며 이 밤을 지내고서

c. 여간 행장 수습하니 귀등대등 적지 않아

---

23 '대강'은 부사로 '자세하지 않게 기본적인 부분만 들어 보이는 정도로'의 의미이다.(『표준국어대사전』 참조)
예 일을 대강 마무리하다. / 불국사를 대강 둘러보다. / 일의 자초지종은 대강 다음과 같다.

㉑ a. 고기 잡는 어부들은 무디무디 떼를 지어 / 저녁밥을 가져오니 엉정벙정 떠벌여서

b. 건듯건듯 지나는데 별것이 다 많은 것 / 세상世上에 생긴 물건物件 갖추갖추 만들어서

c. 기둥과 대들보 일시에 우적우적 거의거의 넘어질 듯

㉒ a. 드문드문, 대강대강, 철철, 울렁울렁, 흐늑흐늑, 우물우물, 너푼너푼, 우묵우묵, 푸덕푸덕, 보송보송, 주렁주렁, 허덕허덕, 어른어른, 주적주적, 건듯건듯

b. 가지가지, 줄기줄기, 거리거리, 조각조각, 구석구석, 조각조각, 도막도막

위 예에서처럼 〈딕일본유람가〉에는 첩어형 부사가 상당히 자주 등장한다. 특히 ⑳의 '사랑사랑, 어령더령, 귀등대등'은 현대국어에는 없는 어휘로 그 형태도 특이할 뿐만 아니라 의미도 맥락을 바탕으로 추론해야 한다. 그리고 ㉑에 나오는 예처럼 한 번만 써도 의미 전달에 문제가 없는 어형을 반복 발화함으로써 어휘의미의 강조효과를 거두고 있다. 이는 네 글자로 음수율을 맞추려던 화자의 의도가 개입된 것이기도 하다. 특히 ㉑ a의 '무디무디'는 '무더기무더기'의 경상남도 방언으로 지역적 특징이 반영되었을 뿐만 아니라, '갖추갖추'나 '엉정벙정' 같은 경우는 현대국어에서는 발화되지 않는 어형이라 하겠다.[24] ㉒에서 보는 것처럼 첩어형 부사는 매우 빈번하게 발화된다. ㉒ a처럼 부사의 반복으로 만들기도 하고, ㉒ b처럼 명사 반복으로 첩어를 형성하기도 한다. 곧 〈딕일본유람가〉 텍스트 전반에 걸쳐 이런 첩어형 부사가 빈번히 발화되고 있다. 이는 가사 장르의 음수율에 의한 표현일 수도 있고 또 네 글자형이 주는 안정감에서 기인한 것일 수도 있다.

---

24 '갖추갖추'는 '여럿이 모두 있는 대로'의 의미이고, '엉정벙정'은 '쓸데없는 것들을 너절하게 벌여놓거나 쓸데없는 말을 늘어놓을 때 쓰는 표현'이다.(『표준국어대사전』 참조)

4. 〈듸일본유람가〉의 어휘 사용 특성

앞에서 〈듸일본유람가〉에 나타나는 조어현상을 크게 단일어, 파생어 그리고 합성어로 유형화하여 살펴보았다. 〈듸일본유람가〉에는 현대국어와 비슷한 조어현상을 보이는 것도 있지만 현대국어와는 전혀 다른 양상을 보이는 어형도 존재한다. 앞에서 살핀 어휘 사용 양상을 바탕으로 개화기 어휘의 특징을 몇 가지로 정리하면 다음과 같다.

첫째, 개화기 어휘의 특징으로는 개화를 반영하는 의미의 신어(新語) 사용이 빈번하다는 점이다. 당시의 새로운 문화, 문물을 지칭하는 새로운 어휘는 언어사용의 실태를 보여주는 자료라 하겠다. 또한 이들 어휘를 통해 당시 어휘의 조어적 특징도 살필 수 있다.

㉓ a. 동전 짓는 구경차로 전환국錢圜局에 찾아가니 / 조선창造船廠 가서 보니 화륜선火輪船 짓는 데라 / 맹아원盲啞院 있다 하니 가서 구경하리로다 소경과 벙어리를 남녀 없이 모아놓고 교사가 가르치되 … / 조지소造紙所 들어가서 종이 뜨는 구경하니 … / 목욕간沐浴間을 지었으되 / 기명관器皿館 돌아보니 금 그릇과 은 그릇들 사기沙器로 만든 것도 각색 것 다 있어서 …

b. 전기등을 켜는 것은 집집이 줄을 이어 / 전기등과 메기등이 백주白晝나 다름없어 / 불기구 장한 것만 / 전기등電氣燈과 광명등光明燈은 두세 길 높은 것을 돌 누樓로 하였으며

c. 화륜거火輪車 처음 타니 / 인력거人力車를 잡아타고 / 화륜선火輪船 제도됨을 어찌 다 기록할까 / 윤선輪船에 올라타니

d. 그 병 하나 가지고서 세리주 포도주葡萄酒와 삼판주 길가주를 소원所願대로 따라내며

e. 해가 져 황혼시에 기계機械고동 한 번 틀면 / 곳곳이 전어기계傳語機械 …

㉓에 나오는 어휘는 당시의 새로운 문물의 유입에 따라 자연스럽게 생겨난 것이다. a의 '전환국, 조선창, 맹아원, 조지소, 목욕간, 기명관' 등은 모두 한자어를 바탕으로 만든 것이다.[25] b의 '전구'를 의미하는 어휘 역시 새로 만든 것이며, c의 '화륜거, 인력거, 화륜선' 역시 새로운 문물의 영향으로 만들어진 어휘이다. 한편 d의 '세리주, 포도주, 길가주, 삼판주'는 술이름인데, '세리주'는 영어 'sherry주'(스페인 백포도주)를 의미하고 '삼판주'는 '샴페인'을 뜻한다.[26] e의 '기계고동'은 지금의 '전기 스위치'를 의미하며, '전어기계'는 '전화기'를 가리키는 신어이다. 그런가 하면 〈뒤일본유람가〉에는 지금은 속어로 간주되는 어형도 보인다. 예를 들면 '대가리, 아가리, 주둥이, 모가지, 팔때기, 옆댕이' 등 신체부위를 속되게 이르는 말이 두루 나타난다. 또한 이들의 발화맥락 역시 현대국어와 마찬가지로 언급 대상에 대한 폄하의식이 반영되어 있다. 속되게 이르는 어휘의미로 당시에도 통용되었음을 알 수 있다.[27]

한편 화자는 일본에서 있었던 여러 행사에 참석했는데, 이들의 이름이 모두 '-회'로 통일되어 있다. 텍스트 본문에서는 이들에 대한 설명을 다음과 같이 덧붙이고 있다.

㉔ a. 관국회: 관국회觀菊會라 하는 것은 각색 국화 심어놓고 일 년에 한 번씩을 구경하는 놀이로다

b. 매화회: 매화회梅花會 한다 하기 … 수십간 넓은 방에 줄줄이 늘어논 것 홍백매紅白梅 난개爛開하여 향취香臭가 진동振動터라

25 전환국은 '동전공장', 조선창은 '배 만드는 공장', 맹아원은 '장애인 시설', 조지소는 '종이 만드는 공장', 목욕간은 '목욕탕', 기명관은 '그릇 파는 곳'의 의미이다.

26 여기에 쓰인 '길가주'는 술 이름임을 추정할 수는 있으나 구체적으로 어떤 술인지는 알 수 없다.

27 실제로 이들이 사용된 맥락을 보면 가리키는 대상에 대해 부정적으로 인식할 때, 동물을 가리킬 때, 혹은 일본에 대한 비난의 의도가 있을 때 사용했다.

c. 무도회: 불란서 공관에서 무도회 한다 하고 … 허리를 껴안고서 사방으로 돌아다녀 뛰놀며 춤을 추니 … 이 놀음이 좋다 하고 해마다 한다 하데.

d. 자선회: 자선회慈善會라 하는 것은 무부모無父母한 아이들과 의지依支할 데 없는 사람 모두 모아 살리는 데 생재生財하는 회會라 하데

e. 박람회: 박람회博覽會라 하는 것은 각국各國의 풍속風俗들이 세상世上에 생긴 물건物件 갖추갖추 만들어서 … 장場처럼 벌여놓고 백여일百餘日을 한다 하데.

㉔에서 보는 것처럼 행사이름에 공통적으로 '-회'의 이름을 사용한다. 이 중 현대국어에 남아있는 어형은 '박람회' 정도이다. 이들 어휘는 현대국어에서 새로운 어휘로 대체되었는데, 이는 한자어의 비중이 적어짐에 따라 일어난 현상이라 하겠다.[28]

둘째, 개화기 어휘의 특징으로 합성어나 파생어 형성이 빈번하다는 점이다. 실제 〈ᄃᆡ일본유람가〉에 사용된 어휘는 합성어나 파생어가 상당수인데, 이는 한자어 조합에 의한 어휘 형성이 많아서일 것이다.[29]

㉕ 무릇 군명君命을 받들어 인국隣國에 빙사聘使하니 관계關係가 심중甚重하고 사체事體가 형별逈別한데 자품資稟이 용우慵愚하여 한 가지도 재능才能 없고 견문見聞이 고루固陋키가 백리百里 밖을 못 본 터에 교섭交涉의 중대重

---

28 '관국회, 매화회'는 '꽃축제' 정도로, '무도회'는 '파티', '자선회'는 '바자회' 정도로 어휘가 바뀌었다. 현대국어에서 한자어의 비중이 약화되고, 서양외래어의 비중이 많아지면서 나타난 현상이라 할 수 있을 것이다.

29 신중진(2009 : 277~278)의 '개화기 신문 잡지의 명사 어종'을 분석한 결과 역시 80% 내외의 한자어 사용빈도를 제시한다. 또한 복합어의 빈도는 고유어에서 60% 내외, 한자어에서 45% 내외임을 제시한다. 곧 당시의 어휘의 대다수는 한자어가 잠식하고 있었음을 짐작할 수 있으며, 더불어 복합어의 사용양상도 매우 활발했음을 짐작할 수 있다.

大한 일 일분一分이나 감당堪當하며 사정私情을 말하면은 친년親年이 칠십七十이라 기상其上에 다병多病하여 기식氣息이 엄엄奄奄하니 만리萬里 밖에 떠나가서

㉖ a. 술막=술막점=술막집=여술막

b. 창倉집=창고倉庫+집 / 빗돌=비碑+돌

㉗ a. 양제洋制, 양요리洋料理, 양복洋服

b. 오입장이, 중매장이 / 팔때기 / 옆댕이

c. 이 놀음이 좋다하고 해마다 한다 하데 / 사이로 노는 틈에 저희끼리 노름하되

㉕의 예문에서처럼 대다수의 어휘가 한자어로 구성되다 보니 자연히 한자어에 국어 접사 '-하다' 결합형의 파생어가 빈번히 나타난다. 이 중에는 현대국어에서도 사용되는 어휘가 있는가 하면 지금은 잘 쓰이지 않는 어휘도 상당수이다. 한편 ㉖에서 보는 것처럼 같은 의미의 어형을 반복해서 만든 합성어도 나타난다. 같은 의미의 어형을 반복하여 어휘를 만드는 것은 화자의 발화의도를 강조할 뿐만 아니라 청자의 수용의도에 초점을 맞춘 것이기도 하다. 그런가 하면 ㉗처럼 파생어 어형도 많다. ㉗ a의 '양(洋)-'은 당시의 시대를 반영한 어형으로 이는 개화기를 대변하는 것으로 보아도 좋겠다. ㉗ b는 '-장이, -때기, -판, -댕이'의 접미사가 들어간 파생어인데, '중매장이, 오입장이'의 경우는 현대국어와 다른 활용형을 보인다. '팔때기, 옆댕이'처럼 속되게 이르는 어휘의 접미사 사용도 찾아볼 수 있다. 또 ㉗ c에서 보는 것처럼 '놀음'과 '노름'이 이미 구분되어 발화되기도 한다. '놀음'은 동사 '놀다'의 명사형으로, '노름'은 특정 분야로 한정된 의미의 명사로 구분되는데 이의 쓰임이 당시에도 명확했음을 짐작할 수 있다.

셋째, 개화기 어휘의 특징으로 첩어형 어휘가 빈번히 사용된다는 점이다. 네 글자 형태가 반복되는 첩어는 전체 텍스트에 걸쳐 상당히 많다. 지금도 사용하는 어휘도 있지만, 그렇지 않은 어휘도 상당수이다.

㉘ 가지가지, 갖추갖추, 거리거리, 거의거의, 건듯건듯, 구석구석, 귀등대등, 너푼너푼, 대강대강, 도막도막, 드문드문, 무디무디, 보송보송, 사랑사랑, 어렁더렁, 어른어른, 엉정벙정, 오락가락, 우묵우묵, 우물우물, 우적우적, 울렁울렁, 이리저리, 조각조각, 주렁주렁, 주적주적, 줄기줄기, 푸덕푸덕, 허덕허덕, 흐늑흐늑

㉘은 텍스트 전반에 걸쳐 발화되는 네 글자 첩어구성의 부사어이다. 한 번만 발화해도 의미상 문제가 되지 않는 어휘를 두 번씩 반복 발화한 경우도 있고, 지금은 사용하지 않아 그 의미가 무엇인지 잘 알 수 없는 어휘를 반복한 것도 있다.[30] '사랑사랑'의 경우는 쉽게 그 의미를 해석할 수 없거니와, '귀등대등'이나 '주적주적', '엉정벙정' 등도 의미파악이 용이하지 않다. 이처럼 지금은 사용되지 않는 어휘들도 첩어구조의 부사어에서 여럿 발견된다.[31] 이렇게 네 글자씩 운을 맞춘 어형은 이전 시대부터 있어왔던 것으로 구조에 대한 안정감에서 기인한다 하겠으며, 더불어 화자의 발화의도를 강조한 것이기도 하다.[32] 리듬감에 의한 구조의 안정성과 반복에 의한 의미의 선명성을 기대한

---

30 이들 중 '무디무디, 사랑사랑, 어렁더렁, 엉정벙정, 주적주적, 너푼너푼, 귀등대등' 등은 지금은 발화빈도가 적고 많이 쓰이는 어형이 아니기 때문에 그 의미도 쉽게 파악되지 않는다. 다만 이들 어휘가 제시된 문맥을 바탕으로 대략 추정할 따름이다.

31 요즘 SNS에도 이와 비슷한 반복어형이 빈번하게 등장한다. 예를 들어, '레알레알, 괜춘괜춘, 깜놀깜놀, 아닥아닥, 휘바휘바, 쳐묵쳐묵, 부럽부럽, 알럽알럽, 미티미티' 등의 어휘들이 종종 등장한다. 이들의 발화빈도가 높아지는 이유는 아마도 화자의 발화의도를 보다 섬세하게 표현하기 위함이거나, 글자 수에 의한 운율의 재미 때문일 수 있다.

32 더불어 네 글자는 아니지만 반복구조에 의한 첩어부사는 두 글자도 일부 발화된다. 예를 들면 '점점, 면면, 처

어형이라고 할 수 있다.

5. 결론

이상으로 〈딕일본유람가〉에 나타나는 어휘 사용 양상을 바탕으로 개화기 어휘의 특징을 살펴보았다. 〈딕일본유람가〉는 1895~1896년 일본에 사신으로 갔던 이태직이 지은 기행가사로, 여기에 나타난 어휘의 조어나 사용상의 특징을 찾아내면 그것이 개화기 어휘에 접근하는 방편이 될 수 있다. 따라서 이 장에서는 〈딕일본유람가〉의 어휘 사용 양상을 조어적 관점에서 살피고, 이를 바탕으로 개화기 어휘의 특징을 세 가지로 나누어 제시하였다. 논의 내용을 요약·제시하는 것으로 결론을 대신한다.

첫째, 〈딕일본유람가〉는 개화기 어휘를 살피는 데 유용한 자료이다. 이 작품은 기행가사이기 때문에 새로운 문물, 새로운 언어를 다양하게 담을 수 있었다. 이는 자아의 세계화라는 교술장르의 특성과도 부합된다. 더욱이 이 작품은 근대문화가 진척된 일본을 유람했다는 점에서 개화기 어휘가 더 다양하게 담길 수 있었다. 이렇게 장르적인 특성이나 유람한 지역 등을 감안할 때 이 작품을 대상으로 개화기 어휘를 살피는 것은 유효적절한 방법이 될 수 있다.

둘째, 〈딕일본유람가〉의 어휘 사용 양상을 단일어, 파생어 그리고 합성어로 유형화해서 분석해 보았다. 〈딕일본유람가〉에는 단일어의 분포가 파생어나 합성어에 비해 다양하지 못하다. 이는 한자문화의 영향으로 한자어에 우리말이 결합한 파생어와 합성어의 쓰임이 빈번했기 때문이다. 반면 파생어 및 합

처, 줄줄, 각각' 등의 첩어구조가 그것이다.

성어는 한자어 계열과 고유어 계열, 그리고 많지는 않지만 서양 외래어 계열의 어휘가 공존하면서 빈번히 사용되고 있다.

셋째, 〈딕일본유람가〉를 통해본 개화기 국어의 어휘적 특징을 크게 세 가지로 제시할 수 있다. 먼저, 개화를 반영한 신어 사용이 많다는 점이다. 언어가 그 언어사회의 문화를 반영하기에 이는 당연한 것이라 하겠다. 두 번째, 합성어나 파생어의 사용빈도가 높다는 점이다. 곧 신조어를 만드는 과정에서 계열이 다른 어휘가 결합하여 제2, 제3의 신어를 형성한다. 세 번째, 같은 형태의 어형을 반복하는 첩어형 어휘가 많다는 점이다. 어휘의 반복발화는 화자의 발화의도를 강조하려는 화용적 기능 이면에 안정적인 네 글자형 운율구조를 반영한 현상이기도 하다.

제7장

《명성황후편지글》의 구조와 텍스트성

1. 서론

이 장은 19세기의 대표적 궁중 여인인 명성황후의 한글편지의 텍스트구조와 특징을 살펴보는 데 목적이 있다. 19세기 왕실 여성들의 한글작품은 대략 편지·회고록·교서·행장 등이 있다. 한자가 주류를 이루던 시대에 궁중 여인들은 한글을 이용하여 자신의 생각을 타인에게 피력하였다. 특히 궁중이라는 공간적 제약 때문에 궁중 여인들은 궁 밖 친인척들과의 소통을 위해서 한글편지를 자주 활용하였다.[01]

당시 남성들이 한문서간인 간찰을 활용한 반면에 여성들은 한글편지를 주

01 이승희(2013 : 303~304)에 의하면, 19세기 궁중 여인의 한글자료로 혜경궁 홍씨의 《한중만록》, 순원왕후의 한글편지, 명온공주의 한글편지, 선정왕후, 명헌왕후, 철인왕후의 한글편지, 명성황후와 순명황후의 한글편지가 전해진다.

로 사용하였기에 궁중 여인들이 개인적인 소통의 도구로 한글편지를 활용한 것이 특이한 일은 아니다. 다만 궁중 여인들의 편지는 공간적 한정성과 신분상의 제약 때문에 나름의 특성을 가질 수밖에 없다. 따라서 동일한 한글편지라고 하더라도, 궁중 여인의 편지가 일반 여성의 편지와 어떻게 다른지 살펴볼 필요가 있다.

19세기의 한글편지는 주로 여성들에 의해 지어지거나 향유되었다.[02] 어머니가 딸이나 손녀에게, 시어머니가 며느리에게, 부인이 남편에게, 또는 며느리가 시부모님에게 보내는 등 발신자나 수신자 중에 여성이 포함되는 것이 일반적이다. 어려운 여건이지만 여성들이 편지로나마 자신의 생각을 타인에게 전달했던 사정을 짐작할 수 있으며, 나아가 이것은 한글의 수용 및 확산에 여성이 적극적으로 기여했음을 의미하기도 한다. 대외적인 활동이나 의사표현이 제한되었던 시대임을 감안하면, 자의식을 가졌던 여성들이 자신의 생각을 한글편지로나마 표출한 것이라 하겠다.[03]

황문환(2010)에서는 한글편지는 언해텍스트가 아니기에 일상적 어휘가 반영될 확률이 높아 당시 국어의 특징을 살피는 데 유용하다고 언급한다. 오장근(2001)에서도 편지는 역사적·사회적 상황에 의존한 커뮤니케이션의 일종으로, 당시 언어를 반영하는 의사소통 활동이라고 정의한다. 편지글이 자신의 이야기를 청자에게 전하려는 목적을 갖는다면, 자연스럽게 화자의 생각과 생활을 여과 없이 보여 주어야만 한다. 따라서 19세기 궁중 여인의 한글편지에

---

02 황문환(2010 : 76)에 의하면, 16세기 중반 이래 다양한 언간이 현전하지만 남성 간의 언간은 찾아보기 어렵다. 이는 남성끼리의 소통에서 '언문'이 공식성을 인정받지 못했던 사실과도 연관될 수 있겠다. 그래서 조선시대 언간은 발신자나 수신자 중 어느 한쪽은 여성이 관여하게 된다.

03 김무식(2009)에서는 여성화자의 편지는 자식, 인생사 및 신세한탄, 병환, 부모, 제사, 형제에 대한 이야기가 많다면 남성화자의 편지는 실용목적, 가사, 상사, 언문, 책력, 굿과 같은 주제가 많다고 언급한다. 한편 편지의 분량면에서 보면 발신자와 수신자가 모두 여성인 경우가 상대적으로 긴 편지가 많다고 한다.

도 당시 궁중 여인으로서의 삶의 모습과 관심사, 생각 등이 수렴되었을 것으로 추정할 수 있다.[04]

이 장에서는 19세기 궁중 여인의 한글편지 중에서 명성황후[05]의 편지에 나타난 텍스트 구조와 특징을 살펴보고자 한다. 명성황후의 한글편지는 『명성황후 편지글』(이기대, 2007)로 일차 집대성된 후,[06] 서체와 서지, 그리고 역사와 정치사 등에 치중한 문헌학적 논의가 있어 왔다.[07]

이러한 논의를 바탕으로 이 장에서는 명성황후의 한글편지를 언어사용의 관점에서 접근하고자 한다. 궁중 여인으로서의 명성황후가 사적인 내용을 주고받는 편지글을 어떤 양식으로 기술하고 무슨 목적으로 이용했는지, 그리하여 명성황후의 편지글에는 어떤 언어적 특징이 나타나는지를 살펴보고자 한다. 이러한 논의를 통해 미시적으로는 명성황후의 한글편지의 특징을, 거시적으로 궁중 여인의 한글편지에 나타나는 언어문화의 일면을 엿볼 수 있으리라 생각한다.

---

04 19세기 한글편지의 확산은 황문환(2010)에서 소개하는 《언간독》을 통해 알 수 있다. 황문환(2010)에 의하면 《언간독》은 언간의 서식을 모아 놓은 책으로, 사대부가의 부녀자 및 일반 평민들의 편지쓰기 교본 역할을 한 텍스트이다. 백낙천(2007)에서는 한글 간찰의 규식서로 《언간독》을, 한문 간찰의 규식서로 《한훤차록》을 소개한다. 이러한 문헌들을 볼 때 당시의 편지 텍스트는 의사소통을 위한 일반적 수단이었음을 알 수 있다.

05 고종의 비인 명성황후는 역사적으로 잘 알려진 인물로 그 이름만으로도 그녀의 편지글에 대한 논의 가치가 충분하다. 명성황후는 조선후기 개혁과 보수가 상충되던 격변기를 살면서 국정 운영을 주도한 인물이다. 황후라는 공인으로서의 삶이 부각된 점도 없지 않지만, 이 장에서 살펴볼 《명성황후편지글》에는 명성황후의 개인적이고 여성적인 모습도 담겨 있다.

06 『명성황후 편지글』(이기대, 도서출판 다운샘, 2007)은 명성황후의 조카인 민영소 후손가에 소장되어 오던 명성황후의 친필 편지를 모은 것이다. 이 책에는 모두 134점의 한글편지가 수록되어 있는데, 원본과 전사, 현대어역의 순서로 구성되어 있다.

07 박정숙(2008)에서는 명성황후 한글편지의 서체미에 대해 살펴보고 있다. 정복동(2011)에서는 17세기 이후 왕실 여성의 한글편지의 서체적 특징을 집중적으로 고찰한다. 이기대(2004)에서는 명성황후 국문편지의 문헌학적 특징을 요약 · 제시했다.

2. 《명성황후편지글》의 서지와 텍스트 구조

2.1. 《명성황후편지글》의 서지

《명성황후편지글》은 명성황후가 조카 민영소에게 보낸 한글편지를 모아놓은 텍스트이다.[08] 그간 한글편지에 대한 연구가 조심스러울 수밖에 없었던 이유는 텍스트의 산발적 분포, 발신자와 수신자의 방만한 확산, 지어진 시기의 불확실성 등이라 할 수 있다.[09] 이에 비추어 본다면 《명성황후편지글》은 명성황후가 친필로 작성했다는 점, 발신자와 수신자가 비교적 분명하다는 점, 그리고 작성 시기를 구체적으로 추정할 수 있다는 점 등에서 자료적 가치를 인정할 수 있다.

명성황후의 편지에는 일반적으로 편지글에 나타나는 수신인과 발신인, 편지 쓴 날짜 등이 누락되어 있다.[10] 이는 편지를 받을 사람이 이미 고정되어 있었고, 또 편지 왕래가 지속적으로 이루어졌기 때문이라고 할 수 있다. 실제로 편지의 수신자는 모두 민영소(명성황후의 조카) 한 명이다. 따라서 굳이 편지 받을 사람과 쓴 사람을 언급할 필요가 없었던 것이다.[11]

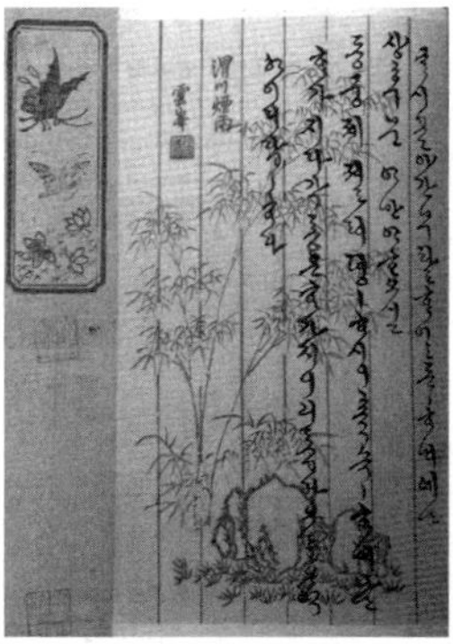

[그림 1] 명성황후의 편지

---

08 이 장에서는 명성황후의 한글편지를 모은 『명성황후 편지글』(이기대, 2007)을 분석 텍스트로 하여 논의를 진행하였다.

09 허재영(2006 : 269)에서는 상당수의 간찰에 날짜가 없어서 구체적인 서지 사항을 밝히기 어렵고, 그에 따른 간찰 연구의 소극성을 제시하기도 한다.

10 편지글에서 날짜가 생략되어 있지만 본문에서 언급하고 있는 인물, 사건의 역사적 고증을 통해 대략적인 작성 시기를 추정할 수 있다.

11 이기대(2007)에서는 이러한 특징이 이 편지들이 인편을 통해 직접 전달되었기 때문이거나, 혹은 공인이라는 신분

《명성황후편지글》은 각 편지의 분량이 매우 적다. [그림 1]에서 보는 것처럼 처음 부분에 수신인이 생략되어 있고 말미에 끝인사 및 보내는 사람, 날짜도 없다. 또한 본문의 내용도 대여섯 문장으로 여타의 한글편지에 비해 매우 간략하다.[12]

편지의 내용은 자신이나 주변인의 건강에 대한 염려 등의 개인적 이야기와 연관된 왕실, 조정과 정치 관련 이야기로 나누어진다. 자신이나 주변 인물의 건강에 대한 언급 및 걱정, 염려는 매 편지마다 등장한다. 그리고 정치적인 의견 교환은 당시 정치 상황과 관련된 내용을 상의하거나 무엇인가를 도모하는 내용이 주를 이룬다.[13] 그러나 정치적인 내용 역시 명성황후가 처한 국모라는 신분을 고려하면, 그것마저도 명성황후에게 주어진 중요한 개인적인 내용으로 간주될 수 있다. 따라서 이제껏 역사적 인물로만 알려져 왔던 명성황후에 대해, 개인의 내면을 여실히 반영한 한글편지를 통해 여성화자로서의 면모를 살펴볼 수 있을 것이다.

요컨대《명성황후편지글》의 한글편지는 134점으로 그 편수가 많음에도 불구하고 형식구조나 내용을 간략하게 유형화할 수 있다. 각 편지의 분량은 대부분 열 줄 내외로 매우 짧고, 내용도 자신과 친인척의 건강에 대한 염려와 정치적 안건에 대해 상의하는 두 종류로 유형화할 수 있다. 또한 고정된 수신자와 편지를 주고받았기에 수신자 및 발신자를 생략하고 전달하려는 사연만

적 제약 때문에 왕실 관련 내용을 은밀히 전달할 필요성에서 기인한 것으로 추정한다. 그러나 당시 편지의 내왕은 모두 인편으로 전달되었으므로 수신자와 발신자는 이미 어느 정도 공개되었을 것이고, 신분적 제약에 따른 은밀한 내용전달 역시 이미 수신자와 발신자의 사회적 지위가 밝혀진 상황이므로 그들 사이에 주고받을 내용이 어떤 것인지 추정하는 데 어렵지 않았을 것이다.

12 오늘날의 간단한 메모와 유사한 면도 있다. 그렇지만 전체 편지글 중에서 몇 개만을 제외하고는 서두에서 안부인사 및 날씨인사가 고정적으로 들어가 차이가 난다.

13 『명성황후 편지글』(이기대, 2007)에 수록된 편지는 명성황후 본인과 그 일가에 관한 개인적인 사안(건강, 궁중생활, 친척 안부)이 50여 점, 왕실과 조정에 관련된 정치적 사안이 70여 점이다.

을 간단하게 언급하는 특징을 보인다.

2.2. 《명성황후편지글》의 텍스트 구조

《명성황후편지글》의 구조는 '인사+날씨+사연'으로 짜여 있다. 전체 134편 중 'T1 인사+T2 날씨+T3 사연'의 구성이 91편으로 제일 많으며, 나머지는 'T1 인사+T2 날씨' 21편, 'T1 인사+T3 사연' 17편, 'T3 사연' 5편으로 나뉜다.

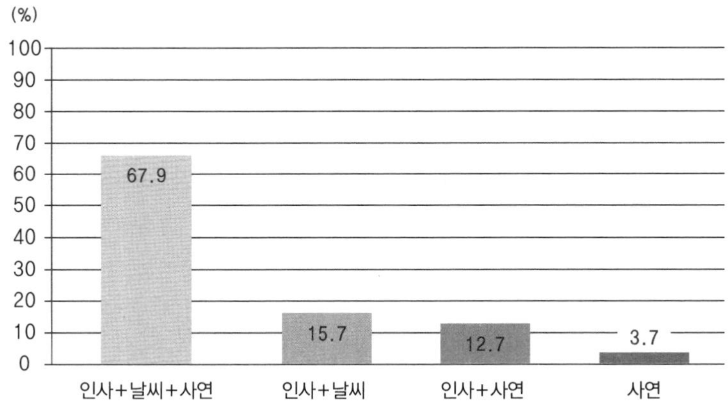

[그림 2] 《명성황후편지글》의 구조별 분포율

모든 텍스트와 마찬가지로 편지글 역시 일정한 형식이 있다. '받는 사람, 시작 인사, 본문(사연), 마무리 인사, 날짜, 보내는 사람' 등의 형식적 순서가 있다. 이러한 형식은 발신자와 수신자의 관계·상황·사연 등에 따라 융통성 있게 조율된다. 허재영(2006 : 269)에서 제시하는 조선시대 서간 형식은 ㉠ 서두(기필, 시후와 안부, 자기 안부) ㉡ 본문(전할 사연의 구체적 부분) ㉢ 결말(편지의 결귀, 날짜, 서명)로 짜이는데, 명성황후의 편지는 이와 비교하면 마지막 결말 부분이 누락되었다. 동일한 사람에게 받은 편지에 대한 지속적인 답장이다 보니 결말 부분을 굳이 언급할 필요가 없었기 때문이다. 따라서 명성황후의 편지는 결말 부분이 생략된 '서두(인사+날씨)+본문(사연)'의 구조로 작성된다. 다만 시급히 전해야 하는 내용이나 만났을 때 미처 전달하지 못한 내용을 뒤이어 서신으로 추가하여 보낼 때에는 이러한 형식에서 벗어나기도 한다.[14] 《명성황후편지글》의 구조를 도식화하면 [그림 3]과 같다.

[그림 3] 《명성황후편지글》의 구조

이처럼 명성황후의 편지는 인사·날씨·사연으로 짜인다. 대부분의 텍스트가 이 구조를 유지하고 있다. 다만 급하게 전할 내용이나 만났다가 헤어진 다음 추가적으로 전할 말이 있을 때만 이 구조에서 변형이 생기고 절대 다수의 편지가 이러한 구조를 취하고 있다. 이 구조에 준하는 편지를 적용하여 정리하면 [표 1]과 같다.

---

14 명성황후 편지의 일반적 형식은 서두에서 수신인을 생략하고 바로 인사말과 날씨를 언급한다. 그리고 편지의 중점인 사연을 언급하고, 사연을 제시한 후 마무리 인사말이나 보내는 사람, 날짜 등은 생략하고 끝맺는다. 이 형식 중 날씨와 사연의 순서가 바뀐 편지가 9편 있다. 이들은 사연을 먼저 제시하고, 마지막에 날씨를 언급한다.

구조		표현
T1 인사	답장 인사	글시 보고 야간 무탈ᄒᆞᆫ 일 든〃ᄒᆞ고
	임금, 동궁 인사	예ᄂᆞᆫ 상후 문안 만안ᄒᆞ오시고 동궁 졔절 ᄐᆡ평〃ᄒᆞ시니 축슈〃ᄒᆞ며
	내 인사(건강)	나ᄂᆞᆫ ᄒᆞᆫ가지다 감체ᄂᆞᆫ ᄒᆞᆫ가지니 괴롭다
T2 날씨		일긔ᄂᆞᆫ 한ᄂᆡᆼᄒᆞ다
T3 사연		진찬소 여ᄌᆡᄂᆞᆫ ᄌᆞ셔이 보앗다 니옥향이ᄂᆞᆫ 지금 두류ᄒᆞ다 이졔야 간다ᄂᆞᆫ 말이 무ᄉᆞᆫ 말이며 마ᄑᆡ 쳑문은 쥬어다 작폐될가 시부니 그만 두게다

[표 1] 《명성황후편지글》의 구조의 예시 (76)

《명성황후편지글》은 고정적인 인사말로 시작한다. 이 인사말은 편지의 상당 부분을 차지하며, 매번 같은 문구로 구성된다. 상투적 표현처럼 정해진 문장에 거의 변화를 주지 않고 서두에 제시한다.

① 글시 보고 야간 무탈ᄒᆞᆫ 일 든〃ᄒᆞ며 // 예ᄂᆞᆫ 상후 문안 만안ᄒᆞ오시고
동궁졔절 ᄐᆡ평〃ᄒᆞ시니 축슈〃ᄒᆞ며 // 예ᄂᆞᆫ(나ᄂᆞᆫ) ᄒᆞᆫ가지다[15]

명성황후의 편지는 매번 ①의 안부 인사로 시작한다. 134점의 명성황후 편지 중 ①의 문구로 시작하는 편지가 115점(85.8%)이다. 나머지 19점의 편지 중 14점은 위의 인사 문구를 조금씩 변형하여 앞자락만 언급하고 뒷부분은 생략하고 있다.

15 글씨 보고 밤사이에 잘 잔 일 든든하며, 여기는 임금의 문안도 아주 평안하시고, 동궁의 정황도 매우 편안하시니 (앞으로도 편안하기를) 축수하며, 여기는(나는) 한결같다.(이기대, 2007 번역 인용)

② a. 글시 보고 야간 잘 잔 일 든〃ᄒᆞ며 예ᄂᆞᆫ 상후 문안 종시 시훤이 평복지 못ᄒᆞ시니 동〃ᄒᆞ고 동궁 제절 티평〃ᄒᆞ시나 종시 구미 아니 겨오시니 답〃ᄒᆞ며 나ᄂᆞᆫ ᄒᆞᆫ가지다 (58)[16]

b. 글시 보고 든〃ᄒᆞ며 이번의ᄂᆞᆫ 니호쳘이 아니면 간ᄌᆞ가 될 듯ᄒᆞ니 윤길구ᄂᆞᆫ 못ᄒᆞᆫ다 (99)

c. 글시 보고 든〃ᄒᆞ다 여긔ᄂᆞᆫ 정원 당호의셔 실화가 되어 너모 놀나더니 즉시 잡히여 그만ᄒᆞ니 만힝이다 (132)

d. 글시 보고 든〃ᄒᆞ나 긔 동졍이 수샹ᄒᆞ니 답〃ᄒᆞ다 (118)

e. 글시 보고 긔별ᄒᆞᆫ 말은 보앗스나 아직 날지도 모ᄅᆞ고 볼셔 집ᄉᆞ람 누가 말ᄒᆞ얏기 허락ᄒᆞ얏스니 못되 거 셩명 도로 보ᄂᆡᆫ다 (107)

②의 예에서처럼 기본적 인사문구를 변형시킨 경우는 임금이나 동궁, 그리고 친인척이 아플 때, 급작스러운 사건의 발발로 놀랐을 때, 그리고 정치적 사안을 급히 전해야 할 때로, 주로 긍정적이지 못한 상황일 때에 나타난다.[17] 그리고 전체 편지글 중 T1 인사와 T2 날씨가 빠지고 T3 사연만으로 구성된 것은 시급한 전언일 경우로 모두 5점(3.7%)이다.

③ a. 작일 잇고 슈〃 못ᄒᆞ야기 다시 뎍ᄂᆞᆫ다 남정식이다려 명년의 우회셔 질역이 금년 슈와ᄂᆞᆫ 엇더신가 무러보고 무ᄉᆞᆫ 일이 어졔즘 잇으며 엇지ᄒᆞ면 방익이

---

16 예문마다 말미에 기록된 번호는 분석텍스트에 부여한 작품의 일련번호이다. 자료이해의 편의를 위해 일련번호를 명기하였고, 편지글의 띄어쓰기는 원작품에는 없으나 예문 해독의 편의를 위해 임의로 적용하였다.

17 전체 편지글 중에서 인사말은 ②의 a(글시 보고 야간 잘 잔 일 든〃ᄒᆞ며) 표현은 1편, b(글시 보고 든〃ᄒᆞ며) 표현 8편, c(글시 보고 든〃ᄒᆞ다) 표현 1편, d(글시 보고 든〃ᄒᆞ나) 표현 2편, e(글시 보고) 표현 2편으로 확인된다. 따라서 생략에 의한 변형 인사의 예는 모두 14편(10.4%)이며, 나머지는 ①의 예문처럼 기본적인 인사말 표현으로 나타난다.

될가 ᄌᆞ시 아라보고 ᄂᆡ일 드러오너라 (30)

b. ᄃᆡ축은 권영슈로 ᄒᆞ계 ᄒᆞ야라 (64)

c. 앗가 슈〃 듕 잇고 못ᄒᆞ얏다 통영 비쟝 김쳘희가 이왕 젼 통ᄉᆞ ᄊᆡ 잇든 거시
니 눌너 쥬계 ᄒᆞ야라 (80)

d. 앗가ᄂᆞᆫ 쳔관 잔ᄎᆡ가 나진 쥴 알아드니 밤이라니 나ᄌᆡ 가셔 단녀오게 ᄒᆞ야라 (95)

e. 이번 뎡원 셔리 귀향간 ᄃᆡ의 안의셔 쓰게시니 ᄃᆡᄂᆡ지 말고 아직 두라고 도
령의게 긔별ᄒᆞ여라 (131)[18]

③에 제시된 a~e의 예는 모두 각각의 편지 전문이다. 편지글 분량도 매우 적을 뿐만 아니라, 내용을 보면 시간을 다투며 급히 전해야 하거나 만났을 때 미처 말하지 못한 내용을 전할 경우로, 화청자의 배경정보 공유를 통해서만 이해할 수 있는 것들이다. 따라서 ③에 제시된 5편을 제외하면 명성황후의 편지글은 모두 서두 부분의 인사말이 정형화되어 나타남을 알 수 있다. 이러한 정형화된 인사말은 곧 명성황후의 신분에 의한 결과일 수 있다. 궁중에 속한 여인이고, 개인적 감정보다 공인이라는 신분 때문에 편지글마다 동일한 문구로 시작한 것으로 짐작할 수 있다.

《명성황후편지글》의 인사 다음 형식은 날씨 표현이다. 편지마다 날씨를 구체적으로 기술하고 있어 마치 일기 같은 느낌을 준다.

---

18 a. 어제는 잊고 보내지 못하였기에 다시 적는다. 남정식에게 내년 임금의 질병이 올해 운수와는 어떠신가 물어보고, 무슨 일이 언제쯤 있으며 어찌하면 방액이 될까 자세히 알아보고 내일 들어오너라.

b. 종묘 제례에서 축을 읽는 사람은 권영수로 하게 하여라.

c. 아까 주고받는 중에 잊고 못하였다. 통영 비장 김철희가 이왕에 이전의 통제사 때부터 있던 것이니 그 자리에 눌러 주게 하여라.

d. 아까는 청관의 잔치가 낮인 줄 알았더니 밤이라니 낮에 가서 다녀오게 하여라.

e. 이번에 승정원의 서리가 고향으로 가고 난 자리에 안에서 쓰겠으니 다시 내지 말고 아직 두라고 도령에게 기별하여라.(이기대, 2007 인용)

④ a. 오늘은 악한이니 답〃ᄒᆞ다 (1)

b. 일긔는 ᄆᆡ오 청화ᄒᆞ나 우의업스니 답〃ᄒᆞ다 (16)

c. 일긔ᄂᆞᆫ 종시 한즁이니 답〃ᄒᆞ다 (17)

d. 오ᄂᆞᆯ 일긔 음산풍 일어 고이ᄒᆞ다 (24)

e. 오늘도 일긔 증울ᄒᆞ니 괴롭다 (18)

f. 오ᄂᆞᆯ 일긔ᄂᆞᆫ 종일 ᄂᆡᄃᆡ우가 포쥬ᄒᆞ니 괴샹ᄒᆞ다 증마가 처음인 듯ᄒᆞ다 (27)

g. 오ᄂᆞᆯ 일긔 ᄆᆡ오 온화ᄒᆞ다 (11)

h. 일긔 한ᄂᆡᆼᄒᆞ니 답〃ᄒᆞ다 (12, 13, 14, 15, 19, 20, 21)

④에서 보는 것처럼 매번 인사 다음에는 날씨에 대한 언급이 따른다. 간단명료한 표현이지만, 날씨와 더불어 자신의 심정을 토로하는 어휘를 연속하여 발화하기도 한다. 전체 편지글 중 날씨를 언급하지 않은 것은 22편뿐이다. 날씨가 언급되지 않은 경우는 인사 후 바로 사연만을 언급하거나 아예 인사도 생략하고 사연만으로 구성된다. 사연을 시급하게 전달할 때 생략된다.[19]

《명성황후편지글》은 세 번째에 사연이 언급된다. 사연은 건강에 대해 염려하는 내용과 조정과 얽힌 정치적인 내용으로 나눌 수 있다. 이로 볼 때 명성황후의 삶에서 중요한 현안은 가족에 대한 걱정과 정치문제였음을 알 수 있다.

---

19 '인사+사연'의 편지는 17편이고, '사연'만으로 구성된 편지는 5편이다.

구조	표현
'인사+사연' 구조 (17편)	a. 글시 보고 든〃ᄒᆞ며 // 안쥰옥이ᄂᆞᆫ 이쳔 보ᄂᆡ여다 졔 ᄋᆞ오 ᄉᆡᆼ각ᄒᆞ니 너무 불상ᄒᆞ다 (54) b. 글시 보고 든〃ᄒᆞ며 // 이번의ᄂᆞᆫ 니호쳘이 아니면 간ᄌᆞ가 될 듯ᄒᆞ니 윤질구ᄂᆞᆫ 못ᄒᆞᆫ다 (99) c. 글시 보고 든〃ᄒᆞ나 // 긔 동졍이 수샹ᄒᆞ니 답〃ᄒᆞ다 (118)
'사연' 구조 (5편)	a. 앗가ᄂᆞᆫ 청관 잔치가 나진 쥴 알아드니 밤이라니 나ᄌᆡ 가셔 단녀오게 ᄒᆞ야라 (95) b. 앗가 슈〃 듕 잇고 못ᄒᆞ얏다 통영 비쟝 김쳘희가 이왕 젼 통ᄉᆞ ᄊᆡᆨ 잇든 거시니 눌너 쥬게 ᄒᆞ야라 (80)

⑤ 가족의 건강에 대한 염려 사연

a. 너ᄂᆞᆫ 쳬셜노 종시 고ᄉᆡᆼᄒᆞᄂᆞᆫ일 답〃ᄒᆞ다 (38)

b. 너ᄂᆞᆫ 미통으로 괴로은 일 답〃ᄒᆞ다 (39)

c. 너ᄂᆞᆫ 종긔로 괴로온 일 답〃ᄒᆞ고 영복이ᄂᆞᆫ 안질 그러ᄒᆞᆫ 일 념녀며 박하유ᄂᆞᆫ 보ᄂᆡᆫ다 (26)

d. 츙경이ᄂᆞᆫ 과립은 좀 만하도 증세 극 슌ᄒᆞ니 다ᄒᆡᆼ이다 조심들 ᄒᆞ게 ᄒᆞ야라 (45)

e. 양간이 안질의 ᄆᆡ오 조타기 보ᄂᆡ니 츙경이 먹이면 조케다 (48)[20]

⑥ 정치현안에 대한 사연

a. 셩기운이계 일너 알외기ᄅᆞᆯ 그 표ᄅᆞᆯ ᄒᆞ야 밧칠 ᄃᆡ 인쳔으로 표ᄃᆞᆯᄒᆞ려 갓스니 오ᄂᆞᆫ ᄃᆡ로 밧칠 쥴노 알외고 오ᄂᆞᆯ은 밧치지 말나 ᄒᆞ야다 오ᄂᆞᆯ 셩기운이가 예궐 ᄃᆡ령 즁이니 시방 편지로 통긔ᄒᆞ야라 잘못ᄒᆞ면 낭ᄑᆡ다 시방 ᄒᆞ야라 (51)

b. 영복이 검교ᄂᆞᆫ 그리 하게다 ᄇᆡ종 샹격은 아라 보게다 안츈옥이ᄂᆞᆫ 쳔젼ᄒᆞ게다 (56)

c. 전표ᄂᆞᆫ ᄌᆞ시 보앗다 덕원은 아마 슈히 ᄂᆡ이 될 듯ᄒᆞ다 삭슈ᄂᆞᆫ 거진 다 되엿다 (75)

d. 니무로ᄂᆞᆫ 갈ᄂᆡᆫ다 엄쥬한이 말솜은 알외게다 (81)

e. 셰ᄐᆡᄂᆞᆫ 그런 것 ᄒᆞ다 잘못ᄒᆞ면 호조의 말 드를가 념녀오 ᄯᅩᄂᆞᆫ 올은 호조의셔 누구ᄅᆞᆯ 보ᄂᆡᆫ다 ᄒᆞ드라 (124)[21]

---

20 a. 너는 체해서 생긴 설사로 고생하는 일이 답답하다.
b. 너는 등의 통증으로 괴로운 일 답답하다.
c. 너는 종기로 괴로운 일 답답하고, 영복이는 안질 그러한 일로 염려되며 박하유를 보낸다.
d. 충경이는 과립(피부트러블)은 좀 많아도 증세가 매우 순하니 다행이다. 조심들 하게 하여라.
e. 양의 간이 안질에 매우 좋다고 하기에 보내니 충경이 먹이면 좋겠다.(이기대, 2007 인용)

21 a. 성기운(당시 인천 부사)에게 일러 아뢰기를 그 표를 작성하여 바칠 때 인천으로 표달하러 갔으니 오는 대로 바칠 줄로 아뢰고 오늘은 바치지 말라고 하였다. 오늘 성기운이 궁궐에 들어갈 것을 준비하고 있는 중이니

⑦ 가족 건강 염려와 정치 현안의 사연

a. 츙경이 안질은 엇지 그러ᄒᆞᆫ지 답〃 념녀 측냥업다 연산은 ᄎᆞ〃 구쳐ᄒᆞ랴 ᄒᆞ나 맛당치 아니니 답〃ᄒᆞ다 // 남모게ᄂᆞᆫ ᄌᆞ시 알아보고 그 일은 듕뎡 써 보ᄂᆞᆫ거시 조타 (46)

b. 너ᄂᆞᆫ 셩치도 아니ᄒᆞᆫᄃᆡ ᄉᆞ쳐의셔 결ᄒᆞ니 념녀 측냥업고 무시와 달나 작일 하직ᄒᆞ고 나간 후 심회 조치 아니ᄒᆞ다 // 막빈 일은 아라 보게다 (111)

c. 너ᄂᆞᆫ 은진으로 괴로온 일 답〃ᄒᆞ다 // 됴병갑이ᄂᆞᆫ 그러ᄒᆞ나 그 ᄉᆡᆨ외 아니나든 거ᄉᆞᆯᄒᆞᆯ 길 업스니 다른 ᄃᆡ로나 ᄒᆞ게다 (74)

d. 니ᄂᆞᆫ 오ᄂᆞᆯ도 낫지 아니ᄒᆞᆫ 일 답〃ᄒᆞ고 츙경이ᄂᆞᆫ 안질이 더ᄒᆞ니 답〃 념녀다 이 웅담은 품이 ᄆᆡ오 조키 ᄒᆞᆫ 부ᄅᆞᆯ 보ᄂᆡ니 어셔 낫기 조인다 // 감조관은 알아보아야게다 (27)[22]

지금 편지로 통지하여라. 잘못하면 낭패다. 지금 하여라.

b. 민영복이 검교(벼슬의 정원 외 충원)는 그리 하겠다. 임금을 모신 것에 대해 상을 내리는 일은 알아보겠다. 안준옥(당시 문화현감)이는 자리를 옮기겠다.

c. 보내온 글은 자세히 보았다. 덕원의 수령은 아마 쉽게 중앙관직으로 옮겨올 듯하다. 벼슬에 있던 개월 수가 거의 다 되었다.

d. 이무로(조선말 문신)의 직책을 다른 사람으로 바꾸겠다. 엄주한(조선말 신하)에 대한 말씀은 (임금에게) 아뢰겠다.

e. 세상에서 그러한 일 하다 잘못하면 호조의 말을 들을까 걱정되며, 또한 호조에서 오늘 누군가를 보낸다고 한다.(이기대, 2007 인용)

22 a. 충경이 안질은 어찌하여 그러한지 답답하고 염려되는 것을 헤아릴 수 없다. 연산의 수령은 차차 구하려 하지만 마땅하지 않으니 답답하다. 남이 모르게 자세히 알아보고 그 일은 여러 사람의 의견을 떠보는 것이 좋겠다.

b. 너는 성하지도 아니한데 사방에서 일이 제대로 되지 않으니 염려스럽기가 헤아릴 수 없고 평소와 달라 전날에 하직하고 나간 후에 마음이 좋지 아니하다. 막빈(무관벼슬명) 일은 알아보겠다.

c. 너는 두드러기로 괴로워하는 일 답답하다. 조병갑은 그렇지만 그 자리 이외에는 다른 곳이 안 나는 것을 어찌할 길이 없으니 다른 데로나 하겠다.

d. 너는 오늘도 낫지 않으니 답답하고 충경이의 안질은 더하니 답답 염려된다. 이 웅담은 품질이 매우 좋기에 한 푼을 보내니 어서 나으면 좋겠다. (네가) 감조관(당시 관직)은 알아보아야겠다.(이기대, 2007 인용)

⑤~⑦은 편지 전문에서 앞의 '인사와 날씨' 부분을 제외하고 '사연'만을 제시한 것이다. ⑤에서는 건강에 대한 사연만, ⑥에서는 정치적 사안만, 그리고 ⑦에서는 건강에 대한 염려와 정치적 사안이 함께 제시되고 있다.

특징적인 것은 사연이 건강에 대한 내용이든 정치적 사안이든 매우 간결하게 언급된다는 점이다. 주변인의 건강을 염려하는 경우 걱정하는 마음과 빨리 낫기를 바라는 기원을 절실하게 표현하는 것이 일반적이다. 그러나 명성황후의 편지에는 그러한 감정표현은 나타나지 않는다. ⑤의 예에 나타나는 것처럼 '너는 미통으로 괴로은 일 답〃ᄒᆞ다→네가 등이 아파서 (걱정이며, 그래서 내 마음이) 답답하다'는 표현은 지극히 간단명료하다. ⑥의 정치적 사안에 대해서도 'a. 영복이 검교는 그리 하게다 b. 빅종 샹격은 아라 보게다 c. 안쥰옥이는 천젼ᄒᆞ게다 → a. 영복이 검교(벼슬의 정원 외 충원)는 그렇게 하겠다. b. 임금을 모신 것에 대해 상을 내리는 일은 알아보겠다. c. 안준옥(당시 문화현감)이는 자리를 옮기겠다.'로 사연을 결과보고서처럼 요약·제시하고 있다. 사건의 전말은 생략하고 할 말만을 간단하게 언급한다. 이렇게 볼 때 명성황후의 한글편지는 신변잡기적인 내용을 자세하게 기술하는 일반적인 편지와는 다른 특징을 갖는다. 이처럼 명성황후의 편지는 감정표현이 절제된[23] 사연만을 언급하고 있다. 그 사연은 건강 염려와 정치현안의 두 가지로 일관된다. 이 둘이 명성황후의 삶에서 가장 중요한 관심사였음을 짐작할 수 있다.

요컨대《명성황후편지글》텍스트의 구조는 '인사→날씨→사연'으로 정형

23 이는 명성황후 개인 성격의 반영일 수도 있고, 명성황후가 처한 상황 때문일 수도 있다. 개인적으로 명성황후의 삶이 평탄하지 못해서 소극적이고 폐쇄적인 성격이 형성되었을 수도 있다. 또는 궁중의 치열한 정치세계에서 개인의 생각과 감정을 숨겨야 할 경우도 많았을 것이다. 명성황후가 처한 여러 상황을 고려하면, 편지글에 나타나는 간결하고 건조한 문체적 특징을 짐작할 수도 있다.

화되어 있으며, 특히 인사와 날씨의 경우는 고정적 표현으로 고착화되었음을 알 수 있다. 사연 역시 두 종류의 내용을 간단하게 언급하여 전체적으로 단조롭게 구성되어 있음을 알 수 있다.[24]

3. 《명성황후편지글》의 언어 활용과 텍스트성의 관계

3.1. 짝 텍스트 구조

《명성황후편지글》의 시작부분은 공통적으로 '글시 보고 야간 무탈한 일 든든하고'로 시작한다. 매번 '글시 보고'로 시작하는 것으로 보아, 명성황후의 편지들은 받은 편지에 대한 답장임을 알 수 있다.[25] '보낸 편지 잘 받았다'로 시작하는 답장이라는 전제하에 보면, 편지글에서 수신자나 발신자를 누락해도 크게 문제가 되지 않을 것이다. 또한 받은 편지에 대한 답장이므로 사연 부분에서 사건정보를 굳이 자세하게 기술할 필요도 없다. 먼저 받은 편지에서 사연에 대한 기본정보가 언급됐다는 가정이 성립될 수 있고, 그에 대한 답이라면 구정보 생략은 당연하기 때문이다. 따라서 신정보만을 언급하며 기술해도 청자에게 정보전달이 충분하다. 이는 편지와 상관없는 제3자적 입장에서 볼 때는 제공된 정보가 무슨 의미인지 이해할 수 없게 만들기도 한다.

---

24 명성황후 편지의 고정된 형식이 다른 동시대의 간찰에서도 발견되는지는 모호하다. 다만 조선시대 일반적인 편지 형식이 서두, 본문, 결말(허재영, 2006 : 269)이라고 언급됨을 비교한다면 차이를 보인다고 할 수 있다.

25 명성황후의 한글편지는 모두 동일한 수신인(조카 민영소)이다. 명성황후의 편지와 짝을 이루는, 민영소가 보낸 편지가 밝혀지면 두 개 편지를 비교 분석할 수 있을 것이다. 그러면 명성황후의 한글편지가 갖는 텍스트의 특징을 보다 세밀하게 분석할 수 있으리라 본다.

⑧ a. 김셩근이ᄂᆞᆫ 그리 ᄒᆞ게다

b. 긔 동졍이 수샹ᄒᆞ니 답〃ᄒᆞ다

c. 소힝들은 려심ᄒᆞ나 네가 득담ᄒᆞᄂᆞᆫ 일이 부졀업다

d. 긔별ᄒᆞᆫ 말은 그ᄃᆡ로 ᄒᆞ려 ᄒᆞᆫ다

e. 엄쥬한 말ᄉᆞᆷ은 알외게다

f. 니모의 일은 위험 슈상ᄒᆞ다

g. 니듕칠이ᄂᆞᆫ ᄂᆡ ᄆᆞ음의ᄂᆞᆫ 그러나 우희셔ᄂᆞᆫ 종시 어렵다 오시니 되기 어렵다

h. 니호익이 일은 아직 머니 ᄎᆞ〃 보아야게다

i. 셩기운이가 예궐 ᄃᆡ령 즁이니 시방 편지로 통긔ᄒᆞ야라 잘못ᄒᆞ면 낭픠다 시방 ᄒᆞ야라

j. 홍승목이ᄂᆞᆫ 샹소ᄒᆞ라 ᄒᆞ야라 광뉴ᄂᆞᆫ 그리ᄒᆞ라 ᄒᆞ야라

⑧은 각 편지의 사연만을 발췌한 것이다. 편지글의 가장 중요한 부분인 사연이 이처럼 매우 간단하게 언급됨으로써 제3자의 입장에서는 무슨 내용인지 알기가 쉽지 않다. a의 '그리 하겠다'는 먼저 받은 편지에 '그리'의 구체적인 내용이 언급되었을 것이다. 그래서 '그리'로 표현해도 화자와 청자의 소통에는 문제가 되지 않는다. b에서 j까지의 밑줄 친 표현 모두 같은 맥락으로 추론할 수 있다.[26]

따라서 명성황후의 편지가 이미 받은 편지에 대한 짝 텍스트로 작성된 글임을 감안하면, 위와 같이 사연부분을 간결하게 언급하더라도 발신자와 수신자 사이의 의사소통은 충분할 수 있다.

---

26 대용형 표현은 선행텍스트와의 의미적 결속력을 강화하는 강점을 갖기도 한다. 같은 내용을 대용형으로 나타냄으로써 형식적 결속구조와 의미적 결속성을 강화하고, 이것이 텍스트로의 완결성을 이끌어 낸다.

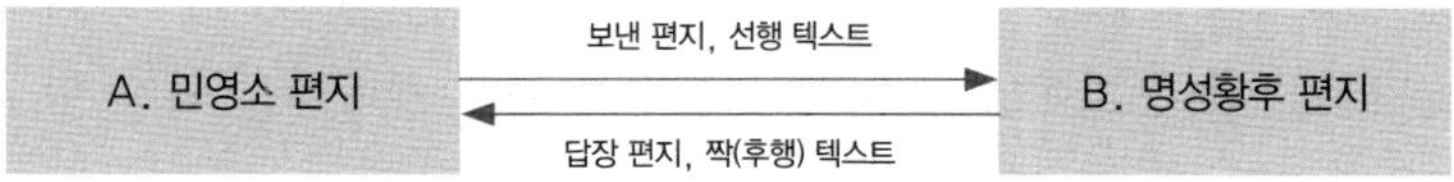

[그림 4] 《명성황후편지글》의 텍스트 형성 구조

[그림 4]에서 보는 것과 같이 명성황후의 편지는 대부분 받은 정보에 대한 화답형식을 띠기 때문에 짝 텍스트의 성격이 아주 강하다. 하지만 예외적으로 먼저 받은 편지에서 언급되지 않은 내용이 편지의 사연으로 들어갈 경우는 다음 ⑨처럼 정보를 비교적 구체적으로 작성하고 있다.

⑨ a. 충경이ᄂᆞᆫ 안환이 종시 낫지 아니ᄒᆞ니 답〃ᄒᆞ고 양간은 긴히 풀허히면 이후 ᄯᅩ 보ᄂᆡ게다

b. 너ᄂᆞᆫ 슌동 긔운이 ᄯᅩ 어이 잇ᄂᆞᆫ지 념ᄂᆡ며 과히 긴치나 아니ᄒᆞ냐

c. 양간이 안질의 ᄆᆡ오 조타기 보ᄂᆡ니 츙경이 먹이면 조케다

d. 츙경이ᄂᆞᆫ 안질 더ᄒᆞᆫ 일 념녀 측냥업다 앗가 양간 오부 보ᄂᆡ여드니 보앗ᄂᆞ냐 셩실이 좀 먹여보고 양의나 좀 보이면 조케다

e. 츙경이ᄂᆞᆫ 잘 자고 무탈ᄒᆞᆫ 일 든〃ᄒᆞ다 ᄎᆞᄎᆞ 승신이 쉬워 오니 긔특〃ᄒᆞ다 덕니(Denny)ᄂᆞᆫ 제쳐 보려 나간다 ᄒᆞ드니 무셩무취이 가스니 괴상ᄒᆞ며

f. 오ᄂᆞᆯ 츙경 드려다 보니 좀 더 커시니 든〃 긔특〃ᄒᆞ다

위 ⑧의 예와 비교하면 ⑨는 누구에 관한 이야기인지, 어떤 일인지 쉽게 알 수 있도록 기술하고 있다.[27] 이처럼 비교적 상세히 기술한 것은 먼저 받은 편

27 물론 ⑨의 예문에 나타난 사연도 요약정리식의 문장표현이라서 길고 자세하지는 않다. ⑧의 사연과 비교할 때 상대적으로 자세하게 기술했을 따름이지 일반적으로는 여전히 간략한 기술이다.

지에서 언급되지 않았으므로 일정 정보를 제시해야 의사소통이 가능하기 때문이다.[28] 이러한 표현으로 볼 때 명성황후 편지는 상당히 요약적이라고 볼 수 있다. 받은 편지에서 언급된 정보는 발화하지 않거나 대용형을 활용하여 간단명료하게 표현하고, 전달하고자 하는 새로운 정보에 초점을 두어 표현한다. 전체적으로 받은 정보에 대한 대답이라서 명성황후의 편지글의 특성으로 짝 텍스트 구조를 들 수 있다.

3.2. 간결한 표현에 의한 문체

《명성황후편지글》은 당시의 다른 편지와는 달리 편지의 분량이 매우 적다.[29] 각 문장을 매우 간결하게 작성하였으며, 사족이 될 수식어를 사용하지 않고 있다. 따라서 강조나 대조를 위한 관형어나 부사어의 발화가 거의 나타나지 않는다. 간혹 나타나는 부사어로 '매우'나 '너무' 등을 찾아볼 수 있을 뿐이다. 상황이나 생각을 간단명료하게 언급할 뿐 이에 대한 구구절절한 표현을 삼갔다.

⑩ a. 오ᄂᆞᆯ 일긔ᄂᆞᆫ 좀 풀니나 동우가 괴상ᄒᆞ다 / 오ᄂᆞᆯ 체긔 좀 낫으냐
b. 일긔ᄂᆞᆫ ᄆᆡ오 청화ᄒᆞ다 / 일긔도 ᄆᆡ오 온화ᄒᆞ다
c. 오ᄂᆞᆯ 일긔ᄂᆞᆫ 져기 청냥ᄒᆞ다

---

28 이기대(2007)에서는 정치적 내용의 경우 비밀보장을 위해 간략한 표현을 사용했을 수 있다고 추론하고 있다. 편지가 화자와 청자 간의 개인적 소통체라는 점에서 그렇게 볼 수 있으나, 주고받은 편지의 짝 구조를 가정하면 내용에 따른 비밀보장이라기보다는 답장이라는 특성에서 그 원인을 찾을 수도 있다.

29 김무식(2009)에 의하면 조선조 여성 한글편지에서 발신자가 여성인 경우가 남성인 경우보다 긴 편지의 비중이 높다고 설명한다. 또한 여성화자의 편지는 대부분의 주제가 자식 이야기, 인생사 및 신세한탄 이야기, 그리고 병환, 부모, 제사, 형제 이야기 등으로 다양하게 나타나는데 이는 당시의 여성의식이 반영된 결과라고 분석한다. 이와 비교하면 명성황후의 편지는 분량도 극히 짧을 뿐만 아니라 주제도 두 가지로 유형화할 수 있어 차이를 보인다.

d. 졔ᄉᆞ 디나시니 츄모 ᄉᆡ롭고 ᄉᆞ오년 쥬ᄉᆞ가 업시 디ᄂᆡ니 더옥 감챵ᄒᆞ다

e. 츙경이 안질은 너모 답〃ᄒᆞ다 / 졔 ᄋᆞ오 ᄉᆡᆼ각ᄒᆞ니 너모 불상ᄒᆞ다

⑩의 예에서처럼 전체 편지 134점 중 일부에서 이러한 부사를 사용하고 대부분은 내용전달에 필요한 어휘만을 구사했다. 내용을 구체적으로 기술하는 묘사나 수식어구는 거의 등장하지 않는다.

⑪ 글시 보고 야간 잘 잔 일 든〃ᄒᆞ며 예ᄂᆞᆫ 상후 문안 만안ᄒᆞ오시고 동궁 졔졀 ᄐᆡ평〃ᄒᆞ시니 축슈〃ᄒᆞ며 나ᄂᆞᆫ ᄒᆞᆫ가지다 (인사) // 오ᄂᆞᆯ 일긔 혹한이다 (날씨) // 츙경이 안질은 너모 답〃ᄒᆞ다 아모조록 슈히 치료ᄒᆞ여라 북ᄇᆡᆨ 쟝계와 상소ᄂᆞᆫ 경ᄒᆡᄒᆞ게다 (사연) (47)

⑪의 예문은 편지글 전문이다. 역시 구조적으로 '인사→날씨→사연'으로 구성되며, 각 부분이 모두 간결한 문장으로 건조하게 제시된다. 특히 사연부분을 보면 '안질이 답답하다. 빨리 치료해라. 장계, 상소 경계하겠다' 등처럼 단언하듯이 기술하고 있는데, 마치 오늘날의 메모와 같은 느낌을 주기도 한다. 신변잡기적인 편지글의 성격을 감안할 때, 명성황후의 편지는 개인감정에 대한 절절한 표현이나 사건에 대한 세세한 기술은 잘 드러나지 않는다. 지극히 간명하게, 마치 보고하듯이 결론만을 언급한다. 이와 같은 편지의 간결한 형식은《명성황후편지글》모두에서 일관된다.

명성황후 한글편지의 간결한 문체적 특징은 상황과 입장이 유사하다고 할 수 있는 순원왕후의 한글편지와 비교하면 그 차이가 더욱 극명하다.

⑫ 향ᄂᆡ 민달용의 일은 대강 아라시ᄃᆡ ᄌᆞ셔희 듯디 못ᄒᆞ여시니 외됴 물의가 원통타 ᄒᆞᄂᆞᆫ가 져리된 거시 가타 ᄒᆞᄂᆞᆫ가 고가세신의 아조 망ᄒᆞᆫ 혐이니 바히 모ᄅᆞᄂᆞᆫ

집이라도 죄ᄂᆞᆫ 엇더ᄒᆞ던디 참측ᄒᆞᆯᄃᆡ 모〃ᄒᆞ여 모ᄅᆞᄂᆞᆫ 터이 아니니 그러티 마더면 시븐 ᄆᆞ음이 잇더니 수쳐의셔 내게 봉셔ᄒᆞ며 이번 칭명 광탕지뎐을 ᄇᆞ란다 ᄒᆞ고 텬쳥ᄒᆞ시과져 ᄒᆞᆫ ᄉᆞ연이니 ᄌᆞᄂᆡ도 짐작ᄒᆞ려니와 내 말 셩ᄉᆞ도 될 줄 모로고 ᄯᅩᄂᆞᆫ 판셔나 내게 ᄒᆞ여 입빈 줄 아ᄅᆞ실 거시니 그 일이 엇더ᄒᆞ며 판셔게 듯디 아니면 어ᄃᆡ로 드렷다 ᄒᆞ실가 본고 즉금 말고 셰알동 가런디 능힝이런디 되실 ᄯᆡ …

⑫는 1837~1855년에 지어진 《순원왕후편지글》이다.[30] 순원왕후의 한글편지는 순원왕후가 왕 대신 수렴청정을 하면서 궐 밖의 조카와 편지를 주고받으며 정치 대소사 및 일상 생활사를 논하는 내용의 편지이다. 순원왕후의 편지글에서도 명성황후의 편지글처럼 왕실과 조정의 다양한 문제를 언급하고 있지만, 순원왕후의 편지글에는 수신자의 의견을 구하는 내용이나 자신의 견해를 피력하는 내용 등이 비교적 매우 자세히 나타난다는 점에서 차이를 보인다. 두 편지 모두 지은이가 궁중 여인이라는 신분의 동일성과 궁 밖 친인척에게 정치적 사안에 대한 조언을 구한다는 공통점이 있음에도 불구하고 편지의 문장은 매우 다르다.

⑬ a. 일긔 한난이 불일ᄒᆞ니 평안이 디ᄂᆡ는가 요ᄉᆞ이 소문으로 드로니 탈황증으로 괴로이 디닐 분 아니라 불평타 ᄒᆞ니 어서ᄒᆞᆫ디 브리디 못ᄒᆞᄂᆡ 판셔ᄂᆞᆫ 우연ᄒᆞᆫ 병이 대단타 ᄒᆞ니 심혼이 산난ᄒᆞ여 아모라타 업시 디ᄂᆡ더니 수일간은 져기 동정이 잇다 ᄒᆞ니 만힝ᄒᆞ나 소셰ᄒᆞ고 내 눈의 뵈어야 ᄆᆞ음을 노케ᄒᆞ엿ᄂᆡ 알고 시븐 ᄉᆞ연도 잇고 그리 긴히 거북ᄒᆞ다 ᄒᆞ니 념녀 되어 좀 덕ᄂᆡ 셰ᄉᆡᆨ 다 그

30 이승희(2010), 『순원왕후의 한글편지』, 푸른역사.(도서번호 27785, 일부책수 33, 내별번호 4에서 일부 발췌 인용)

므러시니 흐ᄅᆞᄂᆞᆫ 믈 ᄀᆞᆺᄐᆞ야 칩기도 칩고 심ᄉᆞᄂᆞᆫ 쳑연히 여러 집 과셰 평안이 ᄒᆞ고 태평이들 디ᄂᆡ소 《순원왕후편지글》, 도서번호 27785

b. 글시 보고 듣〃ᄒᆞ다 여긔ᄂᆞᆫ 정원 당호의셔 실화가 되어 너모 놀나더니 즉시 잡히여 그만ᄒᆞ니 만힝이다 《명성황후편지글》, (132)

《순원왕후편지글》의 문체는 ⑬의 a에서 보듯이 설명하듯이 길고 매우 상세하다. 걱정하는 마음은 '내 눈으로 봐야 마음이 놓이겠구나', 안부인사도 '여러 집 모두 과세 평안하기를 바라고 태평하게 지내시오' 등에서처럼 세세하게 나타난다. 그러나 b의 《명성황후편지글》은 사건을 간단히 정리하여 핵심내용만을 매우 간략하게 제시하고 있다. '승정원에서 불이 났고 바로 불길이 잡혀서 다행이다'처럼 사건을 보고하듯이 간단명료하게 기술한다. 나아가 사건에 대한 화자의 생각 역시 '만행(萬幸)이다'처럼 극히 절제되어 나타난다. 비슷한 시기에 지어지고 편지의 목적도 상당부분 유사하다고 할 수 있는 두 편지글의 표현의 차이가 극명함을 알 수 있다.[31]

명성황후 편지의 이러한 간결한 문체는 개인의 특성을 반영한 것일 수도 있고, 상황맥락에 의한 불가피한 선택일 수도 있을 것이다. 명성황후 개인의 삶이 평탄치 못하고 궁중의 공인으로서의 의무가 강조되다 보니 보편적 사람들처럼 개인감정의 표현에서 자유롭지 못했을 것이다. 한편 치열한 권력다툼 속에서 살아남기 위해 강인한 내면을 가져야 했을 것이고, 이것이 언어표현에도 반영되어 감정적 표현은 최대한 절제하여 언급한다고 할 수도 있을 것이다.

따라서 어떤 이유가 되었든 명성황후의 한글편지는 지극히 짧고 건조한 표

31 한편 명성황후의 편지 중에 동경에 전보를 보냈는데 전선이 끊어져서 전보를 못 받았다는 내용이 있는 것으로 보아 명성황후의 편지는 간단명료하게 표현하는 전보와의 관계도 생각해 볼 수 있다.

현이 상당수이고, 이와 같은 표현이 명성황후 한글편지의 문체적 특징으로 고착되었다 할 수 있다. 요컨대 명성황후의 한글편지에 나타나는 문체는 마치 메모처럼 핵심 내용만을 간략하게 언급하면서 간결한 형식으로 구성되었다는 특징을 갖는다.

3.3. 한자어의 빈번한 활용

명성황후의 편지가 한글로 작성되었다는 점에서 당시 한글사용의 일면을 엿볼 수 있음은 당연하다. 그런데 재미있는 것은 표현에 있어서는 한자어의 비중이 고유어보다 훨씬 높다는 점이다. 곧 편지에 나타나는 구체적인 어휘는 여전히 한자어가 많으며, 특히 빈번하게 나타나는 병명은 모두 한자어로 구성되어 있다.

⑭ a. 각통(脚痛), 두통(頭痛), 미통(尾痛), 복통(腹痛)

b. 쳬긔(滯氣), 담체(痰滯), 셔체(暑滯), 쳬셜(滯泄), 셔증(暑症), 담텬(痰喘), 담화(痰火)

c. 안질(眼疾), 안환(眼患)

d. 종긔(腫氣), 각긔(脚氣), 현긔(眩氣), 감긔(感氣)

e. 독감(毒感), 감체(感滯), ᄒᆡ소(咳嗽)

f. 은진(癮疹)

⑭는 명성황후의 편지에 나오는 병명인데, 모두 두 글자 한자어로 구성되어 있다. '다리가 아팠다, 머리가 아팠다, 허리가 아팠다' 등처럼 병명을 고유어로 풀어 표현할 수도 있지만 모두 한자어인 점을 볼 때, 여전히 한자어의 사용이 보편적이었음을 알 수 있다. 이와 같은 한자어의 사용은 어휘의 가독성과 그에 따른 의미표현의 수월성을 담보하기도 하는데, 당시 사대부 여성

들에 대한 교육의 결과라 볼 수 있다. 편지에 고정적으로 나타나는 날씨 표현도 대부분 한자어가 차지하고 있다.

⑮ a. 긔졔(開霽), 동풍(東風), 동우(冬雨), 음산풍(陰散風), 대우(大雨), 뇌우(雷雨), 닝우(冷雨), 심동(深冬)

b. 청화(晴和)하다, 한닝(寒冷)하다, 청가(晴佳)하다, 청냥(晴凉)하다, 온화(溫和)하다, 한증(汗蒸)이다, 증울(蒸鬱)하다, 화창(和暢)하다, 청가(晴佳)하다, 우습(雨濕)하다, 졸한(猝寒)이다, 청온(晴溫)하다, 음닝(陰冷)하다, 극열(極熱)이다, 고이(怪異)하다

c. 작야 뇌우가 고이ᄒᆞ다. / 오늘도 일긔 심닝ᄒᆞ며 / 오늘 셜후 일긔 졸한이다.

⑮의 a는 날씨를 뜻하는 어휘이고 b는 이와 호응하는 서술어이다. 그리고 이들 어휘를 활용한 문장은 c처럼 나타난다. 명성황후 편지의 문장은 조사나 어미, 혹은 일부 서술어만을 고유어로 표현하고, 대부분은 한자어를 활용하여 표현한다.

⑯ a. 우의 일양이니 동마 고이ᄒᆞ다

b. 작야 우후 일긔 일양 덥다

c. 우의 업스니, 안면은 보아야게다, 미후다

d. 일젼 슈슈 이졔 회셔흔다

e. 작야부터 종야 종일 더욱 알코 디ᄂᆡ니

f. ᄉᆞ쳐의셔 결ᄒᆞ니 념녀 측냥 업고 무시와 달나 작일 하직ᄒᆞ고 나간 후 심회조치 아니ᄒᆞ다

g. 작폐될가 시부니 그만 두게다

h. 우의 종셰 긔제치 아니며

i. 영 창하다, ᄒᆡᆼ이다, 위념이다, 감창하다, 념마라[32]

⑰ 알푸다, 답답하다, 괴롭다, 낫다, 풀니다, 든든하다, 자다, ᄒᆞᆫ가지다, 싀슷다, 디ᄂᆡ다, 덥다, 보내다, 아라보다, 드려보ᄂᆡ다, ᄂᆡ리다, 무러보다, 드러오다, 주다, 거복하다, 많다

⑯에서 보는 바와 같이 한글로 표기하였지만 문장의 중심어휘는 모두 한자어이다. 조사나 어미와 같은 문법적 기능어나 일부 서술어에 한해 고유어를 활용할 뿐, 대다수의 어휘는 한자어에 기반을 두고 표현하였다. 명성황후 편지에서의 한자어 활용은 앞서 살펴본 순원왕후의 편지글과 비교하면 빈도가 훨씬 높음을 알 수 있다.

⑱ a. 일긔 봄날 ᄀᆞᆺᄐᆞ야 심ᄒᆞᆫ 치위 아니니 더욱 다ᄒᆡᆼ 깃브다

b. 아모리 ᄒᆞ여도 ᄀᆞᆺ초 그 속을 알 길이 업스니 이 ᄉᆡᆼ각을 ᄒᆞ면 속이 갑〃히 내 ᄯᅳᆺ이 우리 김시와ᄂᆞᆫ 아니코져 ᄒᆞ미

c. 그 뒤 오라디 아녀 이러타 져러타 ᄒᆞ오니 그도 인녁으로 못ᄒᆞ고 운수요 하ᄂᆞᆯ

32 편지글 원문에는 한글로만 기록되어 있는데, 여기에 한자어를 구분하여 표기하면 다음과 같다.
a. 우의(雨意) 일양(一様)이니 동(冬)마 고이ᄒᆞ다
b. 작야(昨夜) 우후(雨後) 일긔(日氣) 일양(一様) 덥다
c. 우의(雨意) 업스니, 안면(安眠)은 보아야게다, 미후(美候)다
d. 일젼(日前) 슈슈(收受) 이졔 회셔(回書)ᄒᆞᆫ다
e. 작야(昨夜)부터 종야(終夜) 종일(終日) 더욱 알코 다ᄂᆞ니
f. ᄉᆞ쳐(四處)의셔 결(缺)ᄒᆞ니 념녀(念慮) 측냥(測量) 업고 무시(無時)와 달나 작일(昨日) 하직(下直)ᄒᆞ고 나간 후 심회(心懷) 조치 아니ᄒᆞ다
g. 작폐(作弊)될가 시부니 그만 두게다
h. 우의(雨意) 종셰(終歲) 긔졔(開霽)치 아니며
i. 영 창(愴)하다, 행(幸)이다, 위념(爲念)이다, 감창(感愴)하다, 념(念)마라

이니 누고를 탓ᄒᆞ며 누고ᄅᆞᆯ 원ᄒᆞᆯ가 보오니잇가 그져 셜울 분이오니

d. 안악의 상변 천만의려 밧기니 오즉 참셕비졀ᄒᆞ시랴 ᄒᆞᆯ 말이 업ᄉᆞᆸ고 경악ᄒᆞ고 위인이 앗갑고 불상ᄒᆞ니 어인 일인디 지금 거즛말 ᄀᆞᆺᄐᆞ여 고이ᄒᆞ오이다 상히 병 잇다 말은 듯디 못ᄒᆞ고 마시ᄂᆞᆫ 거시 과ᄒᆞ다 ᄒᆞᄃᆡ 뎌 지경이 될 줄은 몰라ᄉᆞᆸ더니이다

⑱의 예는 순원왕후의 한글편지에 나타난 표현이다. 명성황후의 편지에서 '악한(惡漢)'으로 나타난 표현이 순원왕후의 편지에서는 '심한 추위'로 언급되고, 명성황후의 '답답하다'를 순원왕후에서는 '그 속을 알 길이 없으니 이 생각을 하면 속이 갑갑해'로 비교적 자세히 표현한다. 감정을 표현함에서도 순원왕후의 '누구를 탓하며 누구를 원망할까. 그저 서러울 뿐이다.'와 같은 절절한 표현은 명성황후의 편지에서는 전혀 나타나지 않는다. 명성황후의 '괴이하다'는 순원왕후에서는 '어인 일인지 지금 거짓말 같기만 하고 괴이하다' 등처럼 절절히 표현된다.[33] 일부만을 간단히 비교해 보아도 명성황후의 편지에 나타나는 표현과 순원왕후 편지의 표현의 차이는 극명하다.

이상 살펴본 것처럼 명성황후의 한글편지는 한글로 표기되었지만 구체적으로 사용된 어휘, 문장 표현 등은 여전히 한자어의 영향이 크다. 명성황후가 교육 받은 여성 최고위층임을 감안하면 당시 지배계층에서 구사했던 어휘들이 사용되었을 것으로 보인다.[34]

---

33 염려하는 마음을 표현한 것을 비교하면 명성황후의 편지에서는 '안질 더ᄒᆞᆫ 일 념녀 측냥업다'는 표현이 순원왕후의 편지에서는 '상히 병 잇다 말은 듯디 못ᄒᆞ고 마시ᄂᆞᆫ 거시 과ᄒᆞ다 ᄒᆞᄃᆡ 뎌 지경이 될 줄은 몰라ᄉᆞᆸ더니이다'처럼 세세히 감정을 실어 묘사하고 있다.

34 순원왕후 역시 당시 교육의 혜택을 받은 여성 최고위층임을 고려한다면, 명성황후의 한자어 사용을 교육의 결과로 일괄하기는 조심스럽다. 다만 명성황후의 편지에 한자어 사용이 빈번함은 전달의 용이성이나 표현의 간결성, 한자문화의 영향 등 다양한 요인이 있을 것으로 추론할 수 있다.

3.4. 한정적 어휘 사용

《명성황후편지글》에서는 감정형용사 '괴롭다'와 '답답하다'가 가장 빈번하게 발화된다. 명성황후는 매 편지마다 병 때문에 괴롭고, 날씨 때문에 답답하다고 언급한다. 편지에는 '내 건강 상태가 어떠어떠해서 괴롭다'와 '어떠어떠한 날씨로 답답하다'라는 두 문장이 지속적으로 발화된다.[35] 편지마다의 '괴롭고 답답하다'의 빈번한 표현은 마치 명성황후가 자신의 심적 상태를 병이나 날씨에 얹어서 우회적으로 표현한 것은 아닌가 하는 생각을 불러일으킨다. '괴롭다, 우울하다, 답답하다'라는 어휘가 지속적으로 등장하다 보니, 명성황후의 편지 내용은 대부분이 어둡고 우울한 느낌을 자아낸다. 이와 같이 특정 의미장에 국한된 어휘의 한정적 사용을 토대로 명성황후의 심정을 추론할 수도 있다.

⑲ a. 각통은 ᄒᆞᆫ가지니 괴롭다 / 체긔로 괴롭다 / 담체 ᄒᆞᆫ가지니 괴롭다 / 담텬으로 괴롭다 / 종시 ᄌᆞᆷ을 못자니 괴롭다 / 셔체로 괴롭다 / 감긔로 괴롭다 / 복통으로 괴롭다 / 담화로 괴롭다 / 두통으로 괴롭다

b. 두로 알푸니 답〃ᄒᆞ다 / 종시 ᄊᆡᄉᆞᆺ지 아니니 답〃ᄒᆞ다 / 나ᄂᆞᆫ 시방도 ᄊᆡᄉᆞᆺ지 아니ᄒᆞ니 답〃 괴롭다 / 작야부터 종야 종일 더욱 알코 나ᄂᆞ니 답〃 괴롭다

⑳ 오늘은 악한이니 답〃ᄒᆞ다 / 오ᄂᆞᆯ 일긔 동풍이 괴상ᄒᆞ니 답〃ᄒᆞ다 / 오ᄂᆞᆯ 일긔 한ᄂᆡᆼᄒᆞ니 답〃ᄒᆞ다 / 일긔ᄂᆞᆫ ᄆᆡ오 청화ᄒᆞ나 우의 업스니 답〃ᄒᆞ다 / 일긔는 종시 한ᄌᆞᆼ이니 답〃ᄒᆞ다 / 오ᄂᆞᆯ 일긔 음산 한ᄂᆡᆼᄒᆞ니 답〃ᄒᆞ다 / 일긔 우셰 긴ᄒᆞ나

35 명성황후는 자신의 몸 상태, 또는 앓고 있는 병 때문에 '괴로움'을 호소한다. 그리고 그날그날의 날씨를 언급하면서 날씨 때문에 답답하다는 심회를 토로하고 있다.

니 답〃ᄒᆞ다

㉑ 오ᄂᆞᆯ 일긔 ᄆᆡ오 온화ᄒᆞ다 / 오ᄂᆞᆯ 일긔ᄂᆞᆫ 져기 청냥ᄒᆞ다 / 일긔는 ᄆᆡ오 청화ᄒᆞ다 / 오ᄂᆞᆯ 일긔ᄂᆞᆫ 좀 풀닌다 / 오ᄂᆞᆯ 일긔ᄂᆞᆫ ᄆᆡ오 화창ᄒᆞ다 / 오ᄂᆞᆯ 일긔 ᄆᆡ오 쳥닝ᄒᆞ다

⑲는 명성황후가 편지마다 밝히고 있는 자신의 건강상태이다. 편지에 언급된 상태를 보면 잔병치레가 많은 인물처럼 보인다. '감기, 두통, 체하기, 불면, 해담' 등의 증세가 편지마다 자주 등장한다. 그리고 이런 증세 때문에 아프고 괴롭다고 호소한다. 그러나 아픈 상태에 대한 구체적인 언급이나 자세한 설명은 나타나지 않고, 간단히 원인과 상태만을 제시한다.

한편 ⑳과 같은 날씨 표현이 매번 나오는데, 표현형식이 '(날씨가) 어떠어떠해서 (내 마음 상태가) 어떻다'로 일관된다. '추워서, 더워서, 바람이 불어서, 눈이 많이 와서+답답하다(날씨형용사+감정형용사)'처럼, 날씨 표현에 자신의 심정을 얹어서 표현한다. 간혹 ㉑처럼 '오ᄂᆞᆯ 일긔 청냥ᄒᆞ다, 온화ᄒᆞ다, 풀닌다, 청화ᄒᆞ다'의 맑은 상태의 날씨도 언급하는데, 특이한 것은 긍정적 날씨 언급에서는 '(좋은 날씨가) 어떠어떠해서+좋다, 즐겁다, 행복하다' 등의 긍정형 감정형용사는 나타나지 않는다는 점이다. 긍정적 날씨에는 감정형용사를 붙이지 않고 'ᄆᆡ오, 져기, 좀'과 같은 부사어의 수식구조로 나타내는 공통점이 발견된다.[36]

명성황후가 궁중 여인이기에 '임금과 세자'의 안녕을 걱정, 염원하는 표현이 편지의 서두에 매번 상투적으로 들어가는 것처럼, 날씨 표현 역시 정형화된 형식으로 나타난다. 그러나 임금과 세자의 안녕을 염원하는 표현은 궁중

36 다만 '오ᄂᆞᆯ은 긔졔ᄒᆞ니 힝이다.(날이 개어 다행이다), 일긔 온화ᄒᆞ니 미후다(일기 온화하니 좋은 때다)'의 표현만 나올 뿐이다.

여인의 책무라서 정형화되었다고 할 수 있지만, 날씨 표현의 정형화에 대한 해석은 모호하다. 모든 편지가 매우 짧은 분량임에도 불구하고 날씨를 매번 언급한 것은, 여기에라도 화자의 감정을 담고자 한 것은 아닐까 한다. 문장의미로는 '날씨 때문에 답답하고 괴롭다'로 해석할 수 있으나 발화의미로는 '지금 내 마음이 답답하고 괴롭다'를 시사한 것으로 볼 수 있다. 이를 정리해 보면 [그림 5]와 같다.

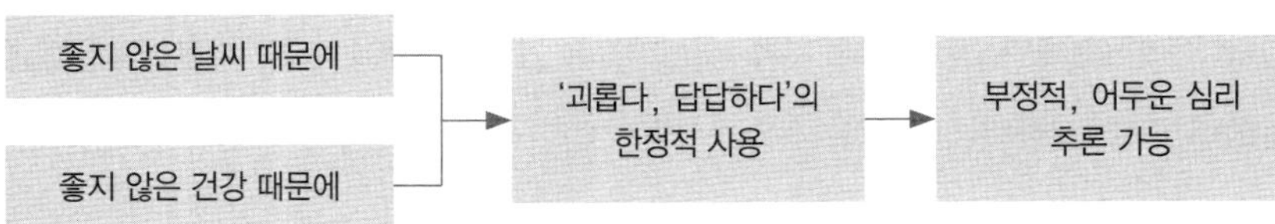

[그림 5] 한정적 어휘 사용과 명성황후의 심리

명성황후의 편지에 빈번히 언급되는 어휘를 바탕으로 보면 명성황후의 심리가 상당히 부정적이었음을 알 수 있다. 이는 시대적으로 명성황후의 안팎이 늘 불안하고 어지러웠기 때문이라 하겠다. 이러한 부정적 상황이 언어표현에 영향을 미쳐 '괴롭다, 답답하다'의 한정적 어휘사용의 결과를 가져온 것으로 볼 수 있다.

4. 결론

지금까지 《명성황후편지글》의 텍스트 구조와 표현양상, 그리고 특징에 대해 살펴보았다. 명성황후의 한글편지를 통해 19세기 말 여성 지도자로만 알려진 명성황후의 인간적인 모습과 내면세계를 엿볼 수 있었음은 물론 당시의 국어사용의 단면까지도 살필 수 있었다. 이제까지의 논의를 요약하는 것으로 결론을 대신하고자 한다.

첫째, 《명성황후편지글》은 '인사→날씨→사연'의 통일된 형식구조를 보인다. 사연의 특성에 따라 이들 구조가 변용되어 '인사→날씨', '인사→사연', '사연' 등으로 압축되기도 한다. 《명성황후편지글》의 주제는 가족의 건강과 정치 현안으로 나누어지며, 일관하여 분량이 매우 짧은 특징이 있다.

둘째, 《명성황후편지글》의 텍스트 특징을 살펴보았다. 먼저, 구조적 특징으로 명성황후의 편지는 받은 편지에 대한 답장, 즉 먼저 받은 편지에 대한 짝 텍스트로 지어진 것임을 알 수 있다. 그러다 보니 화자와 청자가 공유하는 배경정보에 의존해 간략한 표현이 많이 나타나고 있다. 먼저 받은 편지에 대한 답장 형식이 대부분이어서 생략과 함축적 표현이 빈번하다. 두 번째, 문체적 측면에서 매우 간결한 표현이 다수를 이룬다. 자신의 감정이나 생각을 구구절절 표현하는 신변잡기적인 편지글의 속성과는 무관하게 사건이나 사안에 대해 간단하게 요약·제시한다. 따라서 마치 보고서나 메모와 같은 느낌을 준다. 세 번째, 명성황후의 편지는 대부분의 어휘사용이 한자어에 국한되어 있다. 빈번히 등장하는 병명이나 날씨 관련 어휘는 거의 한자어를 활용하고 있으며, 문장 표현에서도 한자어에 의존한 것이 대부분이다. 조사나 어미, 그리고 일부 서술어에서만 고유어를 쓸 뿐 대부분의 어휘는 한자어를 기반으로 한다. 다만 이를 표기하는 수단이 한글일 따름이다. 네 번째, 빈번히 등장하는 어휘가 한정적이다. 주로 '괴롭고 답답하다' 등의 부정적 어휘를 반복 사용하고 있으며, 긍정적 의미의 어휘는 거의 나타나지 않는다. 특정 의미장의 어휘를 한정적으로 사용함으로써 명성황후의 심적 상태 및 내면세계를 짐작할 수 있다.

제2부

한국어의 활용과 의미변이

제1장 국어 줄임말의 의미변이와 대안

제2장 어휘의미의 변이와 기능

제3장 도시슬로건의 언어표현과 의미

제4장 '저기(요)/있잖아(요)'의 변이와 활용

제1장

국어의 줄임말의 의미변이와 대안

1. 서론

이 장은 국어의 줄임말의 용례를 확인하고 그것을 통해 언어의 변이 양상을 파악하는 것이 주목적이다. 말도 생각도, 그에 따른 행동도 빠른 시대가 되었다. 변화의 속도는 점차 가속화되고, 이에 따라 언중의 언어생활도 빠르게 변화한다. 일반적으로 언어는 어느 정도의 사용기간을 거쳐야 그 변화 양상을 짐작할 수 있는데, 지금은 이를 미처 살필 겨를도 없이 빠르게 변화하고 있다. 게다가 그러한 변화가 상당기간 지속되는 것도 아니어서 언어변화에 적이 당황스러울 따름이다. 그러다 보니 세대별 언어표현이 상이함은 물론이거니와 의사소통이 원활하지 못한 경우도 종종 있다. 더욱이 다변화된 매체 또한 언어생활의 급변에 일조하고 있다. 이러한 줄임말은 각종 매체는 물론 일상생활에서 자연스럽게 사용되어 파급 효과가 매우 크다.

얼마 전 인천에서 있었던 중국인 관광객을 위한 축제와 관련해 '유커 4,500명치맥파티'라는 제목의 기사가 있었다.[01] 제목에서 언급되었듯이 일상생활에서 쉽게 듣고 발화하는 어휘가 '치맥'이다. 이는 '치킨+맥주'의 줄임말이다.[02] 각각 어휘의 앞 글자만을 따서 새로이 만든 '치맥'은 이제 보통명사처럼 쓰이고 있다. 줄임말은 기존 어휘를 줄여서 말하는 것으로, 단어 하나를 줄이거나 둘 이상의 단어를 합치는 등 다양한 방법으로 만들어진다.[03] 줄임말 발화는 의미전달의 신속성과 언어사용의 재미를 추구할 수 있다는 점에서 주목할 만하다. 특히 빠른 의미전달을 선호하는 젊은 화자는 짧고 간단한 발화가 가능한 줄임말을 매우 빈번히, 그리고 다양하게 활용한다. 줄임말 발화가 의사소통의 신속성과 언어사용의 유희성을 보장하지만, 지나친 줄임말 발화는 의사소통의 역기능을 초래할 수도 있다.[04] 더군다나 요즘처럼 고유어와 외래어가 뒤섞이는 현상이 잦은 경우에는 줄임말 현상에 대해 숙고할 필요가 있다. '변화'라는 소용돌이 속에서 언어에 대한 분석과 올바른 방향 모색은 언제나 지속되어야 하기 때문이다.

이 장에서는 국립국어원의 〈이런 말도 있어요〉에 제시된 신조어와 『트렌드 코리아 2014 · 2015』, 그리고 인터넷 포털 사이트에 게재된 기사, 광고문 등에

---

01 다음 내용의 기사를 참고하였다.
유커(遊客, 중국인 관광객) 4,500명이 몰린 지난달 28일 인천 월미도 치맥 파티가 있었다.
『중앙일보』, 2016. 4. 20.

02 줄임말 현상은 일종의 축약현상일 수 있지만, 준 어휘에 단어의 자격을 부여하기는 어려울 수 있어서 언어 변이 현상으로 부르기로 한다.

03 논의의 편의를 위해 이 장에서는 줄임말과 준말을 달리 처리한다. 준말은 말 그대로 '단어의 일부분이 줄어든 것'의 의미로, 예를 들어 '사이→새'와 같은 경우이다. 그러나 줄임말은 두 단어 이상이 다양한 방법으로 합쳐지면서 줄어들어 나타나는 현상을 말한다.

04 문법적 적법성이나 의미의 용인성을 고려하지 않고 빠른 발화에만 집중하다 보니 비문법적인 줄임말이나 의미전달이 원활하지 못한 줄임말도 등장한다. 예를 들어 '금사빠이긴 해도 뇌섹남이지? 완전 심쿵해. 자세한 건 갠톡하자. 읽씹하지 마.'(『새전북신문』, 2015. 10. 6.)에 사용된 줄임말들인 '금사빠, 뇌섹남, 심쿵, 갠톡, 읽씹'이 무슨 의미인지 알 수 있는 언중이 얼마나 되는지 의문이다.

서 사용되는 줄임말을 추출하여 분석대상으로 목록화하고, 여기서 나타나는 줄임말의 양상과 특징, 문제점 등에 대해 살펴보고자 한다.[05] 이렇게 줄임말에 대해 살피는 것은 국어의 실제적인 모습에 접근하는 것이면서 동시에 국어사용의 방향을 모색하는 것이라 하겠다.

2. 현대국어의 줄임말 현상

2.1. 혼성 줄임말

혼성은 'ab'와 'cd'로 구성된 두 어휘가 합쳐져 'ab+cd → a+d / b+c'의 구조로 형성된 어휘이다. 즉 [그림 1]과 같이 관련된 두 언어형식을 결합하여 새로운 어형을 만드는 것이다.[06] 혼성은 다시 유사한 의미의 어휘로 파생되는 혼성과 유사한 범주에 속하는 어휘로 파생되는 혼성으로 나눌 수 있다.[07]

---

05 국립국어원의 〈이런 말도 있어요〉 코너에서는 근래 새롭게 등장하여 회자되는 신조어의 의미나 용례를 제시하고 이들을 의미맥락에 맞는 순화어로 제시한다. 이 장에서는 여기 소개된 어휘 중 축약에 의해 형성된 어휘를 추출하였다. 『트렌드코리아 2014 · 2015』는 '한국사회의 변화를 예고하는 새로 등장한 키워드'를 선정, 이에 대한 자료와 설명을 제시하고 있어 참고하였다. 특히 이 두 텍스트는 변화된 사회문화를 바탕으로 한 어휘모음집이다. 책에 제시된 어휘들은 사회현상을 기반으로 어휘의 의미와 용례를 다양한 사례와 함께 경제학적 측면, 사회문화적 측면에서 분석하고 있다.(〈이런 말도 있어요〉, 국립국어원, www.korean.go.kr; 김난도 외, 『트렌드 코리아 2015』, 미래의 창, 2015; 김난도 외, 『트렌드 코리아 2014』, 미래의창, 2014.)

06 임지룡(2010)에 의하면, blend라 칭하는 혼성어는 ab+cd의 구성에 의해 형성되는 어형 중 ac에 의한 머리글자어와 bd에 해당하는 꼬릿글자어를 제외한 ad, bc의 구성요소를 갖는 어휘를 의미한다. 한편 박용찬(2008)에서는 혼성을 합성이나 절단이 모두 포함된 개념으로 파악하여, 두 개의 단어가 앞 단어의 뒷부분과 뒤 단어의 앞부분을 절단하여 합성하는 것으로 파악하고 있다.

Bauer(1983 : 234)에서는 blend를 형태소로의 명백한 분석이 아닌, 방법으로써 나누어진 두 개(또는 그 이상)의 다른 단어들의 부분으로 형성된 새로운 어휘라고 제시한다.(이재현, 2005 : 384)

07 임지룡(1996 : 194~202)에서는 혼성어의 하위유형으로 동의어에 의한 혼성어(어휘 형태 결합에 의해 형성)와 등위어에 의한 혼성어(형태와 의미관계를 중심으로 형성된 혼성어), 그리고 연어적 혼성어(연어관계를 바탕으로 형성되는 혼성어)로 나누어 제시한다.

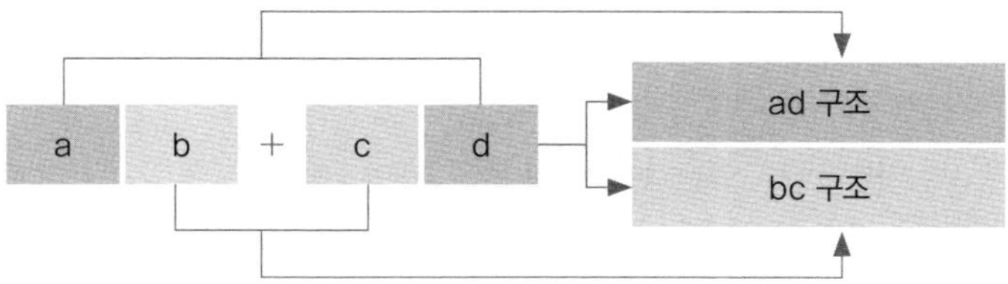

[그림 1] **혼성어 형성 방법**

이러한 혼성에 의한 어휘는 고유어에서보다는 외래어에서 더 빈번한 조어 현상이며, 국어에서는 그 쓰임이 빈약하다.

① a. 스모그(smoke + fog), 브런치(breakfast + lunch), 무크(magazine + book), 라이거(lion + tiger), 오피스텔(office + hotel), 모텔(motorist + hotel), 레포츠(leisure + sport), 유라시아(europe + asia), 콩글리쉬(korean + english), 스태그네이션(stagnation + inflation)

b. 거렁뱅이(거지 + 비렁뱅이), 라뽂기(라면 + 떡볶이), 깔뚝질(깔딱질 + 딸꾹질)[08]

①의 a는 외래어로 만들어진 혼성어이고,[09] b는 고유어로 만들어진 혼성어이다. 어휘의미는 결합어휘 각각의 의미의 합이라 할 수 있다. 예를 들어 스모그는 'smoke'의 뜻과 'fog'의 의미 합으로 '연기가 안개와 같이 된 상태'를 의미한다. 이처럼 혼성어는 두 어휘를 하나로 엮음으로써 빠른 발화와 신속한 의사전달, 나아가 의미의 강화 효과까지 거둘 수 있다. 이러한 방법으로 새로 생긴 혼성어의 예를 더 들어 보면 다음과 같다.

---

08 임지룡(2010) 인용.

09 ① a의 외래어로 만들어진 혼성어의 경우는 한국어에서 비롯된 것이 아니지만, 외래어 기반 혼성어를 예시하기 위해 언급하였다.

② a. 포린후드(foreigner+neighborhood), 디지로그(digital+analog), 페이스펙(face+spec), 에바(error+over), 메디텔(medicine+hotel)

b. 맥도리아(맥도날드+롯데리아), 황사능(황사+방사능), 웃프다(웃기다+슬프다)

c. 밥버거(밥+hamburger), 군나페(군+carnape), 트통령(twitter+대통령), 금툰(금+cartoon), 득템(득+item), 빠그맨(빠+gagman)

②는 새로 만들어진 혼성 줄임말로, a는 외래어끼리 b는 고유어끼리 결합하여 만들어졌다. 그리고 c는 외래어와 고유어의 결합에 의해 만들어진 혼종어이다. 특히 c에 제시된 예들은 매체를 통해 확산되거나 요즘의 사회 문화를 반영하여 형성된 줄임말이어서 더 주목된다.[10] '밥버거'는 고유어 '밥'에 아이들에게 인기 있는 'hamburger'를 결합시켜 '햄버거처럼 만든 밥'이라는 의미로 사용된다. 또한 '군나페' 역시 '군인'과 'carnape'를 결합시켜 만든 것으로 '군인들이 먹는 카나페, 군대에서 만든 카나페' 등의 의미를 형성한다. '트통령'이나 '금툰' 역시 혼종 혼성 줄임말로, 이미 매체를 통해서 다양하게 사용되고 있다.

새로 만들어지는 혼성 줄임말들은 함께 발화된 경험을 바탕으로 하고 있다. 예를 들어 군대에서 누군가 카나페를 만들었던 일이 매체에서 알려진 후 '군대+카나페→군나페'라는 어휘가 만들어진다. 새로 생긴 혼성 줄임말은 기존 혼성 줄임말(①의 예)처럼 비교적 동등하거나 유사한 어휘장에 속하는 두 어휘의 결합에 의하기보다는, 어떤 표현이 함께 발화될 때 각각 어휘의 의미를 더한 후 여기에 해석을 위한 배경 의미까지 더해져 형성되는 경우가 많다. 특히 고유어와 외래어의 혼성 줄임말은 대부분이 이들 어휘가 등장한 배

10 박용찬(2010 : 126)에 의하면, 이전의 혼성어에 비해 요즘의 혼성어는 외래어와 고유어, 한자어까지 모두 관련되고 있으며, 따라서 혼성도 우리말 형성방법의 하나로 자리 잡아 가고 있음을 의미한다고 언급하고 있다.

경이나 부가적 설명이 덧붙어야만 의미를 이해할 수 있다.

③ a. 밥버거(밥+hamburger): 햄버거처럼 만든 밥

b. 군나페(군+carnape): 군대에서 만든 카나페, 군인들이 먹는 카나페

c. 트통령(twitter+대통령): 트위터에서의 대통령, 팔로워 수가 많은 사람을 일컫는 말

d. 금툰(금+cartoon): 금융감독원+cartoon, 금융감독원에서 만든 금융정보를 알기 쉽고 재미있게 설명한 만화 가이드북

e. 득템(득+item): 게임 등을 통해 아이템을 얻다. 생활 속에서 유용한, 혹은 필요한 물건을 얻었을 때 사용하는 말

f. 뼈그맨(뼈+gagman): 뼛속까지 개그맨인 사람, 천성이 개그맨인 사람

③에 제시된 혼성 줄임말의 의미는 단순히 구성 어휘의 의미 총합으로 추론하기는 쉽지 않다. 이들은 각 어휘가 만들어진 배경이나 언어사회에서 통용되는 의미를 바탕으로 추론해야 한다. 예를 들어 e의 '득템'의 의미를 이해하기 위해서는 '아이템'이 게임용어가 아닌 '일상생활에서 필요로 하는 물품'이라는 의미로 전이된 사정을 알아야 하며, '득'이 '得'에서 기인했음도 알아야 한다.[11] f의 '뼈그맨' 역시 '뼈+개그맨'에서 만들어졌지만 '뼛속까지 개그맨인, 태어날 때부터 개그맨의 기질이 탁월한'의 의미를 알아야 이해에 수월하다.[12]

---

11 '득템'의 경우 다음의 예문을 제시한다.
a. 이니스프리 세일, 12일부터 최대 50% 파격 할인… 초특가 득템 상품은? 『경인일보』, 2015. 2. 15.
b. 밸런타인데이, 이거 사면 '호갱' 아닌 '득템' 『이데일리』, 2015. 2. 9.
c. 아틀란 3D앱, 무료 다운받고 설 선물 득템하세요. 『매일경제』, 2015. 2. 9.

12 '뼈그맨'의 예문은 다음과 같다.
a. ○○○, 개코원숭이와 입담으로 '뼈그맨 인증' 『한국경제』, 2015. 2. 5.
b. '개콘' ○○○, 아픈 연애사 개그로 승화시킨 뼈그맨 『OSEN』, 2015. 1. 19.
c. '안녕하세요' ○○○, 리얼한 변태녀 연기 '역시 뼈그맨' 『아시아투데이』, 2015. 1. 5.

이처럼 새로 생긴 혼성 줄임말은 합쳐지는 구성 어휘의 의미와 발화맥락을 바탕으로 형성되는 특징이 있다.

2.2. 두자어 줄임말

두자어 줄임말은 합쳐지는 각 어휘의 앞부분만을 발췌·결합하여 만든 어휘로 발화의 편의성과 의사전달의 신속성을 목표로 한다.[13] 이해의 편의를 위하여 조어형태를 도식화하면 [그림 2]와 같다.

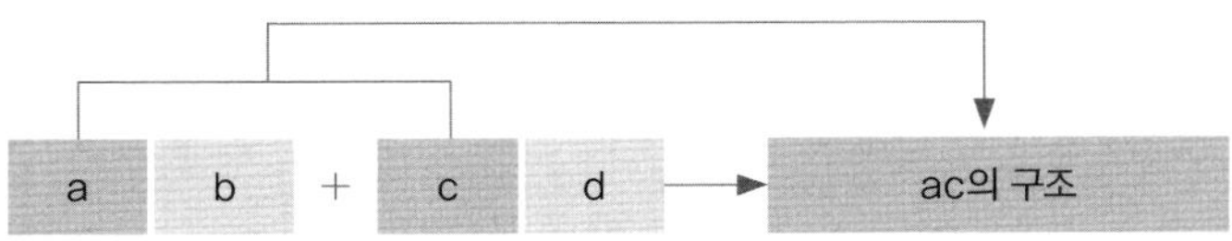

[그림 2] 두자어 형성 방법

이와 같이 두 어휘의 첫 글자를 조합하여 새로운 어휘를 만들고 있다. 두자어 줄임말은 지금까지 가장 빈번하게 사용되어 왔지만, 근래 와서 새로 등장한 두자어 줄임말은 생성 양상이 사뭇 다르다.

④ a. 과기원(과학 기술 연구원), 홍대(홍익 대학교), 야자(야간 자율학습), 자소서(자기소개서), 국과수(국립과학 수사 연구소)

b. UN(United Nations), CIA(Central Intelligence Agency), MT(membership training)

13 '두자어'는 손남익(2007)에서는 '두자어', 이은섭(2007)에서는 '음절 생략형', 김용선(2008)에서는 '어두음절 결합어기'로 이름하고 있다. 임지룡(2010)에 의하면 두자어는 '소리와 뜻의 측면으로 연관된 X(ab)와 Y(cd)의 두 언어 형식 중 ac의 조합으로 만들어진 어휘로 머리글자말(acronym)이라고 할 수 있다'고 설명한다.

⑤ a. 쌍수(쌍꺼풀 수술), 짤방(짤림 방지), 개취(개인 취향), 버정(버스 정류장), 버카충(버스 카드 충전), 컴싸(컴퓨터 싸인펜), 중도(중앙 도서관), 치맥(치킨 맥주), 문상(문화상품권), 쌍액(쌍꺼풀 액), 갠소(개인 소장), 로코(로맨틱 코미디), 성괴(성형 괴물), 엄친아(엄마 친구 아들), 생축(생일 축하), 생파(생일 파티), 생선(생일 선물)

b. 맛점(맛있는 점심 드세요), 먹방(먹는 활동 방송), 불금(불타는 금요일), 열공(열심히 공부), 볼매(볼수록 매력덩어리), 금손(금같이 소중한 손), 열일(열심히 일), 관종(관심 받고 싶은 종자), 화떡녀(화장을 떡칠한 여자), 병맛(병 걸릴 것 같은 맛), 극혐(극심한 혐오)

c. 깜놀(깜짝 놀라다), 화떡(화장이 떡졌다), 안습(안구에 습기 차다), 밀당(밀고 당기다), 존잘(엄청 잘생겼다), 길막(길을 막다)

④에서 보듯이 기존 두자어 줄임말은 고유명사적 기능에 의한 독자적 의미를 갖는 어휘들이 대부분이라서 의미추론이 비교적 수월하다. 그러나 ⑤의 새로 생긴 두자어 줄임말은 생성 양상이 아주 다양하다. ⑤ a는 일반명사 조합의 두자어 줄임말이다. 일반명사 구성을 단순히 줄여서 말하다 보니, 줄임말에 대한 선행정보나 발화정보가 없으면 의미 추론이 쉽지 않다.[14] 예를 들어 '쌍수'에 대한 사전정보나 발화정보가 없으면 줄임말로 생성된 '쌍수'의 의미를 추론하기가 쉽지 않다. ⑤ b와 c는 두 단어 이상으로 형성된 구를 줄여서 만든 줄임말이다. 역시 화자나 청자가 이들 줄임말에 대한 사전정보가 없으면 의미추론이 쉽지 않다. '맛점'의 의미가 고유명사의 줄임이 아니기 때문에

14 예문은 다음과 같다.

a. 중국인이 뽑은 한국 명품, 예상 못한 제품도… "개취입니다 존중해주세요" 『한국경제TV』, 2014. 10. 23.

b. 지드래곤♥미즈하라 키코, '생축'과 함께 사랑을 '모락모락'? 『스포츠투데이』, 2014. 10. 08.

c. '수퍼대디열' ○○○-○○○, 찰떡호흡 예고 "로코 부활 알린다" 『enews24』, 2015. 2. 14.

d. ○○○ 성형논란, 학창시절 보니 '성괴?'… "CT 촬영 결과 자연미인" 『조선일보』, 2015. 1. 23.

이에 대한 배경정보가 전제되어야 의미 파악이 가능하다.[15] 따라서 새로 만들어지는 두자어 줄임말은 발화맥락에 대한 의존도가 매우 높음을 알 수 있다. 발화맥락에 대한 사전정보가 없는 청자라면 줄임말의 의미를 이해하기가 쉽지 않기 때문이다.

다양한 매체는 이러한 줄임말의 양산에 일조하고 있다. 이것은 역으로 언어사회에서 나타나는 현상을 매체에서 일반화하는 것일 수도 있다. 매체에서 자주 쓰는 두자어 줄임말을 보면 다음과 같다.

⑥ a. 너목들(너의 목소리가 들려), 태후(태양의 후예), 별그대(별에서 온 그대), 운널사(운명처럼 널 사랑해), 빼둥(빼꾸기 둥지), 디마프(디어 마이 프렌즈), 응팔(응답하라 1998), 응사(응답하라 1994), 그사세(그들이 사는 세상)

b. 무도(무한도전), 뮤뱅(뮤직뱅크), 해투(해피투게더), 정법(정글의 법칙), 개콘(개그콘서트), 마리텔(마이 리틀 텔레비전), 우결(우리 결혼했어요), 웃찾사(웃음을 찾는 사람들)

⑥의 예에서 보는 것처럼 TV 프로그램의 대부분이 줄임말을 쓰고 있다. 이제 원 제목으로 길게 발화하는 것이 오히려 낯설기까지 하다. 그러나 이렇게 하면 발화의 신속성을 담보할지는 모르나, 이 프로그램에 대한 사전 정보가 없는 언중은 의미수용에 어려움을 겪을 수 있고, 따라서 의사소통이 원활하

---

15 이들이 발화된 구체적 예문은 다음과 같다.

a. ○○○ 먹방 공개, CF같은 상큼표정 "맛점하세요~" 『충청일보』, 2015. 1. 30.

b. "'20대 우파는 극혐' 이미지 박히면 우파 미래 없어" 『SBS 뉴스』, 2014. 9. 12.

c. '애용'과 '관종' 사이 당신의 SNS는 안녕하십니까? 『한국일보』, 2014. 8. 20.

d. '썰전' ○○○ "'킬미힐미' 신세기 병맛스러움에 중독" 『TV리포트』, 2015. 2. 6.

e. '가족끼리 왜이래' ○○○-○○○, 밀당 끝! 결혼 골인 『조선일보』, 2015. 2. 13.

f. '안녕하세요' 줄임말 쓰는 친구들, SC-화떡-성파. '대체 무슨 뜻?' 『TV리포트』, 2015. 1. 13.

g. "진짜 미친 거 아냐?"… 사이렌 소리 시끄럽다고 응급차 또 길막 『국민일보』, 2014. 2. 21.

지 못할 수도 있다. 다음의 예문을 보자.

⑦ a. 패완몸(fashion+完+몸), 패완얼(fashion+完+얼굴), 떼캠(떼+camping), 돌싱(돌아온+single), 꿀강(꿀+講義), 노답(no+답), 노잼(no+재미), 모솔(모태+solo), 멘붕(mental+붕괴), 반모(반말+mode), 광클(光+click)

b. 쓸고퀄(쓸데없는 고 퀄리티), 답정너(답은 정해져 있으니 너는 대답만 하세요), 닥본사(닥치고 본방을 사수하세요), 넘사벽(넘을 수 없는 사차원의 벽입니다), 갑툭튀(갑자기 툭 튀어나옴), 금사빠(금방 사랑에 빠지는 사람), 글설리(글쓴이를 설레게 하는 리플입니다), 솔까말(솔직히 까놓고 말하면), 애빼시(애교 빼면 시체)

⑦의 a는 혼종 두자어 줄임말들이다. '패완몸, 패완얼'은 외래어와 한자어, 그리고 고유어의 세 언어가 혼합되어 형성된 줄임말인데, 의미해석은 각 어휘를 풀어서 문장처럼 추론해야 가능하다. 다른 예들도 이와 유사하다.[16] 한편 b의 줄임말은 마치 전체 문장을 세 글자로 줄여 놓은 듯하다. 이들 줄임말은 각 구성요소의 어형을 바탕으로 풀어놓을 수는 있으나 그것만으로 의미를 추론하기는 쉽지 않다. 곧 발화에 대한 구체적인 이해와 사용 맥락의 부연설명을 제공받지 못하면 이해하기 어렵다. ⑦과 같은 혼종 두자어 줄임말을 감

---

16 각각 두자어 줄임말의 의미는 다음과 같다.

① 떼캠(떼 camping): 여럿이 무리지어 하는 캠프
② 돌싱(돌아온 single): 이혼한 여성이나 남성을 이르는 말
③ 꿀강(꿀 講義): 학점을 잘 받을 수 있는 강의
④ 노답(no 답): 해결방법이 나오지 아니한다. 하는 짓이 변변치 않거나 정말 멍청하게 행동할 때
⑤ 노잼(no 재미): 재미없다.
⑥ 모솔(모태 solo): 한 번도 이성 친구를 사귀어 보지 않은 사람
⑦ 멘붕(mental 붕괴): 당황스럽거나 격한 분노가 끓어올라 정신이 나간 상태
⑧ 반모(반말 mode): 남에게 반말로 이야기하는 것

안하면, 발화맥락 정보의 유무에 따라 두자어 줄임말의 수용 여부가 달라질 수 있다. 게다가 줄임말을 형성하는 과정에서 어휘형태의 변형까지 야기하기에, 이전에 이러한 어휘의 발화를 접해 보지 못한 청자는 의미추론이 쉽지 않을 수 있다.

⑧ a. ○○○의 '기억의 습작' 다시보기 100만 돌파 '넘사벽 디바' 위용

『스포츠서울』, 2015. 2. 7.

b. "○○○, 억지 웃음 유발 노잼"… 개콘 '예뻐예뻐' 시청자 반응 '싸늘'

『쿠키뉴스』, 2014. 8. 18.

c. ○○대에 다니는 정모(21)씨는 이번 학기 만족스러운 '꿀강'시간표를 짰다.

『중앙일보』, 2013. 3. 11.

⑧에 제시된 '넘사벽'을 어떤 맥락에서 발화하는 것인지를 판단하기 위해서는 우선 '넘사벽'의 의미가 무엇인지 알아야 한다. 그런데 '넘을 수 없는 사차원의 벽'이 어떤 발화맥락을 배경으로 하는지에 대해서는 어휘 자체만으로는 추론이 불가할 수 있다. '꿀강'의 의미 역시 줄기 전의 구성어휘가 무엇인지를 추론하고 이를 바탕으로 의미를 형성해야 하는데, '꿀같은 강의→인기 많고 재미있는 강의→학점 따기 쉬운 강의' 등의 발화맥락을 모르면 이해하기 어려울 수 있다.

변형된 줄임말의 확산과 파급력을 감안하면, 이에 대한 면밀한 관심과 분석이 필요하다. 명사 합성의 구성에서 각 명사의 앞글자만 추출하여 발화의 신속성과 의미파악의 효율성을 꾀했던 기존의 두자어와는 달리 새로 생긴 두자어는 마치 하나의 문장을 줄인 것과 같아 이들에 대한 문법적용도 용이하지 않다. 나아가 기존 줄임말의 경우 대부분이 한자어에 기인하고 있어서, 줄여 말해도 의미전달에 큰 문제가 없었다. 그러나 새로 만들어진 줄임말은 어휘의

종류를 감안하지 않고, 나아가 각기 다른 언어에 속하는 어휘까지 합쳐 놓아 의미전달이 수월하지만은 않다. 새로운 줄임말에 대한 용인 여부를 단편적으로 논할 수는 없지만, 이들이 빈번히 발화된다면 유행어의 범주를 넘어 새로 파생된 어휘로서의 생명력을 얻을 수도 있기에 주의 깊게 살펴야 하겠다.

3. 줄임말의 언어변이 양상

3.1. 불규칙한 어휘의 형성과 확산

줄임말의 다양한 형성은 방대한 양의 어휘군을 확보할 수 있다. 그래서 기존 어휘에다 줄임말로 만들어진 새로운 어휘가 더해지면서 더 섬세하고 분화된 표현이 가능할 수 있다. 참신한 표현을 바탕으로 재미있고 생생한 의미 전달이 가능하며, 따라서 의사표현이나 의미수용에도 효과적일 수 있다. 다음의 예문을 보자.

⑨ a. 핵-+no+재미: 핵노잼(>노잼) ↔ 꿀잼(꿀재미), 예스잼(예스재미), 허니잼(허니재미)

b. -잼(재미): 부들부들잼, 시험잼, 생일잼, 망함잼, 지겹잼

⑨의 a를 보면 '노잼(no + 재미)'의 강조표현으로 '핵노잼'이라는 어휘가 등장한다.[17] 줄임말로 만들어진 '노잼'에 '핵'을 접두사처럼 앞에 추가하여 의미를

---

17 명사 '핵'이 접두사처럼 기능하면서 만들어진 어휘이다. '재미가 없다, 답이 없다'의 강조 기능의 접두사로 '핵'이 사용되었고 이때의 '핵-'의 의미는 '최고로' 정도의 표현이라고 추론할 수는 있다. '핵'의 명사적 의미에 기준해 '가장, 최고의'의 의미를 추가하는 접두사로 추론할 수 있고, 이러한 현상을 '핵-'접두사화에 따른 문법화 현상(명사→접두사)으로 볼 수도 있으나, 신조어에만 나타나는 한정적 용례이기에 아직은 문법화로 설명하기는 어려울 듯하다.

재구성한 것이다. 의미의 중심은 명사 '재미'에 있고, 이에 대해 'no'를 결합시켜 '재미없다'를, 그리고 다시 '핵'을 결합시켜 '진짜 재미없다'의 의미로 쓰인다. 이의 반대말로 '꿀잼, 예스잼, 허니잼'을 만들고, 의미추론은 앞과 유사하게 적용할 수 있다.

한편 '노잼'에 나타나는 명사 '잼(재미)'을 접미사처럼 활용하여 b처럼 '부들부들잼, 시험잼, 생일잼' 등으로 사용하기도 한다. '부들부들잼'은 '부들부들 떠는 모양'을 재미있게 표현하기 위해 '잼'을 접미사처럼 활용한 것이다. 이때 접미사화된 '-잼'은 표현의 희화화를 위한 기제로 사용된 것이라 하겠다. 곧 '시험잼'은 '시험이야', '생일잼'은 '생일이야' 정도의 의미로 발화되며, 이때 '시험, 생일' 등을 희화화하거나 강조하기 위한 기제로 '-잼'을 활용했다고 볼 수 있다. 동일 어휘 '재미'를 어떤 경우에는 명사로, 다른 경우에는 접미사처럼 활용한 것이다.

언어변이 현상에 의한 어형성은 다양한 표현을 가능하게 하고, 나아가 어휘사용에 따른 재미까지 가능하게 할 수 있다. 그러나 이러한 언어변이에 따른 어휘파생에 대한 문법적 해석은 쉽지 않을 수 있다. 문법 범주 내에서의 체계적 설명이 어려운 한계가 있기 때문이다.

한편 다양한 외래어가 유입되면서 혼종 줄임말이 급증하기도 한다. 이들이 시의성이나 언중의 높은 인지 정도, 그리고 발화 빈도를 감안하면, 이들 어형에 대한 처리도 어형론의 관점에서 주목해야 할 필요성이 있다. 다음의 예문을 살펴보자.

⑩ a. 멘붕, 꿀강, 돌싱, 금튠, 떼캠, 득템, 캠우, 광클, 극딜, 극혐, 노답, 노잼, 썸남, 썸녀, 모솔, 반모

b. 참트루, 싱글맘, 쿨톤병, 군나페, 밥버거, 패완몸, 패완얼, 트통령, 썸열풍, 노노족

c. 두부멘탈, 수트간지, 워런치족, 쇼루밍족, 나포츠족, 잡호핑족[18]

⑩의 예에서 보는 것처럼 혼종어 줄임말은 파생어나 합성어에 두루 걸쳐 나타난다. 그러나 다양한 언어를 결합하여 만들다 보니 의미추론이 용이하지 않다. 그래서 발화맥락을 바탕으로 기억하거나 암기해야 하는 단점이 있다. 짧고 간단하면서 참신한 표현이라는 장점도 있지만, 이로 인한 소통의 불균형이 일어날 수도 있어 문제이다. 특히 독립된 의미를 전달하는 구나 절을 줄이는 두자어와 달리 단순히 구성요소를 줄이는 데에 초점이 놓인 경우도 없지 않다. 다음의 예문을 보자.

⑪ a. 깜놀, 먹튀, 안습, 화떡, 밀당, 광클, 열공, 열잠, 열일, 존잘, 길막

b. 썩소, 먹방, 맛점, 금손, 불금, 돌싱, 떼캠, 병맛, 개취

c. 솔까말, 갑툭튀, 글설리, 넘사벽, 닥본사, 답정너, 쓸고퀄, 패완몸, 패완얼, 화떡녀

⑪의 a를 보면 기존의 줄임말과는 양상이 사뭇 다르다.[19] a에 제시된 줄임말은 관형구성처럼 고정된, 혹은 독립된 구성요소의 줄임말이라기보다 일상적인 발화상황에서 다양하게 접할 수 있는, 지극히 개별적인 표현을 단순히

---

18 앞에서 언급되지 않은 예의 의미를 제시하면 다음과 같다.

① 떼캠: 떼로 지어 가는 캠핑

② 극딜: 강력한 상대에게 모든 수단을 다해서 공격에 올인하는 상황(極+damage dealing)

③ 참트루: '이치에 어긋남이 없음'을 의미하는 '참'과, '진실한, 진짜의'를 의미하는 영어인 'true'가 합쳐진 단어. '진짜 진실하다'는 의미 강조

④ 수트간지: 영어 'suit'와 일본어 '간지'의 합성어로, 남자의 정장 차림이 매력적이고 뛰어날 때 사용하는 어휘

19 앞 글자 줄임말은 주로 명사계열을 대상으로 형성되는데, 그 예를 들어 보면 UNESCO(United Nations Educational, Scientific and Cultural Organization), 경부선[서울(京)+부산(釜山)], 연고전(연대+고대 체육대회) 등이 있다.

짧게 줄여 놓은 것이다.[20] b의 줄임말도 비슷하게 형성된 어휘로, 각 어휘의 의미의 합과 발화맥락을 이해해야만 줄임말의 의미추론이 가능하다. 예를 들어 '먹방'은 '먹는 방송' 곧 '방송출연자가 대부분 먹는 활동에 집중한 방송'의 의미로, 방송프로에 출연하여 먹는 모습을 많이 보이는 것을 일컫는다. 발화맥락에 대한 배경 정보를 갖지 않은 청자는 이런 어휘의 의미 수용이 사실상 어렵다. c의 줄임말은 a나 b와는 또 다르게 세 단어 이상으로 구성된 구나 문장 구성을 줄여서 만든 것이다. 마치 한 문장을 세 글자로 줄여놓은 것과 흡사하다. 따라서 이들에게 단어의 자격을 부여할 수 있는지도 의문이고, 혹 부여한다면 합성어인지 파생어인지도 쉽지 않을 수 있다. 이처럼 다양한 방법에 의해 어형성이 이루어지고 있기에 국어사용의 관점에서 주목할 필요가 있다. 즉 긍부정의 의미를 막론하고 국어사용의 측면에서 예의주시해야 하겠다. 그것이 올바른 국어사용을 위해 초석을 다지는 일환이기 때문이다.

3.2. 불명확한 어휘와 비문의 양산

자유롭게 이합집산되어 형성된 어휘들은 문장에서의 어휘선택을 모호하게 만든다. 기존 어휘와의 차별성이 애매하여 어휘의미의 수용이 어려워질 수 있으며 올바른 문장작성에 대한 인식도 흐려질 수 있다. 다음 예문을 보자.

⑫ a. '캡틴아메리카 시빌워' 스칼렛 요한슨과 썸 타는 인물 '누구?'

『서울신문』, 2016. 5. 17.

---

20 이들의 원래 어휘 형태는 다음과 같다.

① 깜놀: 깜짝 놀라다.	② 먹튀: 먹고 튀다.	③ 안습: 안구에 습기 차다.
④ 화떡: 화장을 떡칠하다.	⑤ 밀당: 밀고 당기다.	⑥ 광클: 미치도록 빠르게 클릭하다.
⑦ 열공: 열심히 공부하다.	⑧ 열잠: 열심히 자다.	⑨ 열일: 열심히 일하다.
⑩ 존잘: 매우 잘하다.(비속어)	⑪ 길막: 길을 막다.	

b. 아 짱나. 셤 결과 안습. 현질하고 겜 고고해야지. 『파이낸셜뉴스』, 2014. 10. 9.

⑬ '생선(생일 선물), 버카충(버스카드 충전), 솔까말(솔직히 까놓고 말하면), 열폭(열등감이 폭발합니다), 노잼(재미없다), 낫닝겐(인간이 아니다), ㅁㅊ(미친), ㅂㅅ(병신)' 등 국적 불명의 말이 젊은 층을 중심으로 폭발적으로 확산되면서 …

『경상일보』, 2016. 5. 16.

⑫에 사용된 줄임말 '썸타다, 짱나, 셤, 안습, 현질, 겜, 고고' 등의 의미를 잘 모르는 사람은 의사소통이 불가할 수 있다. 이들의 기본적 어휘의미가 파악되지 않으면 문장의미를 이해하기 어렵기 때문이다. ⑬은 신문기사 일부를 인용한 것인데, 제시된 예를 보면 다양한 어휘를 무작위로 줄여서 만든 말임을 알 수 있다. 이러한 줄임말은 오히려 소통의 효용성을 떨어뜨릴 수 있다. 특히 근래 더욱 확산된 초성 줄임말은 발화에 재미를 더하고, 생생한 의미전달은 물론 의미의 강조까지 보장할 수 있지만 'ㅁㅊ(미친), ㅂㅅ(병신), ㅅㄱ(수고), ㄱㅅ(감사), ㅇㅈ(인정)' 등과 같은 경우 효용적인 소통이 보장되는지는 숙고해볼 일이다.[21]

의사소통에 장애를 가져오는 줄임말 어형성은 비문을 양산하는 데도 영향을 준다. 특히 문장 작성에서는 문어적 특징을 감안하여 어휘를 선택해야 하는데, 각 어휘 간의 호응 문제나 연어 관계, 높임법, 조사 사용, 표준어 표기, 비속어 남용 등을 고려하지 않고 새로 생기는 줄임말을 무작위로 사용하여

21 특히 초성 줄임말은 SNS나 스마트폰과 같은 매체의 영향이 가세하여 더욱 빈발하고 있다. 이러한 초성 줄임말은 카카오톡이나 문자메시지 또는 페이스북과 같은 온라인 소통에서 자주 쓰이다가 일상생활로 전이되는 현상을 보인다.

비문이 되는 경우가 많다.[22] 예를 들어 '아버지, 상큼한 귤이에요. 처묵처묵 하삼.'의 발화에서 '처묵처묵'이 왜 잘못된 표현인지, '하삼'의 종결이 왜 올바르지 않은지를 가늠하지 못한다. 동사 '처먹다'[23]에서 파생된 '처묵처묵'은 '욕심 사납게, 게걸스럽게 음식을 먹는 모양'의 새로 생긴 의태어인데, 부정적 의미가 함축되어 아버지에게 발화할 수 없다. 경어법에 비추어 올바른 어휘선택이라고 할 수 없다. 자유자재로 만드는 이러한 줄임말이 구어적 관점에서는 참신한 어형성일 수도 있지만, 문어적 관점에서는 어떻게 조율하면서 수용해야 할지 생각해 볼 일이다.

3.3. 불분명한 의미와 소통의 저해

새로운 어형성에 의해 세대 간 소통의 불균형을 초래하는 문제[24]는 이전부터 논의되어 왔기에 이를 별도로 언급하는 것은 식상한 일일 수 있다. SNS를 통해 새로 생긴 줄임말이 빈번히 활용되고, 이를 젊은 화자들이 애용하는 일이 어제 오늘의 일이 아니기 때문이다.[25] 앞서 제시한 예 중 일부는 의미 해석

---

22 이에 대한 예는 다음과 같다.

① 이 영화가 왜 평이 좋은지 노이해야. 영화가 핵극혐인데.

→ '노이해'(no+이해): 'no'와 명사 '이해'의 결합은 '이해가 아니다'의 의미로 비문법적 구성

→ 핵극혐(핵+極+혐오): '완전 극도로 혐오스럽다'의 의미

② 이번 시험은 오나전 망했어. 개빡치네. → '개빡치다'(개+빡치다): '매우 화나다'의 의미로, 비표준어 사용

23 동사 '처먹다'의 사전적 의미는 '먹다'의 속된 말로, '욕심 사납게 마구 먹다'의 뜻이다.(『표준국어대사전』 참조)

24 물론 신구 세대 간의 소통문제의 원인은 어느 한쪽에 있다고 할 수는 없다. 어형성에 따른 문제를 어휘교육적 관점에서, 구세대는 신세대의 새로운 어휘를 수용하려 노력하고, 신세대는 구세대에게 자세히 설명해 주어야 한다는 인식이 필요하다.

25 청소년들의 언어생활과 매체의 상관성에 대해 다음의 기사를 인용한다.

'자신의 언어 습관에 가장 영향을 미친다고 생각하는 것'을 묻는 질문에서 초등학생의 절반 이상인 52%(221명)가 '스마트폰'이라고 대답해 1위에 선정됐다. 그 뒤를 이어 19%(30명)의 아이들이 '컴퓨터'라고 대답해 2위에 올랐고, TV가 18%(76명), 게임이 8%(35명)으로 각각 3, 4위를 차지했다. '부모님'이라는 대답은 3%(11명)였다.

『키즈맘』, 2013. 10. 7.

을 첨부하지 않으면 이해하지 못하는 언중도 상당할 수 있다. 따라서 새로 생긴 줄임말이 확산되고 나아가 유사형태의 어휘가 지속적으로 파생되면, 국어 어휘체계에도 문제가 생길 뿐만 아니라 이를 사용하는 언중끼리의 소통에도 큰 문제가 야기될 수 있다.

⑭ a. 셤 때문에 엄마가 전화 와서 심쿵했어. 이번 셤 솔까말 개짱났음. 이러다 대학입학 광탈할 것 같아.(시험 성적 때문에 엄마한테 전화 연락이 와서 심장이 두근거렸어. 이번 시험 솔직히 까놓고 말해서 너무 어려워 진짜 짜증이 났어. 이러다 대학입시 시험에서 불합격 할 것 같아.) 『이슈&피플』, 2014. 10. 8.

b. 강호동이 안물안궁(안 물어보고 안 궁금해)? '아는 형님'의 하드캐리 『OSEN』, 2016. 1. 10.

c. 학교에 갔다 잘생긴 남학생을 보고 딸에게 저런 남자면 남자친구로 좋겠다고 하자 딸이 '저 사람 연서복(연애에 서툰 복학생)이야'라고 말했다. 『대전일보』, 2015. 10. 6.

d. 안물안궁(안 물어봤음. 안 궁금함), 치렝(치마 레깅스), 전차스(전자파차단스티커) 등 추정조차 하기 힘든 줄임말도 10대들 사이에서는 통용되고 있다. 30대 젊은 엄마들이 이용하는 인터넷 게시판 등에서 '유차(유모차)', '따아(따뜻한 아메리카노)', '복세편살(복잡한 세상 편하게 살자)' 등 무작정 줄여 쓰고 보자는 식의 억지스러운 줄임말까지 사용되고 있는 실정이다. 『대전일보』, 2015. 10. 6.

⑭의 예문은 표준어 해석을 함께 제시하지 않으면 이해하지 못하는 언중이 상당할 수 있다. 세대가 달라짐에 따라 어휘사용의 차이가 생기는 것은 당연하다. 그들이 향유하는 문화가 다르고, 그에 따라 사고와 표현이 달라졌기 때문이다. 문제는 세대가 다르지 않음에도 위와 같은 의사소통의 어려움이 나타날 수 있다는 점이다. 추론 가능하지 않은 조어 방법으로 만들어진 줄임

말 때문이다. 외국어를 아느냐 모르느냐에 따라 의사소통의 여부가 결정되는 것처럼, 새로 만들어진 줄임말의 의미를 아느냐 모르느냐에 따라 의사소통 여부가 결정되는 것이다.[26]

4. 줄임말의 의미변이와 대응

문화가 바뀌고 사람들의 의식이 변하면서 자연스럽게 어휘 표현도 달라진다. 언중은 그럴 때마다 변화를 반영한 의사표현과 이의 효율적 전달을 지향한다. 언중이 언어변이에 동참하는 것은 효과적인 의사소통을 전제하면서 동시에 구성원과의 결속력을 강화하는 것이기도 하다. 특히 지금처럼 속도를 중시하는 사회배경을 감안하면, 강력한 발화를 통한 빠른 의사전달은 의사소통에서 필수적이라고 할 수 있다. 그러다 보니 새로 만들어지는 어휘는 더 짧고 더 직설적이며 더 강력해지고 있다.

이러한 언어변화의 흐름을 적극적으로 반영한 것이 바로 줄임말이다. 새로 만들어진 줄임말은 신속한 의사전달과 강력한 발화효과, 재미있는 언어표현과 그에 따른 구성원 간의 결속력 강화 등을 목적으로 한다. 이를 위해 어휘의 기본의미나 문법적 제약 등은 크게 고려하지 않는다. 때로는 문법성을 고려한 조어가 표현의 유연성이나 의미전달의 신속성, 섬세한 의미표현을 저해할 수 있기 때문이다. 그러기에 국적이 상이한 어휘도 자유롭게 섞어 줄임말

26 일상대화에서 신조어를 사용하는 문제를 설문한 내용이 있어 인용한다.
'일상 대화에서 신조어를 사용하는 게 문제가 된다고 생각하는가'를 묻는 질문에서 초등학생들 78%(338명)가 '신조어 사용이 문제가 되지 않는다'고 답했고 '생각해 본 적 없다'는 대답도 17%(74명)나 된다. 그에 비해 '신조어 사용이 문제가 된다'는 대답은 5%(20명)에 그쳐 그릇된 언어 습관에 대한 아이들의 인식이 심각한 수준인 것으로 파악됐다. 『키즈맘』, 2013. 10. 7.

을 만드는 데 주저하지 않는다. 그런데 이렇게 만들어진 줄임말은 어휘의 형태와 의미를 변질시키는 문제를 안고 있다.[27] 이러한 언어변이 현상을 제도적으로 막을 방법은 없을 것이다. 다만 이렇게 혼탁한 줄임말 혼용 현상을 숙고하고, 올바른 방향으로 나아가기 위한 방안을 모색할 필요는 있다. 언어변이에 따른 혼탁한 상황을 방지할 때 언어의 사회성도 강화될 수 있기 때문이다.[28] 언어사회 전체가 문제의 절박함을 인식하고 바람직한 개선방안을 강구해야 하겠다.

혼탁한 국어사용의 원인은 유명무실한 국어교육에서 찾아볼 수 있다. 입시위주 교육의 폐해는 여러 분야에서 나타나지만, 국어 기초교육 부재가 무엇보다 심각하다. 그것이 혼탁한 언어사용의 문제를 촉발하는 데 일조했기 때문이다. 따라서 국어교육의 목적을 상기하고, 이를 중심으로 국어교육의 내실화와 체계화를 모색해야 한다. 기실 이러한 문제제기와 그에 따른 교육의 중요성을 강조하는 논의는 언제나 있어 왔다. 따라서 국어교육의 방안을 획기적이면서도 구체적으로 제시할 필요가 있다. 국어의 기초교육 부재가 어휘사용의 문제, 비문양산 문제, 청화자의 발화 문제 등 국어사용의 여러 부면에서 문제를 야기하기 때문이다.[29] 더 심각한 것은 국어사용에서 무엇이 잘못되었는지조차 인식하지 못하는 언중이 많아졌다는 점이다. 이 또한 국어의 기초교육의 부재에서 오는 문제라 할 수 있다.

---

27 현대국어의 대부분은 매체를 통해 파생되고 유통된다. 매체에 의해 잘못 형성된 어휘가 문법적 여과장치를 거칠 새도 없이 순식간에 언중에게 확산되기도 한다. 따라서 매체에 대해서도 엄정한 기준을 적용할 필요가 있다.

28 이러한 제안이 국어교육적 관점에서 고루할 수 있다. 그러나 국어의 올바른 사용을 위한 교육 방안은 예전이나 지금이나 본질적인 접근이 전제되어야 한다.

29 입시위주의 국어교육은 국어에 대한 본질적인 접근은 외면하고 문제풀이를 위한 독해교육에 집중한다. 따라서 교육과정에 따른 체계적인 국어교육이 진행되지 못하고 있다. 결국 국어에 대한 근원적인 교육은 미루어 둔 채 독해를 통한 문제풀이만 반복하여 기초적인 국어교육이 불가능하다. 이제 국어의 기초교육이 글의 구조를 이해하는 초석임을 인식하고 교육 방향을 새롭게 정립해야 하겠다.

이러한 문제를 인식하고 해결하기 위해서는 진부하지만 국어 문법교육을 체계적으로 진행할 필요가 있다. 줄임말이 만들어지는 현상이 문법과는 별개라 생각할 수 있으나 그렇지 않다. 어휘형성은 거시적 맥락에서 볼 때 문법 범주 내에서 이루어져야 한다. 물론 언어생활이 문법 범주 안에서만 이루어지는 것은 아니다. 그러나 언중의 기저의식 속에 문법적 규범이 내재해 있는 것과 그렇지 않은 것은 어휘 생산 및 문장 표현, 나아가 텍스트 산출에서 큰 차이를 보인다. 구어적 쓰임에서 용이한 줄임말이 문어적 텍스트 혹은 격식을 갖춰야 하는 공식적인 말하기에서는 용인 가능하지 않을 수 있기 때문이다. 나아가 기본적인 어휘의미 습득에 대한 교육 역시 문법교육의 범주 안에서 이루어져야 하겠다. 어휘의 기본의미가 새로운 의미로 파생되거나 전이되는 것은 어휘 재료의 한정성에 따른 당연한 현상이다. 그러나 기본적인 어휘의미의 숙지가 전제되지 않으면 어휘의 규범적인 파생과 전이가 불가능하게 된다. 줄임말이 맥락상 발화 가능한지의 판단도 역시 문법적 기준에 따른다. 따라서 문법에 대한 내실 있는 교육은 올바른 어휘 형성의 관점에서도 절실하다.[30]

세대 간 의사소통의 문제가 비단 어제오늘의 문제는 아니다. 하지만 요즘 새로 생긴 말들은 그 심각성이 더하다. 특히 매체를 통해 형성된 어휘들은 세대 간 불통의 원인이 되고 있다. "근자감 쩐다. 화떡녀야."는 신조어에 의한 의사소통의 문제점을 극명하게 보여 준다.[31] 따라서 어휘에 대한 형태·통사적

---

30 이에 대해서는 다음의 기사를 참고할 수 있다.

국립국어원에서 3,000명을 대상으로 진행한 '2013년 국민의 국어능력 평가'(말하기, 듣기, 쓰기, 읽기, 문법)에 따르면 대학 재학 이상 응답자들의 국어능력은 보통수준도 되지 않는 경우가 54.7%, 그중에서도 기초등급 이하가 49%인 것으로 나타났다. 『MBC 뉴스』, 2014. 10. 8.

31 이에 대해서는 다음의 기사를 참고할 수 있다.

"근자감 쩐다. 화떡녀야."는 "근거 없는 자신감 대단하다. 화장 떡칠한 여자야."의 의미이다. 초등학생 423명을 대상으로 한글 사용 실태를 조사한 결과, 82%인 345명이 '신조어를 쓰지 않고서는 대화가 불가능하다'고 응답했다. 신조어 사용이 의사소통에 '문제가 되지 않는다'는 응답은 78%에 달해 … 『광주일보』, 2013. 10. 10.

교육과, 어휘의미의 정확한 수용을 위한 교육도 필요하다 하겠다.[32] 이러한 교육의 실현가능성을 어떻게 하면 높일 수 있을지에 대한 관심과 깊이 있는 논의가 절실하다.

5. 결론

변화의 시대다. 나아가 변화의 속도와 주기가 점점 빨라져 그에 적응하며 살기도 쉽지 않다. 그러한 변화의 한가운데에 말이 있다. 그리고 말의 변화를 가장 먼저 보여 주는 것이 새로 생기는 어휘이다. 언어문화를 정직하게 보여 주는 것이 새로운 말이라 하겠다. 이를 감안하여 이 장에서는 국어의 줄임말 현상에 대해서 살펴보았다. 먼저 줄임말에 의한 어휘 형성을 혼성과 두자어로 나누어 살피고, 줄임말에 따른 언어 변이양상을 고찰하였다. 이를 바탕으로 현재 일반화된 줄임말의 문제와 올바른 언어사용의 방향을 모색해 보았다. 지금까지의 내용을 요약·정리하는 것으로 결론을 대신하고자 한다.

첫째, 현대국어의 줄임말 현상을 혼성과 두자어로 나누어 살펴보았다. 혼성에 의한 어휘 형성은 외래어의 유입에 따른 혼종어의 등장과 함께 그 파급 효과가 커지고 있다. 기존에는 줄임말이 주로 한자였다면 이제는 외국어의 비중이 높아지면서 혼종어가 날로 늘어나는 추세이다. 두자어에 의한 줄임말은 일반명사나 구, 절의 형태가 두자어처럼 앞 글자만으로 형성되는데, 발화맥락을 전제해야 의미를 추론할 수 있는 경우가 많다. 이 또한 기존의 두자어 형성에

32 일례로 정확한 어휘의미가 무엇인지 확인하는 퀴즈, 게임 등을 교육에 활용하는 것이다. 놀이의 형식이지만 이를 통해 자연스럽게 정확한 어휘의미를 이해하고 습득할 수 있으며, 나아가 습득한 어휘의미를 바탕으로 한 작문 교육으로 연결될 수 있다.

서 벗어난 것이라서 언중에게 보편적으로 이해되지 못하는 경우가 많다.

둘째, 줄임말에 따른 언어 변이양상을 살펴보았다. 줄임말에 의한 어휘 형성은 언어유희와 의미전달의 신속성 등의 순기능이 있지만, 어휘 형성의 범주 설정이 모호한 문제가 있다. 출처가 불분명한 어휘와의 결합과 혼종 혼성어 및 혼종 두자어의 형성은 이들의 범주를 어떻게 처리해야 할지 모호하게 만든다. 즉 불규칙한 어휘 생산이 남발되어 언어문화를 혼란스럽게 만들고 있다. 또한 명확하지 못한 어휘 의미로 문장작성이 비문인 경우가 많다. 불명확한 줄임말의 의미 때문에 문장에서의 문법적 호응, 조사, 높임법 등의 오류가 빈발한다. 이는 새로 생긴 어휘에 초점을 맞추다 보니 문법적인 사항이 무시된 결과일 수도 있다. 그리고 줄임말의 의미가 불분명하고 명시적이지 못해서 의사소통을 저해하기도 한다. 실제로 줄임말의 의미는 발화맥락과 발화정보에 의존하여 해석하는 경우가 많다. 그래서 이들에 대한 인지정보가 없으면 발화의미를 수용하기 힘들다. 이러한 요인이 언중 사이에 의사소통의 걸림돌로 작용할 수 있다.

셋째, 줄임말 형성에 따른 언어변이를 바람직한 방향으로 유도하기 위해서는 체계적인 문법교육과 어휘의미의 정확한 습득이 필요하다. 원활한 의사소통을 위한 최소한의 여과장치가 문법교육이고, 올바른 문법 범주 안에서 줄임말이 형성되면 어휘사용의 문제점을 최소화할 수 있다. 또한 어휘의 기본적인 의미를 올바르게 수용하고 이해할 때 줄임말의 사용도 올바른 방향으로 나아가리라 본다.

지금까지 논의한 줄임말은 유행어적인 특징을 가지고 있다. 그러다 보니 한정된 예문에 의거하여 분석한 한계를 가지고 있다. 하지만 이러한 어휘가 일상생활의 의사소통에서 급속도로 확산되고 있음을 감안한다면 앞으로도 지속적인 관심과 검토가 필요해 보인다.

제2장

어휘의미의 변이와 기능

1. 서론

이 장은 어휘의미의 확장과 변이 양상을 화용적인 측면에서 검토하는 것이 주목적이다. 한 인터넷 기사에 일본어 과목 2학기 기말고사 시험으로 '다음 중 일본의 섬이 절대로 아닌 것은?'이라는 문제가 출제되었다. 문제의 보기로는 '홋카이도, 혼슈, 시코쿠, 큐슈, 독도'가 제시되었다. 그리고 이 기사의 제목으로 '틀리면 퇴학당하는 문제, 혹시 내가 틀린다면?… 상상만 해도 후덜덜'이 첨부되었다. 한국 사람이라면 당연히 알아야 하는 문제이기에 '틀리면 퇴학'이라는 극단적인 표현을 쓴 듯하다.[01] 그런데 이런 극대화된 표현이 이제는 일상화되고 있다. 앞의 기사 역시 '틀리면 안 됩니다'라는 발화의도의 강조

01 『이뉴스투데이』, 2012. 6. 25.

를 위해 '퇴학'이라는 극단적 표현을 제시하였다. 학생 입장에서 최고의 처벌이라 할 수 있는 '퇴학'을 언급함으로써, 청자 혹은 독자에게 절대 틀리면 안 되는 문제라고 강렬하게 인식시킨다.

매체가 활성화되고 SNS가 대중화되면서 일상 언어생활에 미치는 영향은 점점 더 커지고 있다. 매체를 통한 의사소통이 확산되자 그에 따른 언어표현도 면 대 면 대화와는 다른 양상을 보이고 있다. 그 결과 위와 같은 극대화된 언어표현이 나타난 것이다.[02] 기실 화자의 발화의도를 강조하거나 발화상황, 발화 메시지를 과장하는 언어표현은 예전부터 있어 왔다. 그런데 요즘의 과장이나 강조는 이전과는 표현 범위나 표현 장르, 나아가 표현 기법 등에서 확연히 달라졌다. 곧 과장이나 강조, 또는 발화자의 발화의도를 반영한 언어표현체가 점점 극대화되는 양상을 보이고 있다.[03]

극대화된 언어표현이 빈번해지는 데 일조한 것으로 매체를 들 수 있다.[04] 다양한 의사소통의 장이 열리면서 매체의 영향력은 점점 커지고 있다. 매체를 통해 생각과 표현을 공유하는 시대가 되었기 때문이다. 매체는 의식적이든 무의식적이든 우리의 생각과 판단에, 그리고 그것의 언어적 표현에 큰 영향을

---

02 이 장에서 의미하는 '극대화 표현'은 '더 이상 비교할 수 없을 정도'의 극단적 표현으로, 일종의 최상급 표현이라고도 할 수 있다.

03 '꽃처럼 예쁜 …, 나비처럼 귀여운 …'의 시대에서 '여신 강림'의 시대가 되었다. 미의 정점이라 할 수 있는 '여신'의 등장으로 이전의 예쁜 여자들은 모두 평범한 여자가 되고 말았다. 한편 '종결자'가 등장함으로써 그 분야의 최고라는 '고수'의 의미가 퇴색된 것 또한 사실이다. '드라마 종결자, 발라드 종결자, 키스 종결자' 등의 표현에서 '종결자'는 해당 분야에서 고수라 할 만한 사람을 의미한다. 그런데 이 표현은 엄밀히 말해 '일을 끝내는 사람'의 의미인데, 여기에서의 '종결자'는 '절대적으로 우위를 점할 만큼 월등한 능력을 가진 사람'으로 그 분야의 최고수를 가리키는 말이 되었다. 문제는 이런 어휘의 기본의미는 차치하고, 어떤 분야에서건 조금만 두각을 나타내도 곧바로 '종결자'의 칭호를 부여한다는 점이다. 심지어는 새로 등장한 배우의 첫 연기를 보고 바로 '종결자 등극'이란 표현을 거침없이 사용한다. 일반적 수준의 칭찬조차도 '종결자'로 극대화시켜 표현하고 있다.

04 분석 자료는 TV, 인터넷포털사이트(다음, 네이버)와 신문(『조선일보』, 『한겨레』, 『중앙일보』 등), 잡지(『쎄씨』, 『리빙센스』, 『여성조선』, 『여성중앙』, 『우먼센스』) 등에서 수집하였다.

끼친다. 매체에 등장하는 많은 언어표현이 곧바로 일상의 언어생활에 영향을 준다. 이제는 매체가 우리의 언어흐름을 좌우한다고 해도 과언이 아니다.

따라서 언어사용에 미치는 매체의 긍부정적 영향에 대해 면밀한 검토와 분석이 필요한 때다. 이러한 논의를 위해 이 장에서는 인터넷포털사이트에 소개된 신문과 잡지의 기사·광고어에 나타난 어휘를 대상으로 분석 자료를 추출하였다. 그리고 추출된 어휘의 기본의미와 확장의미의 정의는 국립국어원의 『표준국어대사전』을 중심으로 분석하였고, 워드넷의 의미연결망도 참고하였다.[05] 이렇게 추출한 어휘를 중심으로 매체에 나타나는 어휘의미의 확장 표현과 수용 실태를 살피고, 이를 바탕으로 어휘사용에 따른 화용적 특징을 살펴보도록 한다.[06] 어휘의미의 변화를 살피는 것은 언중의 언어심리에 대한 접근일 뿐만 아니라, 올바른 어휘사용을 제고하기 위한 것이기도 하다.

2. 어휘의미의 표현 양상

2.1. 극대화된 표현 양상

화자는 청자에게 강력한 의미전달을 추구하는 속성이 있다. 한 번만 들어도 화자의 전달의미가 청자에게 강력하게 각인되기를 바라기 때문이다. 이렇게 더 강렬한 표현은 어휘선택이나 문장 형성에 영향을 미치기도 한다. 대표적인

---

05 의미 분석이 자칫 분석자의 주관에 치우칠 수 있기에 『표준국어대사전』에 탑재된 사전적 정의와 예문을 기본으로 대조·분석하였다. 또한 유사 의미범주 설정을 위해서는 워드넷(www. wordnet.co.kr)에 소개된 어휘의미장을 기본으로 살펴보았다.

06 물론 분석 대상의 형식을 중시하여 단어와 구절로 나누어 분석할 수도 있다. 하지만 이 장에서는 '언어표현체'의 의미 확장에 초점을 두어 형식을 크게 고려하지는 않았다. 엄정한 형식적 분류와 그에 따른 변별성은 별고에서 다루도록 하겠다.

것으로 [+파국성]의 의미자질을 가진 표현을 들 수 있다.[07] 파국성 표현은 어떤 상황이나 상태를 극단적으로 표현하는 것으로, 다음의 예에 잘 나타난다.

① a. 치명적인 눈매, 걸려들다. 『쎄씨』

b. 바다의 풍운아 속도광 삼치, 치명적 질주 본능 『한겨레』

c. 발리에서 치명적 매력 뽐낸 화보 공개 『bnt뉴스』

d. 보니 앤 클라이드… 치명적 연인 포스 『SBS funE』

e. 치명적 유혹의 맛, 복어국 『네이버캐스트』

'치명적'은 '생명을 위협하는, 또는 그런 것, 일의 흥망, 성패에 결정적으로 영향을 주는 것'의 의미로, 대체로 후행명사가 [-긍정]의 의미자질을 가질 때 선행수식어로 제시된다.[08] 그러나 위 ①의 예문에 나타난 '치명적'은 후행명사가 [-긍정]의 의미자질을 갖지 않고 내용 역시 '생명을 위협할' 정도의 극심한 손상을 의미하지도 않는다. 오히려 '눈매, 질주, 매력, 연인 포스, 유혹'이라는 후행명사의 상태를 더 강렬하게 표현해 주고 있다. '너무 예쁘다 못해 치명적이기까지 한 눈매', '질주 본능이 강하다 못해 치명적이기까지 한 상황', '매력, 연인의 분위기, 유혹의 정도가 매우 극심한'의 맥락으로 '치명적'이라는 어휘

---

07 '파국'은 '일이나 사태가 잘못되어 결딴이 남'의 의미로 아주 망가져서 도무지 손을 쓸 수 없는 상태를 뜻한다. 그래서 파국성 표현은 상태나 상황을 극단으로 몰아가서 표현하는 것이라 할 수 있다.(『표준국어대사전』 참조)

08 '치명적'의 의미와 예문으로는 다음을 들 수 있다.(『표준국어대사전』 참조)
치명적: 생명을 위협하는, 또는 그런 것, 일의 흥망 · 성패에 결정적으로 영향을 주는, 또는 그런 것.
① 아버지께서는 폐암이라는 치명적 병을 가족에게 숨겨 오셨다.
② 출혈이 너무 심했고 상처가 너무 치명적이었습니다.
③ 치명적 부상을 입다.
④ 그는 다섯 시간 만에 십여 명에 달하는 치명적 환자들을 손도 안 대고 수술실 밖으로 내보냈다.
⑤ 칠십이 가까운 노령으로서 겪은 억울한 고문과 옥고는 오봉 선생에게 치명적인 타격을 주었다.

를 사용하고 있다. 그래서 의미를 더 강력하게 전달하려는 발화의도가 반영되어 있음을 알 수 있다. 기실 '치명적'에 대한 문법적·의미적인 올바른 사용은 '목숨을 다할 정도'의 부정적 상황이지만,[09] 매체를 통해 제시된 이러한 용례는 그 어디에도 그런 의미를 함의하고 있지 않다. 곧 '치명적'의 의미자질 중 생명을 위협하는 [-생명]에 근접한 의미자질은 배제하고, 상태의 극심함을 의미하는 [+극단적인]의 의미자질만을 강조한 표현이라고 할 수 있다.

② a. 갑작스러운 멤버 방문에 멘붕, 싱글라이프 소개 『SBS funE』

b. 이마트 홍삼 불량 "싸다고 샀더니…" 소비자 '멘붕' 『컨슈머타임스』

c. 확 달라진 SSAT, 네티즌 반응 봤더니… 대학생 응시자들 '멘붕' 『한국경제』

d. 모의고사 등급컷, 수험생 '멘붕' 난이도 높아지고 형식 바뀌어 『미디어펜』

요즘 가장 빈번하게 사용되는 어휘 중 하나인 '멘붕'은 '멘탈붕괴'의 줄임말로 소위 '정신이 무너질 정도로 충격을 받은 상태'를 일컫는 신조어이다. 매우 심한 충격을 받았을 때 '정신을 잃을 것 같은'의 의미로 사용되는 '멘붕'이 이제 쓰이지 않는 분야가 없을 정도이다. 역시 극심한 상태를 강력하게 표현하려는 방법으로 파국성 표현이다.[10] 조금만 충격을 받아도 별생각 없이 '멘붕'이 등장하고, 또 이러한 표현이 이상하지 않게 받아들여지고 있다. '붕괴된 멘탈, 멘탈 계열, 멘탈스포츠, 멘탈이 망했어요, 멘탈력, 유리멘탈, 멘탈이 흔들렸다' 등의 다양한 표현을 양산하고 있으며, TV 모 프로그램 '멘붕스쿨'도

---

09 워드넷에서의 '치명적'의 의미장은 궁극적으로 [+죽음], [+소멸]로 형성되고 있음을 보여 준다.

10 '멘붕'은 디시인사이드의 스타크래프트 갤러리에서 사용되기 시작해 널리 퍼진 어휘라 한다. 원래 멘붕은 일본에서 만들어진 단어이지만 우리나라에 들어와 더욱 빈번하게 발화되고 있다. 2010년대 초 한류의 영향으로 한국 연예인이 등장하는 예능 프로그램을 즐겨 보는 일본 여성들을 중심으로 단어가 역수입돼 인터넷 공간에 널리 퍼지게 되었다고 한다.(네이버 오픈 국어사전 참조)

인기 있는 코너가 되었다. 매체를 통해서건 일상생활에서건 이제 '멘붕'은 예전의 '충격 받았어, 놀랐어' 등을 대체하는 어휘로 자리 잡았다. 심지어 젊은 화자에게는 '놀랐어'보다 '멘붕 왔잖아'가 더 익숙한 표현이 되었다.[11] 예전의 '죽을 뻔했어'는 더 이상 '심각한 정도'로 인식하지 않는다. 오히려 '멘탈붕괴, 폭발'이 가슴에 와 닿는 표현이 되어 버렸다. 이처럼 매체를 통해 등장 및 확산된 어휘가 파국을 의미하는 표현으로 일상화되었음을 알 수 있다.[12]

극대화된 표현의 일반적 패턴은 [+최고]를 지향하는 양상을 보이기도 한다. 어떤 언어표현을 반복하다 보면 그 표현의 강도를 높여야 더 좋은 발화효과를 거둘 수 있다고 생각한다. 이러한 언어심리가 최상급 표현을 양산하는 주된 동인이라 하겠다. 다음의 예를 보자.

③ a. 고품격, 럭셔리한 스타일링 「경향신문」
 b. 슬림을 넘어선 레이저 급의 정교함으로 눈매를 디자인하다. 「쎄씨」
 c. 궁극의 미백 수분광을 선사하는 로얄 화이트닝 「리빙센스」
 d. 액상형 진통제의 최강자를 찾아라. 「쎄씨」
 e. 천연 헤나 100% 최상 1등급이라 달라요. 「우먼센스」
 f. 초특급매진, 최고 만점, 최정상

④ a. 방송 최초 콜라보 레전드급 「OSEN」

---

11 대학생들에게 실시한 설문결과 '놀랐어'보다 '멘붕이야'라는 표현을 훨씬 더 빈번하게 사용함을 알 수 있었고, 발화결과 의미수용의 관점에서도 '멘붕'이 더 정확한 의미전달 기능을 수행한다고 답했다.

12 이 외에도 파국적 표현에 준하는 예를 보면 다음과 같다.
 a. 바지는 어디 갔나? '아찔한 하의 실종'
 b. 다이어트로 사라진 가슴, 어떻게 해결할까?
 c. 19금, 끝판왕, 끝장토론

b. '골든크로스' ○○○, 레전드급 악역 탄생 "갈수록 괴물이 된다" 『enews24』

c. 중학생 A양, 레전드급 19금 발언… 『스포츠동아』

d. ○○○ '야생화' 음원 1위 올킬 "노래가 레전드급" 『매일경제』

화자의 발화의도를 강조하기 위해 더 멋있고, 더 좋은 표현이 등장한다. 일반적으로 '좋아요→더 좋아요→최고예요' 등의 발화순서를 겪는다면 ③의 예 역시 이러한 맥락을 공유하는 표현이다. ③ a는 '고품격'과 '럭셔리'를 통해 제일 좋음을 반복 강조하고 있다. ③ b는 '슬림'한 단계보다 훨씬 가늘고 정교함을 '레이저 급'이라는 신조어로 표현한다. ③ c 역시 '미백'의 단계가 '궁극의 단계'로 올라갔다.[13] ④의 '레전드급'은 '매우 잘함'보다 더 강조하는 표현으로 '전설과 같은 등급→최상위로 잘함'의 의미로 사용되고 있다. 이 역시 어휘의미의 최상위를 지향하는 표현이다.

⑤ a. '정답소녀' ○○○ 폭풍성장 근황, 눈부신 '모태미모' 『티브이데일리』

b. '기황후' 친아들 찾은 ○○○ 폭풍오열, 시청자 울렸다. 『뉴스엔』

c. 추사랑 렛잇고 열창, 피아노까지 연주하며 폭풍몰입 『MBN』

d. EBS 캐릭터 세미, 중등 수학계의 여신 등극 '폭풍인기' 『엑스포츠뉴스』

e. 컷부 웹툰, 반전 결과 선사하며 누리꾼들에 폭풍웃음 선사 『매일경제』

⑥ a. ○○, 러시아 출국 전 한식 폭풍흡입 "新 먹방돌 예고?" 『경제투데이』

b. ○○○ 한라봉 먹방, 추성훈과 야노시호도 폭풍흡입 『매일경제』

c. '3차 대전 버거' 먹방… 엄청난 양 폭풍흡입… 『경인일보』

---

13 '궁극'은 '어떤 과정의 마지막이나 끝'을 의미하는데, 이런 맥락에서 최상의 표현으로 간주할 수 있다.

⑦ a. '트라이앵글' 예고편 ○○○, 명품복근 공개 "상남자의 매력" 『TV리포트』

b. 고객만족으로 명품병원 만들자 『경북매일신문』

c. ○○, 명품도시 건설 1차 공약사항 발표 『경북일보』

d. ○○○, 초미니 의상에 드러난 '명품각선미' 『스포츠투데이』

e. 와우파, 인교환 선생 주역특강 '명품강의'로 화제 『한국경제TV』

⑤는 '폭풍'을 활용한 최상급 표현으로 후행명사 '성장, 오열, 몰입, 인기, 웃음'의 상태가 가장 높은 단계임을 나타낸다. '폭풍'의 기본의미 '매우 세차게 부는 바람'에서 '매우 세차게'의 의미자질을 차용해 만든 최상급 표현이다. 그리하여 청자는 '폭풍성장 = 매우 빠른 성장, 폭풍오열 = 매우 큰 울음, 폭풍몰입 = 매우 세차게 빠져듦, 폭풍인기 = 엄청난 정도의 인기, 폭풍웃음 = 매우 거대한 웃음' 등의 최상급 의미를 부여한다. ⑥은 앞서 살펴본 '폭풍'과 마찬가지로 '흡입' 역시 최상급 어휘표현로 활용된다. ⑥의 '흡입'은 '액체나 기체를 빨아들임'의 의미가 아니라 '음식을 거하게 많이, 빨리 먹음'을 의미하는데, 그 자체만으로도 '음식을 먹다'의 최상급 표현인데 거기에 '폭풍'까지 결합하여 발화하고 있다. 곧 '폭풍'이나 '흡입'은 기본의미와는 관계없이 최고성의 파생의미로만 쓰고 있다. ⑦의 '명품' 역시 파생의미에 준해 '아주 좋은, 아주 멋있는' 등의 최고성 표현으로 활용되는 어휘이다.[14]

이처럼 언어생활에서 화자는 조금만 잘해도 곧바로 최고 표현을 발화하여 정보를 확실하게 전달하고, 청자에게 이것이 강력하게 인지되기를 희망한다.[15] 이러한 의미확장은 어휘의미의 다의화 현상과 연관될 수도 있다. 기본의

---

14 이들의 결합은 후행명사의 의미를 강하게 부각할 수 있는 어휘를 선행시켜 의미의 극대화를 꾀한 것이다. 그렇게 하면 청자가 의미를 강렬하게 수용하는 효과를 거둘 수 있다.

15 한편 의료광고에서는 앞으로 환자를 현혹할 수 있는 '최상급'에 해당되는 표현은 사용할 수 없다고 한다. 그에

미에서 확장의미로의 전이가 의미의 다변화를 촉발한 것으로 볼 수 있기 때문이다. 다만 어휘의 다의화 조건인 '의미의 유사성'을 유지하는가는 제고의 여지가 없지 않다.

2.2. 자극적 표현 양상

화자는 단 한 번의 어휘표현으로도 청자가 확실한 각인효과를 거두길 바란다. 그래야만 청자도 발화의미에 대한 인지도가 상승할 수 있기 때문이다.[16] 따라서 언중은 자연스럽게 사람들의 감성을 자극하는 표현을 선호할 수밖에 없다. 문제는 이런 자극적 표현[17]이 빈번히 사용될수록 표현범주가 광범위해지고 표현의 난이도 역시 계속 올라간다는 점이다. 그러면서 어휘의미 역시 지나치게 주변의미로 전이된다는 문제도 생긴다. 다음의 예를 보자.

⑧ a. 흡입키스 한 방에 시청자들 사이 '종결자' 등극 『ENS』
b. 폭풍 흡입키스로 불붙은 로맨스 『데일리안』
c. ○○○, ○○○ 길거리 키스 포착… 폭풍 흡입 무슨 일? 『서울신문』
d. ○○○, ○○○ 입술 흡입 빨판키스 '아찔' 『티브이데일리』

⑨ a. 아찔한 드레스로 보여주는 볼륨 몸매 『조선일보』
b. 요가 여신, 아찔한 복근 『헤럴드경제』
c. 레이싱 모델, 아찔한 출근길 공개 『일간스포츠』

해당하는 것으로 '최고, 최신, 최대화, 극대화, A+, 전문, 특화, 특성화, 명품, 선구자' 등을 들고 있다.(『의협신문』, 2014. 3. 24.)

16 이는 대중매체를 도구로 삼아 발전한 현대 자본주의 산물일 수도 있다.

17 자극적 표현이라 함은 발화에 의해 청자의 정신이나 의미수용의 맥락이 예민해지고 강력하게 수용됨을 의미한다.

d. 아찔한 핑크빛 몸매 『스포츠투데이』

⑧에 나타나는 '흡입'은 '원래 기체나 액체 따위를 빨아들임, 생각, 감정 따위에 빠짐'의 의미로, 주로 [+액체, +기체]의 의미자질을 가진 어휘와 결합된다.[18] 그런데 위 ⑧의 예문에 나타난 흡입은 '키스'와 결합되어 전혀 다른 의미로 전이되었다. 어휘 자체는 선정적이거나 자극적이지 않지만, 이를 발화한 화자의 발화의도는 '다소 야하고 진한' 의미로 전이됨을 알 수 있다. 곧 '흡입'의 일반적 표현이라 할 수 있는 '맑은 공기를 흡입하다'와는 다른 성격의 발화의도가 들어 있음을 알 수 있다. 이러한 자극적 표현은 ⑨의 '아찔하다'에서도 드러난다. 사전적 의미의 '아찔하다'는 '갑자기 정신이 아득하고 조금 어지럽다'의 의미로, 예를 들면 '아찔한 기분, 아찔한 순간, 아찔한 표정' 등이 있다.[19] 그러나 ⑨에 나타난 '아찔하다'의 대상은 '드레스, 몸매, 복근'으로서 모두 아찔할 수 없다. 발화맥락에 의하면 '몸매, 복근, 드레스 등이 화려하고 심히 예뻐서 정신이 없을 정도'의 의미일 것이다. 곧 '아찔한 몸매→좋은 몸매, 아찔한 복근→멋진 복근, 아찔한 드레스→예쁜 드레스'의 발화의미를 갖는다 하겠다. 그런데 여기에 나타나는 '아찔한+명사'는 사전적 표현에서는 제시되지 않는 '심히 좋아서 정신을 차릴 수 없을 정도의, 성적으로 자극적인'의 의미가

---

18 '흡입'의 의미와 예문은 다음과 같은 것이 있다.(『표준국어대사전』 참조)
흡입: 기체나 액체 따위를 빨아들임, 생각, 감정 따위에 빠짐.
① 맑은 공기를 흡입하다.
② 기관지로 액체 따위가 흡입되면
③ [의학] 흡입요법(약물을 증기 형태로 코와 입을 통하여 들이마시게 하여 치료하는 방법)

19 '아찔하다'의 사전적 의미와 예문은 다음과 같다.(『표준국어대사전』 참조)
아찔하다: 갑자기 정신이 아득하고 조금 어지럽다.
① 그 말을 듣고 정신이 아찔했다.
② 그 소식을 듣고 순간적으로 눈앞이 아찔해 왔다.
③ 오랜만에 피우는 담배가 잠시 그를 아찔하게 만들었다.

추가되었음을 알 수 있다. '아찔하다' 자체에는 들어있지 않은 '성적으로 자극적인'의 의미가 추가되고, 청자 역시 이러한 발화의도를 자연스럽게 수용한다.

⑩ a. 나 어제 암 유발 됐어.

b. 어제 ○○ vs ○○ 경기 보다가 암 걸리는 줄 알았네. 인터넷포털 '다음' 게시글

⑩의 예는 인터넷에서 쉽게 접할 수 있는 표현이다. 흔히 '굉장히 짜증나고 힘들다, 재미없다, 잘 못해서 화가 난다' 등의 의미로 발화한다. 문제는 생명을 위협하는 무서운 질병의 대명사라 할 수 있는 '암'을 일상생활에서 짜증나거나 재미없다는 의미로 가볍게 사용한다는 것이다. 누구나 '암'이라는 질병 앞에서는 예민해지고 조심스러워진다. 더군다나 병명을 직접적으로 언급하기를 꺼려하는 언어문화를 감안하면, 이러한 표현은 상당히 자극적이라 할 수 있다. 청자는 이런 발화에 노출되면서 발화에 대해 예민해지고, 발화내용도 다른 표현에 비해 자극적으로 수용할 수 있다.

매체를 기반으로 사용되는 자극적 표현은 현대인의 심리를 반영한 것이라 할 수 있다. 현대인은 점차 복잡해지는 사회현상을 접하면서 심리적으로 무뎌져 점점 더 자극적이거나 선정적인 표현을 찾게 된다. 김정운(2014 : 18~20)에 의하면 '정신분석학적으로 보자면 에로티시즘에 의해, 인간 미학은 성적인 기호학적 매개현상이 일어난다'고 설명한다. 어휘표현도 이와 유사한 특징을 갖고 있다. 상대의 감각을 자극하려는 본능의 발현이 어휘 사용에서 자극적인 표현으로 나타난 것이다. 그리고 그럴 때마다 의미수용은 더 강화된 효과를 거두게 된다. 그러나 이러한 자극적 표현이 잦아질수록 그 표현범주는 점차 넓어지고, 표현의미의 확장 역시 광범위해진다. 그러다 보면 어휘의 기본의미와는 전혀 다른 파생의미에 의한 용례가 많아져 어휘의미의 범주를 훼손하는 문제를 야기할 수도 있다.

3. 어휘의미의 확장과 수용

3.1. 어휘의미의 하향평준화

앞에서 확장적 어휘의미를 극대화된 표현과 자극성의 표현으로 나누어 살펴보았다. 사회가 복잡해지고 매체가 발달하면서 이러한 언어표현은 일상의 언어생활로 급속히 파고들었다. 하지만 세대에 따라 이러한 극대화된 언어표현에 대한 수용 및 이해의 정도는 판이하다.[20]

이렇게 극대화된 언어표현의 빈번한 활용은 의미를 인지하는 데도 변화를 가져온다. 곧 이러한 언어표현의 빈번한 발화와 수용은 어휘의미 자체가 가지고 있는 극대화된 의미를 희석시키고, 따라서 의미 수용의 주체인 청자가 극대화된 어휘의미를 하향평준화하여 수용한다. 그러다 보면 극대화된 어휘의 의미 수용 정도가 낮아지면서 강조되거나 과장된 의미보다 평범한 수준의 의미로, 혹은 조금 강조된 의미로 받아들여진다. 곧 표현자체로는 의미의 극대화를 꾀하고 있으나, 의미수용의 측면에서는 하향평준화하여 표현효과가 반감될 수도 있다.

⑪ a. ○○ 셀카, 역시 셀완얼(셀카의 완성은 얼굴)… "역시 예쁘다" 『조선일보』

---

20 앞서 살펴본 예문의 의미를 20대 50명과 50대 이상 40명에게 설문을 실시한 결과 20대에서는 이러한 언어표현에 대한 의미수용 및 발화효과에 대해 60% 정도가 긍정적으로 평가·수용하는 한편, 50대에서의 설문결과는 정반대로 80% 이상이 문제가 있어 개선해야 한다고 답했다.

연령대	다수 의견	소수 의견
20대	의미수용이 가능하고 재미있는 언어표현이다.(60%)	의미를 잘 모르겠고 개선해야 할 것 같다.(40%)
50대	의미를 잘 모르겠고 문제가 있으므로 개선해야 할 것 같다.(80%)	의미는 잘 모르겠으나 재미있는 표현이다.(20%)

b. 장미꽃보다 더 예쁜 미모 뽐내 「세계일보」

c. 강남 5대 얼짱, 모두 공개!… "어메이징한 여자들" 대박! 「MBN」

d. 판빙빙, SNS에 생얼 공개… "화장 안 해도 여신이네" 「스포츠투데이」

e. '기황후' ○○○, 누구와도 애틋 러브라인, 이러니 케미여신[21] 「뉴스엔」

⑪의 예는 '예쁜 여자'를 표현한 어휘이다. 기본의미에 충실한 '예쁘다'와 점차 파생의미로 전이되는 어휘를 비교해 볼 때, '장미꽃보다 예쁘다〈 얼짱〈 여신〈 케미여신'의 순으로 극대화된 의미로 쓰이고 있다. 의미의 도상성을 감안하면 '예쁘다'에 결합하는 어휘의미의 합이 극대화된 의미로 기능함은 당연하다.[22] 그런데 이런 표현을 지속적으로 듣다보면 '케미여신'이 '좀 예쁜 여자' 정도의 의미로 하향평준화될 수 있다. 곧 극대화된 의미를 평이한 수준의 의미로 희석화하여 수용한다. 따라서 '케미여신'도 '그저 그런, 혹은 예의상 해주는 발화' 정도의 의미로 하락할 수 있다는 것이다. 극대화된 표현의 빈번한 사용은 어휘의미를 전반적으로 하향화하여 수용하도록 한다.[23] 이러한 현상은 극대화된 어휘표현 대부분에서 나타난다.

⑫ a. '1억유로' 가레스 베일, 먹튀에서 종결자로 「스포츠조선」

---

21 '케미'는 드라마나 영화 속 남녀 주인공이 잘 어울릴 때 사용하는 신조어로, 화학 반응을 의미하는 'chemistry'의 줄임말에서 생긴 것이다.

22 임지룡(2004)에 의하면 의미의 도상성은 개념의 복잡성이 언어재료의 양과 비례함을 의미한다. 곧 언어재료가 많아질수록 언어의미도 넓어지는 관계를 형성하는 것이다. 의미의 도상성은 인간의 경험과 경향이 언어구조에 반영되어 의사소통의 효율성을 높이는 특성을 갖는다. 그렇게 보면 '예쁘다'에 다른 어휘가 결합된 표현이 의미전달의 측면에서는 더 효율적이라고 할 수 있다.

23 '예쁘다, 얼짱, 여신, 케미여신'을 대학생을 대상으로 의미수용의 단계를 설문한 결과 60% 정도의 학생이 '예쁘다〈 얼짱〈 여신〈 케미여신'의 단계로 강화된 의미를 수용하고 있음을 알 수 있었다. 그러나 이들 어휘가 개별적으로 제시될 때는 '좀 예쁘구나!'의 의미로 이해한다고 답해 의미강조의 기능이 다소 약화됨을 알 수 있었다.

b. 럭셔리 오피스룩 화제 '진정한 커리어우먼룩 종결자' 『파이낸셜뉴스』

c. 박유천 액션연기 극찬 "액션 연기의 종결자" 『동아일보』

⑬ a. '미백관리'로 도자기 피부 만들기 『내일신문』

b. 도자기 피부 셀카, 속까지 비칠 듯한 투명피부 과시 『뉴스엔』

c. 변함없는 우윳빛 도자기 피부… 여전히 아름다워 『한국경제TV』

⑭ a. '꽃중년' 열풍 웰 에이징으로 곱게 늙는 법 『bnt뉴스』

b. 신구-모건프리먼 닮은꼴, 가장 잘 놀 것 같은 꽃할배 1위 『파이낸셜뉴스』

c. '꽃미남 체조스타' 박민수 철봉銅 "인천AG 개인종합 메달!" 『스포츠조선』

d. 봄처럼 상큼한 꽃미녀 수의사 '샤방샤방' 『조선일보』

e. 욕지도 '꽃할매 바리스타'의 커피맛 보실래요? 『한국일보』

⑫~⑭의 예에 나타난 어휘 '종결자, 도자기 피부, 꽃-' 등의 어휘는 모두 '그 분야에서 최고의'라는 의미를 가지고 있다. 그러나 위의 예에서처럼 좀 잘한다 싶으면 '종결자'라 칭하고, 좀 예쁜 피부를 가지면 '도자기 피부'로 승격된다.[24] 다시 말해, 이런 어휘를 계속 듣다 보면 이제 조금만 잘해도 쉽게 '종결자'라고 부르게 되고, 조금만 예뻐도 너무 당연하게 '도자기 피부'라는 표현을 사용하게 된다.

그 결과 이들 어휘의 본연의 의미가 희석되고 '평균보다 조금 높은'의 의미 정도로 의미평준화가 일어날 수 있다. 화자와 청자 또한 빈번한 발화와 수용

24 대학생 대상 설문 결과 '하얀 피부 〈 우윳빛 피부 〈 도자기 피부'와 같은 순서로 의미의 극대화를 수용한다가 56.6% 정도로 나타났다. '하얀 피부'를 기본적 표현으로 수용하고, 나머지 표현을 의미강조를 위한 표현으로 대답했다. 그러나 이들을 개별적으로 제시한 표현에서는 '피부가 좋다'의 강조 정도로 이해한다고 답했다.

으로 극대화된 의미를 인지하기가 쉽지 않게 된다. 따라서 언중은 더욱 강력한 표현을 지속적으로 찾고, 그에 따라 점점 더 극대화된 표현을 양산한다. 문제는 극대화된 표현의 빈번한 쓰임이 언중의 사고 작용 및 어휘 수용에 악영향을 미치고, 결국은 언중의 언어심리에 과도한 위기감 혹은 의미의 양분현상을 초래할 수 있다는 점이다.

3.2. 기본의미 희석과 확장의미의 고착화

확장된 어휘의미는 어휘의 기본의미 성분 중 일부가 전이되어 비유적 의미를 획득할 때 형성된다. 예를 들어 '곰'은 기본의미인 '몸이 비대하며 다리가 굵고 짧고, 꼬리는 털에 가려져 보일 듯 말 듯한 동물. 털은 갈색, 검은색 따위가 있으며 길고 거칠다' 등에서 '미련하거나 행동이 느린 사람을 놀림조로 이르는 말'로 의미전이 과정이 일어났다. 이를 그림으로 도식화하면 다음과 같다.(임지룡, 1992 : 63~64)

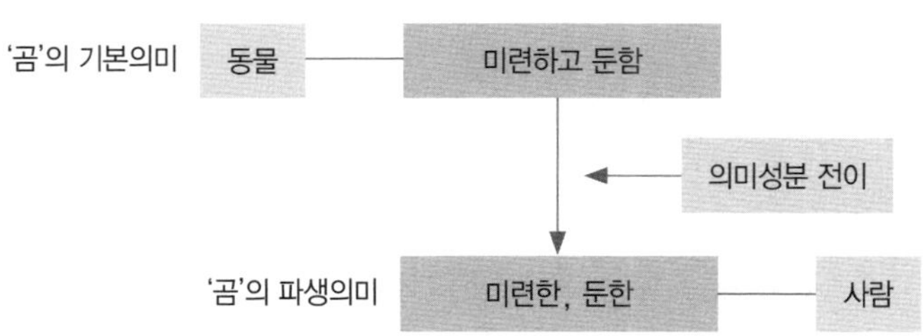

[그림 1] 의미의 성분전이 모형

[그림 1]에서 보는 것처럼 어휘의미의 성분 전이가 일어나면서 확장의미가 형성된다. 그런데 앞서 살펴본 예에서처럼 확장의미의 사용이 기본의미의 사용보다 훨씬 많아지면서, 어휘의 기본의미가 유실될 수도 있다. 나아가 어휘의 기본의미는 생략된 채 확장의미만으로 사용되기도 한다. 그러면 그 어휘

의 확장의미를 기본의미로 착각할 수도 있게 된다.[25]

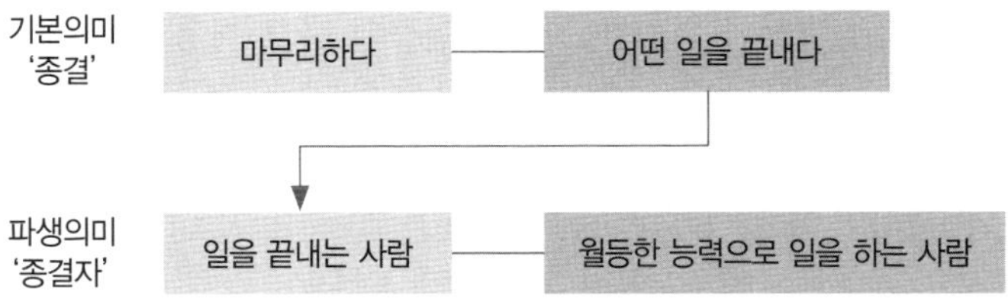

[그림 2] '종결-종결자' 성분전이 모형

[그림 2]에서도 어휘의 성분전이에 의해 확장의미가 형성된다. 즉 기본의미의 성분전이에 의해 '월등한 능력의 소유자'로 확장의미가 형성되었다. 그런데 기본의미에 준한 '종결'보다 확장의미에 의한 '종결자'가 더 빈번히 사용되면서 기본의미인 '종결'의 의미는 퇴색하고 확장의미인 '종결자'로 고착화될 수 있다. 근래 들어 어휘표현의 상당부분이 이처럼 확장의미에 준해 사용되기 때문에 기본의미의 유실현상이 발생할 우려가 크다.

⑮ a. 광고주는 막장 드라마와 섞이기 싫어해 『시사저널』

b. '개콘' 시청률의 제왕, '왕가네' 막장 패러디… 90년 후 설정 『동아일보』

c. 막장 논란 '백년의 유산' 승승장구 이유 있다. 『뉴스엔』

d. '막장 졸업식' 누구 탓일까. 『경향신문』

e. 막장 출생비밀이 ○○○에 미치는 영향 『TV리포트』

---

25 비슷한 예로 요즘 빈번히 사용되는 '완전, 대박'을 들 수 있다. 원래 '완전'은 '필요한 것이 모두 갖추어져 모자람이나 흠이 없음'의 명사이고, '대박'은 '어떤 일이 크게 이루어짐을 비유적으로 이르는 말'의 명사이다.(『표준국어대사전』 참조) 이들 두 명사를 부사적 용례에 준해 사용하면서 현대국어의 화자들은 이들이 '매우, 진짜'와 용법이 비슷한 부사인 줄 알고 있다. 예 완전 좋아. / 대박 좋아.

⑮에 나오는 '막장' 역시 어휘의미의 확장된 표현이다. '막장'은 원래 '갱도의 막다른 곳'이라는 의미의 어휘이다.[26] 그런데 ⑮와 같은 표현이 빈번히 쓰이면서 언중들에게 '막장'은 '자극적이거나 무리하게 일이 진행되는, 더 이상 말로 설명할 수 없을 정도' 등의 극대화된 의미로 수용되고 있다. 따라서 '막장' 자체의 의미수용은 기본의미가 아닌 확장의미에 의해 형성된 의미로 인지된다.[27]

극대화된 어휘표현으로 기본의미보다 확장의미로 수용된 어휘는 앞에서 예로 든 것 외에도 다수이다. '-전쟁', '-파괴', '-실종' 등도 극대화된 의미수용에 의해 기본의미의 사용빈도가 현저히 낮아진 예라고 할 수 있다.

⑯ a. 성산 일출봉, 관광객 급증… 매일 주차전쟁 '몸살' 『MBC 뉴스』

b. MS와 안드로이드 진영, 특허전쟁 '초읽기' 『전자신문』

c. 맨유, 결국 모예스 감독 경질… 살벌해진 축구전쟁의 그림자 『조선일보』

⑰ a. 닭볶음탕… '가격파괴' 맛까지 대박! 『데일리그리드』

b. 유통업계 빅3, '경력파괴 · 스펙파괴 · 학력파괴' 나섰다. 『파이낸셜뉴스』

c. 디지털시대 '격식파괴'라는 양날의 검 『국민일보』

---

26 '막장'은 '일의 마지막'이라는 의미도 있으나, 이는 비표준어이고 '끝장'으로 대체되어야 하므로 여기서는 제외한다. '막장'의 기본의미에 준한 예는 다음과 같다.(『표준국어대사전』 참조)

① 막장에 도착한 갱부들은 두 조로 갈렸다.

② 갱부들이 모이자 곧바로 막장으로 갔다.

27 '막장'의 파생의미에 의해 형성된 어휘의미는 대략 다음과 같다.

a. 막장드라마: 얽히고설킨 인물관계, 무리한 상황설정, 자극적인 장면 등으로 전개되는 드라마

b. 막장패러디: 기왕의 드라마나 영화의 스토리나 상황을 무리하게 설정하고 모방하는 것

c. 막장논란: 비현실적인 소재와 개연성이 없는 전개 등으로 논란거리가 됨

d. 막장졸업식: 주위의 시선은 아랑곳하지 않고 엉망으로, 무리하게 진행되는 졸업식

e. 막장출생비밀: 출생의 비밀로 인해 이야기의 개연성을 상실한 경우

⑱ a. 종아리살 빼기, 녹는실 '리프팅 PDO'로 하의 실종 패션 완성 「스포츠한국」
b. 소시 태연, 선미, 2NE1 공민지… '볼살 실종' 아이돌이 대세? 「한국일보」
c. 선데이 셀카 논란 '대형마트 카트타기' 네티즌 "개념 실종" 비판 「서울신문」

위 ⑯의 '-전쟁'은 '매우 심각한 정도, 상태'의 의미로 수용되면서, 기왕의 기본의미 '전쟁(戰爭)'의 개념이 희박해졌다. ⑰의 '파괴' 역시 '때려 부수거나 깨뜨려 없애버림'[-잔존, +없앰]의 의미에서 '극심하게 낮춤, 심하게 무시하기로 함'[+잔존, -없앰] 정도로 의미가 전이되면서 '파괴'의 기본의미에 대한 의식이 희박해졌다. ⑱의 '실종' 역시 마찬가지이다. '사라짐, 잃어버림'의 의미를 확장의미로 전이시켜서 '하의 실종, 볼살 실종, 개념 실종'에서의 실종은 진짜 사라졌다기보다 '하의가 너무 짧다, 볼살이 많이 빠졌다, 개념이 희박하다'의 강조 의미로 수용된다. 이러한 어휘들 모두 확장적 쓰임이 빈번하여 언중들은 이들에 대한 기본의미를 제대로 수용하지 못할 수도 있다. 이것은 어휘의미의 사용빈도에 의해 나타나는 현상이기도 하다. 기본의미보다 확장의미의 사용이 많아짐으로써 어휘의 기본의미는 점차 그 용례가 줄어들고 확장의미의 사용빈도가 잦아지게 되는데, 이러면서 의미의 희석이나 고착이 진행될 수 있기 때문이다.

4. 어휘의미 확장의 화용적 의미

어휘의미의 확장은 화자의 발화의미 강조 및 전달정보의 과장을 위해, 또는 청자의 적극적 의미수용을 위해 이루어진다. 이는 화자 및 청자의 감정을 좀 더 실감나면서도 섬세하게 반영하기 위한 것이기도 하다. 여기에서는 앞에서 살핀 내용들을 바탕으로 어휘의미의 확장에 따른 화용적 특징을 살펴보

도록 하겠다.[28]

첫째, 어휘의미의 확장은 화자의 발화의도와 청자의 수용의도를 강화한다. 이는 효과적 전달 및 수용을 위해 어휘의미가 변화되었음을 의미하는 것이기도 하다. 언어사용 맥락을 감안할 때 변화하는 사회현상에 맞춰 언어표현체가 변화하는 것은 아주 당연한 일이다. 따라서 새로운 표현이 양산되는 것은 지극히 정상적인 언어활동이라 할 수 있다. 다만 새로운 언어표현의 생산에 한계가 있기에, 기존 어휘의 의미를 확장하여 추론 가능한 새로운 의미를 부여한다. 문제는 확장의미에 준한 사용 빈도가 높아지면서 어휘의 기본의미가 퇴색될 우려가 있다는 것이다.[29] 어휘의 기본의미를 제대로 습득하고 난 후 파생의미에 노출되는 것과 그렇지 않은 상태에서 파생의미를 접하는 것은 청자의 인지구조에 많은 영향을 끼친다. 기본의미에 대한 숙지가 전제되지 않으면 새로 등장한 파생의미를 그 어휘의 기본의미로 인지할 수 있기 때문이다. 이는 결과적으로는 어휘의미에 대한 과확장 혹은 미확장을 초래할 뿐만 아니라 그 어휘들이 결합하는 통사구조에까지 영향을 미친다. 이는 국어 문법범주에 맞지 않는 문장을 구성하는 문제까지 야기할 수 있다.[30] 실제로 앞에서 살펴본 대다수의 극대화된 어휘표현은 어휘의 기본의미에 충실한 통사구조

28 어휘의미의 확장에 따른 화용적 특징을 장단점으로 나누어 기술할 수도 있다. 어휘의미의 확장이 언어표현의 참신성이라는 점에서는 장점일 수 있지만, 기본의미의 퇴색과 의미범주를 무시한 것은 단점일 수도 있기 때문이다.

29 확장적 어휘의미의 빈번함으로 인한 기본의미의 소멸은 단기간에 일어나는 언어현상은 아닐 수도 있다. 어휘에 따라서 기본의미의 유실현상이 단기간에 나타날 수도 있고 혹은 장기적으로 나타날 수도 있을 것이다. 이 장의 논지는 그렇다고 해서 기본의미에 대한 숙지가 소홀히 되어서는 안 된다는 것을 의미한다.

30 대학생을 대상으로 앞서 제시한 어휘들 중 일부에 대해 문장작성을 설문한 결과, 대부분이 문법적으로 맞지 않거나 근래 유행하는 내용의 문장을 작성했다. 예를 들어 '막장'의 경우는 59.9%가 '인생 막장, 막장드라마' 등의 표현을 했는가 하면, 단 3%만이 '막장에서 석탄을 캤다.'로 기본의미의 사용 예를 제시했다. 또한 '아찔하다'의 경우는 '아찔한 치마길이, 아찔한 다리라인, 아찔한 옷, 너 오늘 아찔하다' 등의 표현이 제시되었는데, '아찔하다'와 문장을 구성하기 어려운 어휘들이다.

를 지키지 않아 문법적 변형을 초래한 문장이라 할 수 있다.[31]

둘째, 어휘의미의 확장은 어휘의 은유적 표현을 대중화한다.[32] '예쁜 여자'를 의미하는 '여신'은 은유적 표현이다. 그리하여 '수진이는 우리 학교의 예쁜 여자야!'가 '수진이는 우리 학교의 여신이야!'로 대체될 수 있다. 이러한 은유적 표현이 매체에 의해 확산되고, 이를 언중이 적극적으로 수용하면 '여신=예쁜 여자를 일컫는 표현'으로 확장적 의미가 획득된다. 따라서 어휘의미의 확장은 곧 은유적 어휘표현의 일반화라 할 수 있다. 확장의미의 사용빈도가 높아지면서 은유적 표현기능이 약화될 수 있지만 형성 단계에서는 은유적 표현이 중시된다. 그러다가 이른바 '죽은 은유(dead metaphor)'로 의미의 일반화가 진행되면 보편적 어휘의미로 자리 잡게 된다. 결과적으로 어휘의미의 확장은 어휘의 은유화와 교집합을 형성하며 사용되다가, 점차적으로 의미의 보편화가 진척된다고 할 수 있다.

셋째, 어휘의미의 확장은 의미범주의 제약을 받지 않는다. 어휘의미의 확장은 기존 표현과의 차별성을 강조하면서 발화자의 발화의도를 부각한다. 즉 새로운 표현, 기발한 표현, 나아가 강력한 표현을 추구한다. 이 과정에서 어휘의 의미적 호응관계를 고려하면서 다양한 표현이 양산된다. 그래서 맥락적인 관계만을 중시하여 어휘의 의미범주를 무시하는 일도 얼마든지 가능하다. 물론 의미범주로 보았을 때 호응되지 않는 어휘들을 묶어 발화함으로써 표현

---

31 이를 해결하기 위한 좋은 방법이 다양한 읽기활동이라 할 수 있다. 읽기활동은 다양한 장르의 글을 읽으면서 어휘의 기본의미를 습득할 수 있다. 언중은 읽기활동에서 접하는 수많은 어휘의 기본의미를 맥락을 바탕으로 습득한다. 이러한 읽기활동의 뒷받침 없이 파생의미만을 수용하면 어휘의 기본의미를 망각할 수 있다.

32 송경숙(2005 : 258~279)에 의하면, 은유는 덜 구체적이고 애매모호한 개념을 경험을 바탕으로 좀 더 특이하고 구체적인 개념으로 구성하는 것으로 설명한다. 곧 말 속에서 은유를 사용하는 것은 화자의 말에 대한 긍정적 견해를 유도하고, 말에 대한 사람들의 추론 형성에 중대한 영향을 미친다고 제시한다. 그렇게 보면 어휘의 확장적 의미는 화자의 발화의미를 청자가 보다 용이하게 추론하게 도와주는 은유적 장치라고 할 수 있다.

의 참신성도 획득된다. 이것이 어휘의미가 확장적으로 쓰이는 핵심이라 하겠다. 실제로 의미범주를 무시하면서 어휘의미를 확장하기 때문에 '전쟁'이 '주차, 불꽃, 입찰, 예매, 수능'과 호응하여 '주차전쟁, 불꽃전쟁, 입찰전쟁, 예매전쟁, 수능전쟁'으로 쓰일 수 있다. 이처럼 어휘의미의 확장은 표현의 다양성 및 참신성을 담보하면서 발화의도를 강조하는 특징이 있다. 그러는 중에 의미범주를 무시한 채 어휘의미가 확장된다.[33]

5. 결론

이상으로 어휘의미의 확장에 따른 표현과 수용 실태, 그리고 이를 바탕으로 확장의미의 화용적 특징에 대해서 살펴보았다. 어휘의 확장의미는 매체가 의사소통의 주요 기제가 되면서 더욱 확산되고 있다. 이는 새로운 언어표현이 주는 참신성과 신선함, 그리고 화자의 발화의도의 강조 효과 때문이라 하겠다. 다만 이러한 어휘의미의 확장이 올바른 언어사용의 관점에서 용인 가능한 범주인지에 대해서는 숙고할 필요가 있다. 어휘의미 범주 안에서 수용 가능한 언어표현인지에 대한 정확한 이해가 전제되어야 하기 때문이다. 이상 논의내용을 요약·제시하면 다음과 같다.

첫째, 어휘의미의 확장은 참신한 표현을 찾는 청자의 욕구와 자신의 의도를 보다 잘 전달하려는 화자의 욕구에 부응한 것이다. 어휘의미의 확장 양상

---

33 의미범주에 준한 호응관계를 무시할 경우 발생할 수 있는 문제에 대해서는 주의할 필요가 있다. 즉 언어규범이나 문법의 틀을 깨고 작위적인 언어표현체를 양산해서는 안 된다. '잉여롭다, 애정하다, 바탕하다, 중심하다, 마음적인, 느낌적인 느낌' 등처럼 어휘의 호응관계를 고려하지 않는 것은 큰 문제이다. 이는 참신성을 전제한 언어유희적 기능으로 이해할 범위를 넘어선 것이다.

을 보면 크게 극대화된 표현과 자극적 표현으로 나눌 수 있다. 언중이 더 강력한 표현을 추구하다 보니 극대화된, 곧 과장된 표현을 선호하게 되었다. 그리고 자극적인 표현은 전달효과의 강화와 청자의 강력한 인지에 영향을 미친다. 이처럼 더 신선하고 강력한 발화효과를 위해 극대화되고 자극적인 어휘의미가 양산되었다.

둘째, 어휘의미의 확장 실태를 두 가지 면에서 살펴보았다. 첫 번째는 어휘의미의 하향평준화이다. 언중은 극대화된 언어표현을 빈번히 사용하면서 그 의미를 하향평준화하여 수용한다. 실제로 시간이 지날수록 언중은 극대화된 어휘의미를 평범한 수준의 의미로, 혹은 조금 강조된 의미 정도로 수용한다. 두 번째는 본래의 의미가 희박해고 확장의미가 기본의미로 고착화되기도 한다. 곧 어휘의 기본의미에 대한 수용이나 습득과정이 생략된 채 파생의미를 수용하여 파생의미를 기본의미로 착각하는 일이 나타난다. 그리하여 기본의미와 확장의미가 전도되는 현상으로까지 벌어진다. 이것은 어휘의 기본의미 유실현상으로 이어져 언어생활에 악영향을 끼치기도 한다.

셋째, 어휘의미의 확장에 따른 화용적 특징을 살펴보았다. 먼저 어휘의미의 확장은 효과적 전달 및 수용을 가능케 한다. 그래서 어휘의미의 지속적인 변화는 언어의 효율성이 작용한 결과라 할 수 있다. 다음으로 어휘의미의 확장은 은유적 표현의 대중화라 하겠다. 하지만 은유적인 어휘의미의 확장은 사용빈도가 많아지면서 자연스럽게 의미의 보편화가 이루어진다. 끝으로 어휘의미의 확장은 표현의 참신성을 강조하여 의미범주에 구애받지 않는다. 표현의 참신성은 곧 기존 표현과의 차별성을 강조하는 것이기에 자연스럽게 새로운 확장의미를 만들어 낼 수 있다.

제3장

도시슬로건의 언어표현과 의미

1. 서론

이 장은 도시 브랜드 슬로건의 실태와 화용적 의미를 살피는 것이 주목적이다. 한 뉴스지에 '○○은 산업수도의 긍정적 이미지와 지식·예술·문화·교육 등 인문학의 조화를 통해 도시브랜드 가치를 높여 문화도시 이미지를 창출해야 한다'는 내용의 기사가 소개되었다.[01] 이를 통해 도시를 '도시브랜드'라는 개념으로 정립하여 표현하는 시대가 되었음을 알 수 있다.[02] 실제로 이

01 기사 본문은 다음과 같다.

울산발전연구원(원장 하동원) 경제사회실 이재호 박사는 1일 '울산, 교육 · 문화기능 조화로 시너지효과 창출하자: 교육 · 문화 융합 컨트롤타워 구상안 이슈리포터'에서 '울산은 산업수도의 긍정적 이미지와 지식 · 예술 · 문화 · 교육 등 인문학의 조화(융합)를 통해 도시브랜드 가치를 높여 문화도시 이미지를 창출해야 한다'고 강조했다. …

조현철 기자, 『뉴시스』, 2012. 6. 1.

02 지자체에서 도시브랜드를 중시하고 있음을 여러 기사를 통해 확인할 수 있다. 또한 도시브랜드를 광고하는 로고

제 도시를 사람들이 거주하는 단순한 공간으로 볼 수만은 없다. 그 안에서 문화를 꽃 피우고 함께 숨 쉬며 어울리는 공동체를 이루어 도시가 복합공간으로 기능하기 때문이다. 우리는 도시 안에서 많은 것을 공유하며 느끼고 함께 채워가면서 생활하고 있다.

이렇듯 도시의 의미범주가 매우 광범위해지고 그 범주가 정신문화적 공간으로까지 확대되면서 도시를 바라보는 시각도 많이 달라졌다. 현대인에게 있어서 도시는 더 이상 차갑고 메마르며 지친 삶을 담아낸 무채색의 공간이 아니다. 삶의 그림을 그리고, 함께 살아가며 웃음을 나누는 따뜻한 공간으로 도시의 이미지가 변하고 있다. 그러한 이미지를 보다 효율적으로 표현하기 위해 각 도시에서는 다양한 도시브랜드 슬로건을 창안하여 적극적으로 홍보하고 있다.

도시브랜드 슬로건은 도시에 대한 인지도를 높이고 긍정적인 이미지를 제고하기 위해 만들어진 기호라 할 수 있다.[03] 각 도시는 다른 도시와의 차별을 위해서, 그리고 개성을 효과적으로 담아내기 위해서 자기만의 도시브랜드 슬로건을 만들어 내기 시작했다.

이렇게 만들어진 도시브랜드 슬로건은 각 도시의 특징을 드러내는 데 긴요하게 활용된다. 이 도시브랜드 슬로건은 각각의 도시가 지향하는, 그리고 그것을 단적으로 표현하려는 의도가 반영된 언어적 표현이라고 할 수 있다. 즉 간단한 표현으로 함축하여 해당 도시의 특성 및 개성을 피력하려는 취지에서

및 캐릭터, 혹은 슬로건과 같은 구성요소를 일반 시민에게 공모하여 제정 · 수용하는 예도 많다. 이는 도시브랜드에 대한 인식과 이를 광고하기 위한 슬로건 · 캐릭터 · 로고 · 휘장 등이 보편화되었음을 의미하는 것이다.

03 도시브랜드에 대한 정의는 광고 및 마케팅, 혹은 디자인 분야에서 다양하게 논의되고 있다. 예를 들면 김재현(2005 : 9~10)에서는 '그 도시가 표방하는 가치와 비전을 함축하고 있는 핵심적이고 차별적인 커뮤니케이션 메시지'라 제시한다.

만들어진 것이라 할 수 있다.[04]

그러나 실제 도시브랜드 슬로건이 표방하는 발화의미가 청자인 시민, 혹은 외국인에게 얼마나 효과적으로 전달되는지는 의문이다.[05] 바람직한 의사소통이라면 화자의 의도를 청자가 이해하고 수용해야 한다.[06] 그런 점에서 도시브랜드 슬로건도 청자가 발화의미를 올바로 수용할 때 소통은 물론, 도시 이미지도 올바로 제고될 수 있다. 도시브랜드 슬로건의 표현 양상과 화용적 의미를 살펴야 하는 이유도 여기에 있다.

이 장에서는 도시브랜드 슬로건의 언어적 사용 양상을 검토한 후 의사소통의 관점에서 어느 정도 효용성이 있는지 살펴보고자 한다. 도시브랜드 슬로건은 언어적 표현과 비언어적 표현으로 구성된다. 슬로건이 언어적 표현이라면, 디자인과 색채·로고·마크·캐릭터 등으로 시각화한 것은 비언어적 표현이라 할 수 있다.[07] 이 둘이 조화롭게 구비되어 도시브랜드 슬로건을 형성하게 된다. 그중 본 연구에서는 슬로건의 언어적 표현에 주안점을 두어 국어학적인 관점에서 살펴본 후, 발화의도를 중심으로 수행하고자 하는

---

04 우리나라의 서울특별시 및 6대 광역시의 도시브랜드 슬로건은 다음과 같다.

Hi Seoul SOUL OF ASIA	Your Partner Gwangju	Colorful DAEGU	It's Daejeon	Dynamic BUSAN	Ulsan for you	Fly Incheon
서울특별시	광주광역시	대구광역시	대전광역시	부산광역시	울산광역시	인천광역시

외국의 경우 도시브랜드 슬로건으로 잘 알려진 예는 뉴욕의 'I♥NY'이나 도쿄의 'Yes! Tokyo', 홍콩의 'Asia's World City, Hong Kong'을 들 수 있다. 이들 모두 도시이미지를 광고하기 위해 브랜드 슬로건을 활용하고 있다.

05 논의의 전개를 위해 실시한 설문조사(성인 대상 60명)에서 60%(36명)가 자신이 살고 있는 지역의 슬로건은 알지만 그 의미는 모른다고 답했다. 또한 16.7%(10명)는 아예 슬로건 자체도 모른다는 답을 했다.

06 의사소통에 참여하는 화자와 청자의 개념을 발화의 생산자와 수용자로 이해할 수 있을 것이다. 다만 이 장에서는 포괄적인 의미로 화자와 청자로 일괄적으로 표현하기로 한다.

07 차승희(2011 : 544~546)에 의하면 브랜드의 언어적 요소는 자의성·기호성·사회성·역사성으로 구성되며, 비언어적 요소로는 시각화·컬러·그래픽 등을 제시한다. 이 둘이 자유롭게 조화를 이루는 것이 바로 브랜드 슬로건이라 할 수 있다.

화용적 기능이 무엇이고, 그것이 어떻게 수용·이해되는지 살펴보도록 하겠다. 이러한 연구를 통해 도시브랜드 슬로건에 나타난 국어사용의 특징과 문제점을 다시 한번 조망하는 데 의미가 있다.

이 장에서는 논지 전개의 방증자료로 활용하기 위해 성인 남녀 60명에게 설문을 실시하였다.[08] 먼저 슬로건의 일반적인 인지도를 설문하고,[09] 이어서 7대 도시 슬로건을 제시한 후 그 의미와 특성을 알아보았다.[10] 이후부터 논거로 제시되는 설문결과는 지금의 설문내용을 바탕으로 한 것이다.

---

08 설문 결과 80%(52명)의 설문자가 '슬로건은 필요하다'는 답을 했다. '슬로건은 필요하지 않다'는 의견이 7% 정도였으며, '잘 모르겠다'고 응답한 것도 13%였다. 이를 감안할 때 대부분의 사람들이 슬로건의 필요성 및 기능에 대해 인식하고 있음을 알 수 있다.

09 이에 해당하는 설문내용은 다음과 같다.

1. 도시브랜드 슬로건에 대해 들은 적이 있는가?
2. 도시브랜드 슬로건이 무엇이라고 생각하는가?
3. 알고 있는 도시브랜드 슬로건이 있는가? 있다면 써 보아라.
4. 살고 있는 거주지의 슬로건을 아는가? 안다면 써 보아라.
5. 자신의 거주지 브랜드 슬로건이 상징하는 의미를 알고 있는가? 안다면 써 보아라.
6. 도시브랜드 슬로건의 가장 중요한 기능은 무엇이라고 생각하는가?
7. 국어슬로건, 영어슬로건, 국어와 영어 혼용슬로건 중 무엇이 더 효과적이라고 생각하는가? 이유는 무엇인가?

10. 이에 해당하는 설문내용은 다음과 같다.

1. 표현의 의미가 무엇인지 알겠는가?
2. 강조하고자 하는 주제를 정확히 알겠는가?
3. 도시를 상징하는 대표성이 있다고 생각하는가?
4. 브랜드가 갖고 있는 상징적 의미를 이해하는가?
5. 슬로건과 도시와의 연관성이 있다고 생각되는가?
6. 이미 알고 있었던 슬로건이 있는가?
7. 매력도(마음에 드는 정도)는 어떠한가?
8. 슬로건으로서 적당하다고 생각하는가?
9. 각 슬로건의 주제를 써 보아라.
10. 영어 슬로건과 국어 슬로건 또는 국영 혼용슬로건에 대해서는 어떻게 생각하는가?
11. 도시를 광고하는 슬로건이 갖춰야 하는 조건은 무엇이라고 생각하는가?
12. 자신이 살고 있는 곳, 혹은 고향의 슬로건을 아는가? 안다면 써 보고, 그 의미는 무엇인지도 써 보아라.
13. 도시를 광고한다는 점에서 슬로건은 효과적으로 기능한다고 생각하는가? 그렇다면 이유는 무엇인가?

2. 도시슬로건의 현황

현대인들에게 도시는 이제 하나의 브랜드처럼 인식된다. 곧 내가 살고 있는 공간개념의 도시를 하나의 상품처럼 포장하고 꾸며서 다른 사람들에게, 다른 도시에 소개하려고 한다. 도시도 이제 브랜드화한 상품이 되고,[11] 이를 알리기 위해 상징적인 슬로건을 만들어 대외적으로 광고하고 있다. 이처럼 도시를 상징화하여 표현하는 것이 도시브랜드 슬로건이라 할 수 있으며, 이를 바탕으로 그 도시의 이미지와 가치가 상정된다고도 할 수 있다.[12]

이 장에서 연구 대상으로 수집한 도시브랜드 슬로건은 모두 91개이다. 서울특별시와 6대 광역시, 9개 도, 각 도에 속한 75개 시의 슬로건을 각 지자체 홈페이지에서 수집하였다. 이들 도시들은 자기 도시를 대표적으로 나타내기 위해 다양한 슬로건을 제정하고, 이를 시각적인 문양과 함께 제작하여 홍보하고 있다. 그리고 이를 제공받는 시민(혹은 외국인)들은 의식적으로, 때로는 무의식적으로 해당 도시에 대해 인지하게 된다. 이 장에서 수집·정리한 서울특별시와 6대 광역시 그리고 각 도와 시의 슬로건은 다음과 같다.

---

11 이런 맥락의 도시 브랜드는 다음처럼 정의될 수 있을 것이다.

① 도시브랜드는 자신의 정체성을 갖추기 위해 브랜드 요소를 상정하고, 기타 심벌마크와 슬로건을 함께 제작한 것이다.(차승희, 2011 : 547~548)

② 도시브랜드란 도시 자체를 하나의 상품이나 기업으로 인식하고 도시에 관한 유형과 무형의 자산과 문화를 기업과 투자자, 이주민, 방문객들이 선호하는 그 도시만이 지닌 이야기, 가치, 정서, 이미지를 외부에 알려 경제 활성화를 추구하는 도시 마케팅의 한 부분이다.(박혜진, 2010)

12 도시브랜드 슬로건에 대한 정의는 다음과 같다.

① 각 도시의 기관, 지역, 사업, 이벤트 등의 이미지를 하나의 요소로 집약하여 도시의 미래 비전과 발전 등을 상징화한다. 도시는 이것을 이용하여 도시 자체를 홍보하거나 특산물 축제 등에 도시만의 정체성을 구축하고 이미지를 업그레이드시켜 나간다.(최홍락, 2007 : 176~177)

② 그 도시가 표방하는 가치와 비전을 함축하고 있는 핵심적이고 차별적인 커뮤니케이션 메시지. 도시에 대한 인지도와 호의적인 이미지를 창출하여 사람과 비즈니스의 유입을 촉발하고 관련 집단과 친화적인 관계를 구축하는 브랜드 요소이다.(김재현, 2005 : 9~10)

도시	슬로건	도시	슬로건
서울특별시	Hi Seoul Soul of Asia	고양시	꽃보다 아름다운 사람들의 도시, 고양
광주광역시	Your Partner Gwangju	과천시	나의 마음, 나의 도시 My Heart, My City
대구광역시	희망의 도시, 일류대구 Colorful Daegu	광명시	시민과 함께 도약하는 광명
대전광역시	It's Daejeon	광주시	Clean Gwangju
부산광역시	Dynamic Busan	구리시	고구려의 기상 세계 속의 구리시
울산광역시	Ulsan for you	군포시	O2 Gunpo
인천광역시	Fly Incheon 동북아의 허브도시, 인천	김포시	Best Gimpo
강원도	Lively Gangwon	남양주시	쾌한 도시 남양주
경기도	Global Inspiration 세계 속의 경기도	동두천시	두드림 동두천 Do Dream 동두천
경상남도	Feel Gyeong Nam	부천시	Fantasia 판타지아 부천
경상북도	Pride GyeongBuk	성남시	시민이 행복한 성남
전라남도	녹색의 땅 전남	수원시	사람이 반갑습니다. 휴먼시티 수원
전라북도	천 년의 비상 전라북도	시흥시	생명도시 시흥이 미래를 키워갑니다.
제주도	Only Jeju	안산시	Brovo Ansan
충청남도	Chung Nam Heart of Korea	안성시	City of Masters 안성맞춤도시 안성
충청북도	생명과 태양의 땅 충북	안양시	A+ Anyang
강릉시	솔향 강릉 Pine City Gangreung	양주시	아름다운 변화 양주 Beautiful Change Yangju
동해시	動트는 동해 Sunrise city	오산시	Fresh Energy Osan
삼척시	Wonderful Samcheok	용인시	함께하는 행복한 용인
속초시	환동해 중심, 속초의 시대를 엽니다.	의왕시	Yes! 의왕
원주시	Healthy Wonju	의정부시	의정부 행복 특별시
춘천시	희망이 강물처럼 흐르는 도시 춘천	이천시	Art Icheon 시민과 함께하는 행복도시 이천
태백시	Always Taeback, The Highest City in Korea	파주시	함께해요! 행복한 파주

평택시	Super Pyeongtaek	나주시	생명의 땅 나주 Greencia Naju
포천시	무궁무진 포천 Diversity Pocheon	목포시	해양관광도시 목포, 풍요롭고 살기 좋은 도시 목포
하남시	하남의 미래는 우리 모두의 비전입니다.	순천시	아하! 순천 Aha! Suncheon
화성시	The Way to Better Living 길이 열리는 화성시	여수시	Oh! Yeosu
거제시	Blue City Geoje	군산시	Dream Hub Gunsan
김해시	Gimhae for You	김제시	농업과 교육이 살아야 김제가 산다.
밀양시	하늘이 내린 축복의 땅 미르피아	남원시	사랑의 도시, 건강한 남원
사천시	Rising Sacheon	익산시	Amazing Iksan
양산시	Active Yangsan	전주시	한바탕 전주 세계를 비빈다 Asiart Jeonju
진주시	참진주 Charm Jinju	정읍시	시민이 행복한, 자랑스러운 정읍 Happy Citizen, Proud Jeong Eup
창원시	빛나는 땅 창원	서귀포시	꿈의 도시 서귀포
통영시	바다의 땅 통영 The Land of Sea Tongyeong	제주시	Jeju Special Self governing province
경산시	시민과 함께 하는 경산시	계룡시	Fresh Gyeryong
경주시	Beautiful Gyeong Ju	공주시	Hi-Touch Gong Ju
구미시	Yes Gumi	논산시	예스민 논산 Yesmin
김천시	Central Gim cheon	보령시	Viva Boryeong
문경시	새로운 도약 일등 문경	서산시	행복한 서산 Happy Seosan
상주시	Just+ Sang ju	아산시	Smart Asan
안동시	품격 높은 도시, 풍요로운 시민, 행복 안동	천안시	Fast Cheonan
영주시	G&D Yeong Ju, Good & Different	제천시	자연 치유도시 제천 Healing City Jecheon
영천시	Star Yeong Cheon	청주시	녹색수도 청주 Cheongju Green Capital of Korea
포항시	Powerful Pohang	충주시	Good ChungJu
광양시	Sun shine Gwangyang		

[표 1] 도시 슬로건 목록

[표 1]에 제시된 예는 각 시도 브랜드 슬로건에서 시각적인 디자인을 제외하고 언어적 표현만을 제시한 것이다. 표에서 알 수 있듯이 도시의 슬로건은 도시가 무엇을 표방하느냐에 따라 그 표현이 구체적인 것에서부터 추상적인 것까지 아주 다양하다. 이들 슬로건 제정에서 나타나는 공통의 특징을 살펴보면 다음과 같다.

첫째, 문장구조가 유형화되어 있다는 점이다. 곧 슬로건에 나타나는 문장구조는 '어떠어떠한 도시'의 수식구조, '어떻습니다. 도시'의 병렬구조, 감탄사 등을 활용한 '문장구조' 등으로 유형화할 수 있다. 복잡하고 긴 것보다는 간단하고 쉬운 표현으로 도시의 이미지나 정체성을 제시하는 것이 목적이기에 간단한 문형구조를 선호한 것으로 이해할 수 있다.

둘째, 언어 표현이 이원화되어 있다는 점이다. 가장 많은 것이 영어표현이다. 국제화시대에 걸맞게 도시 홍보의 대상을 전 세계인으로 상정할 때 국어표현보다는 영어표현이 더 설득력이 있을 수도 있다. 이러한 추세를 반영하여 대다수의 도시는 슬로건을 영어로 제정하였다. 그러나 한편으로는 국제화 시대일수록 자신의 정체성을 더 내세워야 한다는 점에서 국어표현의 슬로건을 표방하는 도시도 살필 수 있다. 그리고 이 두 가지 효과를 모두 거두기 위해 국어와 영어로 병기하는 곳도 다수이다.[13] 일거양득의 효과를 노린 것으로 이해할 수 있다. 표현방식이 무엇이든, 공통의 목적은 도시를 다른 사람들에게 인상적으로 홍보하는 것이라 할 수 있다.

셋째, 발화에 사용한 어휘의 의미범주가 상당히 비슷하다는 점이다. 슬로건에 사용된 어휘들은 유사한 어휘의미망으로 묶일 수 있는 것들이 대부분이다. 주로 등장하는 국어슬로건의 어휘는 '사랑 · 희망 · 생명 · 행복 / 아름답

---

13 영어슬로건만으로 구성된 곳은 42곳이고, 국어슬로건만으로 구성된 곳은 26곳, 그리고 영어와 국어슬로건이 병기된 곳이 23곳이다.

다·풍요롭다·건강하다' 등인데, 기실 이러한 어휘는 모두 [+긍정, +기원]의 의미자질로 묶일 수 있다.[14] 영어슬로건에 자주 등장하는 어휘로는 'amazing · wonderful · beautiful · smart / heart · dream · energy · pride' 등인데, 이들 역시 [+긍정, +기원] 등의 의미자질을 중심으로 충분히 유추할 수 있다. 따라서 도시는 다르더라도 추구하는 의미는 상당부분 유사함을 알 수 있다.[15] '미래에의 희망과 행복한 삶, 건강하고 밝은 모습' 등은 우리가 살면서 보편적으로 추구하는 가치라 할 수 있고, 각 도시의 슬로건은 이와 유사한 의미범주 안에서 어휘를 구사한 것이라 할 수 있다.

3. 도시슬로건의 언어표현 양상

3.1. 영어표기

91개의 도시브랜드 슬로건 가운데 영어로 표기된 것은 42개이다. 이들 영어 슬로건은 구조상 수식구조(형용사/부사 + 명사, 명사 + 전치사구), 병렬구조(명사 + 명사), 그리고 문장구조로 이루어진 것이 대부분이다. 이들을 목록화하면 [표 2]와 같다.

---

14 워드넷(www.wordnet.co.kr)에서 이들 어휘의 의미망을 분석해 보면 공통의 의미장을 형성하고 있음을 알 수 있다. 예를 들어 '희망→꿈, 비전, 비상, 미래, 태양, 생명, 행복'으로의 어휘 확장 양상을, '아름답다→풍요롭다, 빛나다, 깨끗하다, 좋다' 등의 어휘 확장 양상을 살필 수 있다. 따라서 이들 어휘는 [+긍정]의 의미자질을 기반으로 거시구조상의 의미장을 형성한다고 할 수 있다.

15 실제로 도시 간의 슬로건이 비슷해서 제정하고도 사용하지 못하는 경우도 있다. 예를 들어, 목포시의 경우 '해맑은 …'이라는 슬로건을 정했음에도 불구하고 이미 다른 지자체에서 사용하고 있어서 결국 브랜드 슬로건으로 활용하지 못하고 있다. 또한 살펴본 것처럼 슬로건에 사용되는 어휘가 중복되어 비슷한 표현도 확인된다. 예를 들면 '함께하는 행복한 용인, 의정부 행복 특별시, 시민과 함께하는 행복도시 이천, 함께해요! 행복한 파주, 행복한 서산, 시민이 행복한 성남, 시민이 행복한, 자랑스러운 정읍, 품격 높은 도시, 풍요로운 시민, 행복 안동' 등이 있다.

구조	슬로건
수식구조 (23)	Dynamic Busan, Lively Gangwon, Only Jeju, Wonderful Samcheok, City in Korea, Clean Gwangju, Best Gimpo, Super Pyeongtaek, Rising Sacheon, Active Yangsan, Beautiful GyeongJu, Central Gimcheon, Just+ Sangju, G&D YeongJu Good & Different, Powerful Pohang, Amazing Iksan, Fresh Gyeryong, Healthy Wonju, Sun shine Gwangyang, Fast Cheonan, Smart Asan, Good ChungJu, Ulsan for you, Gimhae for You
병렬구조 (12)	Your Partner Gwangju, Pride GyeongBuk, Always Taeback The Highest, Star YeongCheon, ChungNam Heart of Korea, A+ Anyang, Fresh Energy Osan, Blue City Geoje, Dream Hub Gunsan, Jeju Special Self governing province, Hi-Touch GongJu, O2 Gunpo
문장구조 (7)	It's Daejeon, Feel GyeongNam, Hi Seoul, Bravo Ansan, Yes Gumi, Oh! Yeosu, Viva Boryeong

[표 2] 영어슬로건

먼저 가장 많은 빈도수를 보이는 것이 형용사+명사나 명사+전치사구에 의한 수식구조이다. 예를 들면 'Dynamic+Busan, Clean+Gwangju, Super+Pyeongtaek, Active+Yangsan, Only+Jeju, Lively+Gangwon'에서처럼 선행형용사(혹은 부사)가 후행 명사를 수식하는 구조이다. 42개의 슬로건 중 이 유형은 23개로 전체의 55%를 차지한다. 명사+전치사구의 수식구조로는 'Ulsan for you'와 'Gimhae for You'가 있는데, '명사+for you'의 동일구문을 이루고 있다. 이들은 후행 전치사구 'for you'를 통해 친근한 도시의 이미지를 적극적으로 표방하고 있다.

다음으로 빈번히 사용된 표현은 '명사+명사'의 병렬구조이다. 이 유형은 후행 도시를 대표할 만한 명사를 선행 발화함으로써 메시지를 강조하고 있다. 'Pride+GyeongBuk, Dream Hub+Gunsan, Fresh Energy+Osan, Blue City+Geoje'에 나타나는 선행명사는 후행 도시를 대표하는 어휘들이다. 곧 'Pride GyeongBuk'에서 경북은 'pride'를 신정보로 제공하면서 발화의 초점이 놓이도록 했다. 'Blue City Geoje'의 경우 바다의 도시임을 강조하기 위해 신정보 'Blue City'를 발화하였으며, 이것이 후행의 'Geoje'가 전달하고자 하는 핵심 메시지이다. 전체 42개 중 12개의 슬로건이 이처럼 '명사+명사'의 병렬 구조를 취하고 있다.

끝으로 문장형 구조이다. 문장구조는 대부분은 감탄사를 활용한 문장으로 'Hi, Yes, Oh, Viva, Bravo' 등의 감탄사를 선행 발화한다.[16] 이들은 짧고 간단한 표현이지만 화자의 감정을 직접적으로 표현한다는 장점을 갖고 있다. 나머지 문장구조 슬로건으로는 'It's Daejeon'과 'Feel GyeongNam'이 있다. 그러나 대전의 슬로건 'It's Daejeon'은 유추할 수 있는 의미범주가 너무 넓어 화자의 발화의도를 추론하기는 다소 어렵다는 단점을 가지고 있다. 또한 경상남도의 슬로건 'Feel GyeongNam' 역시 '경남을 느껴보세요'라는 간단한 표현 안에 다양한 의미를 함축할 수 있어, 화자의 발화의도가 제대로 부각되지 못하는 면이 없지 않다.

이상 42개의 영어 슬로건을 보면 적은 어휘로 도시를 상징화해서 표현하려는 의도가 강하다는 것을 알 수 있다. 이들은 어휘의 상징적 의미를 바탕으로 발화의도를 적극적으로 가시화하려고 했는데, 이는 수용자에게도 강한 인상을 주어 의미전달에도 영향을 줄 수 있다. 실제 설문조사에서는 영어 슬로건이 효용성이 있냐는 질문에 대해 16.7% 정도가 '그렇다'고 응답했고, 그 구체적 이유로 '외국인을 고려해서, 국제화 시대니까, 영어가 더 익숙해서' 등을 들었다. 또한 많지는 않지만 슬로건의 기능인 '도시 대표 혹은 도시 홍보'의 대상이 외국인에게까지 확대된 만큼 영어 슬로건이 더 유용할 수 있다는 의견을 제시했다.

---

16 구체적으로는 'Hi Seoul, Yes Gumi, Oh! Yeosu, Viva Boryeong' 등이다. 이들은 모두 후행 명사에 대한 감정감탄사를 선행발화에 활용하고 있다.

3.2. 국어표기

국어표기 슬로건은 전체 91개 중 26개를 차지한다. 국어표기 슬로건 역시 병렬구조(명사 + 명사), 수식구조(수식어 + 명사), 그리고 문장구조로 나눌 수 있다. 국어표기 목록을 보면 다음과 같다.

구조	공식 슬로건	홈페이지 표제어
병렬구조 (14)	녹색의 땅 전남	고구려의 기상 세계 속의 구리시
	생명과 태양의 땅 충북	품격 높은 도시, 풍요로운 시민, 행복 안동
	꽃보다 아름다운 사람들의 도시, 고양	희망이 강물처럼 흐르는 도시 춘천
	쾌한 도시 남양주	해양관광도시 목포, 풍요롭고 살기 좋은 도시 목포
	의정부 행복 특별시	천 년의 비상 전라북도
	하늘이 내린 축복의 땅 미르피아	
	빛나는 땅 창원	
	새로운 도약 일등 문경	
	꿈의 도시 서귀포	
수식구조 (6)	함께해요! 행복한 파주	시민이 행복한 성남
		함께하는 행복한 용인
		사랑의 도시, 건강한 남원
		시민과 함께하는 경산시
		시민과 함께 도약하는 광명
문장구조 (6)	농업과 교육이 살아야 김제가 산다.	하남의 미래는 우리 모두의 비전입니다.
	한바탕 전주 세계를 비빈다	생명도시 시흥이 미래를 키워갑니다.
		환동해 중심, 속초의 시대를 엽니다.
		사람이 반갑습니다. 휴먼시티 수원

[표 3] 국어슬로건

[표 3]에서 볼 수 있듯이 국어 슬로건[17]은 전체에서 29% 정도를 차지한다. 엄밀히 말하면 [표 3]의 슬로건 중 지자체에서 공식적으로 지정·발표한 국어 슬로건은 왼쪽의 12개밖에 되지 않는다. 표 오른쪽에 슬로건으로 제시된 목록은 정확히는 각 지자체의 홈페이지 메인화면에 소개된 표제어이다.[18] 따라서 표 오른쪽의 표제어를 제외하면 전체에서 국어 슬로건은 12개로 13% 정도밖에 되지 않는다.[19] 국어표기 슬로건이 차지하는 비중이 크지 않음을 알 수 있다.

국어표기 슬로건 중 가장 많은 분포를 보이는 것은 병렬구조이다. 이 구조는 '생명과 태양의 땅+충북, 꽃보다 아름다운 사람들의 도시+고양, 빛나는 땅+창원, 꿈의 도시+서귀포'처럼 선행 발화가 후행 도시를 대표하는 형태이다. 예를 들어 '충북'에서 강조하는 전달메시지는 '생명과 태양의 땅'이고 이것을 '충북' 앞에 제시하여 강조하고 있다. 이런 형태의 병렬구조 슬로건은 모두 14개이다. 병렬구조에서는 '녹색의 땅, 태양의 땅, 축복의 땅, 빛나는 땅'에서 보는 것처럼 공간적 개념에 추상적 의미를 부여하여 물리적 공간인 '땅'을 한정·강조하고 있다. '사람들의 도시, 쾌한 도시, 꿈의 도시, 희망이 흐르는 도시, 사랑의 도시, 살기 좋은 도시, 생명 도시'에서도 물리적 공간에 추상적 의미를 결합시켜 의미를 전달하고 있다.

다음은 수식구조이다. 수식구조 슬로건은 모두 6개인데, '시민과 함께 도약

---

17 국어 슬로건 중 '미르피아'는 신조어라 하겠다. '밀양'의 슬로건에 나타나는 '미르피아'는 '미르(용)'+'-pia'의 결합형으로 고유어와 영어를 활용해 새로운 어휘가 되었다. 한편 '쾌한 도시 남양주'의 '快', '환동해 중심 속초'에서의 '環(또는 還)동해'는 한자어를 한글로 표기한 것이다. 물론 의미해석에도 한자를 활용하고 있다.

18 다만 이들 지자체는 공식적으로 도시 슬로건을 발표하지 않았기에, 이들 각 도시 홈페이지 메인화면에 제시된 표제어를 추출하여 슬로건으로 대체하였다.(이들을 국어 슬로건으로 간주해야 하는지에 대해서는 더 생각해 볼 일이다.)

19 그러나 이 장에서는 오른쪽의 표제어들도 우선은 국어슬로건으로 간주하고 논의를 전개한다. 추후 이에 대한 보완이 필요하리라 본다.

하는+광명, 시민이 행복한+성남, 함께하는 행복한+용인'처럼 후행 명사 앞에 수식어를 결합시킨 구조이다. 그리고 앞에 제시한 수식어가 곧 도시가 표방하는 핵심 이미지이다.[20]

끝으로 문장구조이다. 문장구조로 제시된 슬로건은 '농업과 교육이 살아야 김제가 산다'와 '한바탕 전주 세계를 비빈다'처럼 표어형식을 취하고 있다. 문장구조 슬로건은 앞서 살펴본 병렬구조나 수식구조보다 긴 표현이지만, 의미가 구체적으로 전달되는 점, 그리고 화자의 발화의도를 명백히 표현하는 장점이 있다.

논지 전개의 도움을 위해 실시한 설문조사에서 국어 슬로건에 대한 필요성으로는 76.7%의 응답률이 나왔다. 국어 슬로건의 필요성에 대한 구체적 이유로는 '기억 및 의미파악이 쉽다, 지역을 대표하니까, 국어(모국어)니까, 친숙하고 영어를 모르는 국민까지 아우를 수 있으니까' 등이 제시되었다. 곧 슬로건의 대상이 우리나라에 거주하는 사람들이라는 인식에 기인하여 국어 표기가 더 효율적이라는 인식을 보여준다고 할 수 있다.[21]

3.3. 국어와 영어 혼용 표기

영어와 국어 혼용 표기는 앞서 살핀 영어표기와 국어표기의 장점을 아우르기 위한 것이라 할 수 있다.[22] 영어와 국어 혼용 표기 슬로건은 전체

---

20 수식구조는 영어표기 슬로건에서는 가장 많은 분포를 보였다. 국어표기에서는 두 번째로 많은 분포를 보인다.

21 한편 설문결과 중 국어표기를 좀 더 확대해서 지방 사투리로 슬로건을 정하는 것도 좋을 것 같다는 의견이 있었다. 지역의 특색을 잘 드러내는 방법으로 사투리만 한 것이 없으므로 이를 적극 활용하자는 의견이다. 예를 들면 대전시에서 운영하는 자전거 이름이 '타슈'인데, '타세요'의 충청도 사투리를 활용한 것으로 대전의 이미지를 나타내면서 발화의도까지 전달할 수 있다는 의견이다.

22 국제화 시대를 맞아 국내 외국인의 수가 급증하자 그들에게도 도시를 광고하고자 해서 이러한 혼용 표기가 증가했다고 추론할 수도 있다.

91개 중에서 23개인데,[23] 이 유형에서도 구조는 앞서 살펴본 영어나 국어 슬로건과 같이 병렬구조와 수식구조가 대부분이고 문장구조의 예도 확인할 수 있다.[24] 이 유형의 슬로건을 들어 보면 다음과 같다.

구조	슬로건
병렬구조 (15)	솔향 강릉 Pine City Gangreung
	動트는 동해 Sunrise city
	나의 마음, 나의 도시 My Heart, My City
	City of Masters 안성맞춤도시 안성
	참진주 Charm Jinju
	자연치유도시 제천 Healing City Jecheon
	두드림 동두천 Do Dream 동두천
	무궁무진 포천 Diversity Pocheon
	녹색수도 청주 Cheongju Green Capital of Korea
	생명의 땅 나주 Greencia Naju
	아름다운 변화 양주 Beautiful Change Yangju
	Fantasia 판타지아 부천
	바다의 땅 통영 The Land of Sea Tongyeong
	Fly Incheon 동북아의 허브도시, 인천
	Art Icheon 시민과 함께하는 행복도시 이천

---

23 이 중 정읍이 슬로건을 공식적으로 정하지 않았지만, 시청 홈페이지에서 시를 소개하는 표제어로 '시민이 행복한, 자랑스러운 정읍 Happy Citizen, Proud Jeong Eup'을 제시하여 이를 슬로건으로 간주할 수 있다.

24 이러한 혼용 표기는 같은 내용을 국어와 영어로 반복하는 '동일내용의 반복형'과 다른 내용을 하나는 국어로 다른 하나는 영어로 표기하는 '이질내용의 중첩형'으로 나눌 수도 있다. 이렇게 나누는 것이 화용적 고찰에 도움이 될 수 있지만 영어표기와 국어표기와의 통일성을 감안하여 앞에서 살핀 대로 문장구조를 중심으로 유형을 나누어 살펴보도록 한다.

수식구조 (6)	행복한 서산 Happy Seosan
	예스민 논산 Yesmin
	시민이 행복한, 자랑스러운 정읍 Happy Citizen, Proud Jeong Eup
	Global Inspiration 세계 속의 경기도
	희망의 도시, 일류대구 Colorful Daegu
	The Way to Better Living 길이 열리는 화성시
문장구조 (2)	아하! 순천 Aha! Suncheon
	Yes! 의왕

[표 4] 국어와 영어 혼용슬로건

[표 4]에서 알 수 있듯이 혼용표기 슬로건은 전체적으로 명사+명사의 병렬구조가 15개로 가장 많고, 형용사+명사의 수식구조 6개, 문장구조 2개의 순으로 분포하고 있다.

가장 높은 빈도를 보이는 병렬구조는 도시를 대표할 수 있는 표현이 먼저 발화하고, 그 발화의미를 지닌 도시가 곧 후행 도시임을 강조하고 있다. 예를 들어 '솔향 강릉'에서 보듯이 강릉을 대표하는 명사로 '솔향'을 제시하고 그것이 곧 '강릉'임을 피력한다. 그리고 국어표기로 제시된 슬로건 '솔향 강릉'을 다시 영어표기 'Pine City Gangreung'으로 반복 발화하고 있다. '두드림, 무궁무진, 녹색수도, 판타지아' 역시 도시를 대표하는 표현을 국어로 표기한 다음 동일 내용을 영어로 반복하여 제시하고 있다.

한편 'Fly Incheon 동북아의 허브도시, 인천'의 경우처럼 국어표기 슬로건과 영어표기 슬로건의 내용이 다른 경우도 있다. 영어표기 'Fly Incheon'은 공항도시를 부각시키는 데 반해 '동북아의 허브도시 인천'에서는 무역의 중심도시라는 점을 강조해서 표현한다. 'Art Icheon 시민과 함께하는 행복도시 이천'도 역시 앞뒤의 내용이 다르다. 영어표기 슬로건에서는 이천도자기를 중심으로 한 '예술, Art'를 강조했지만, 국어표기 슬로건에서는 '행복도시'를 내세웠다. 이들은 두 개의 슬로건처럼 인식되어 표방하는 메시지도 두 개로 가정할 수 있다. 이질적인 내용을 중첩했을지라도 병렬구조를 취하고 있음은 동일하다.

수식구조는 도시의 이미지를 대표할 수 있는 수식어를 도시 명사 앞에 위치시키고 있다. '행복한 정읍, 행복한 서산'에서 보는 것처럼 '행복한'이라는 수식어를 후행 명사 앞에 제시함으로써, '행복한'의 수식어가 해당 도시의 핵심이미지임을 부각하고 있다.

한편 '희망의 도시 일류대구 Colorful Daegu'에서처럼 표현하고자 하는 메시지가 달라지는 경우도 있다. 곧 '일류대구'에서는 최고를 추구하고자 하는 의도를 'Colorful Daegu'에서는 섬유산업을 강조하고자 하는 의도를 나란히 제시하고 있다. 'Global Inspiration 세계 속의 경기도'에서도 영어표기 슬로건 'Global Inspiration'과 '세계 속의 경기도'는 발화의미가 다르다. 'The Way to Better Living 길이 열리는 화성시' 역시 영어 슬로건 'Better Living'과 국어 슬로건 '길이 열리는'은 다른 발화의미를 담고 있다. 그럴지라도 수식구조만은 동일하다 하겠다.

끝으로 문장구조이다. '감탄사+명사'의 문장구조 슬로건으로 '아하! 순천'을 들 수 있는데, 이것을 영어로 다시 한 번 반복·제시하고 있다. 앞서 살펴본 것처럼 감탄사 문장구조는 선행 발화된 감탄사에 도시에 대한 화자 혹은 청자의 심정을 투영하고자 하는 발화의도가 들어 있다. 나아가 이를 국어와 영어로 반복 표기하여 발화의 강조 효과까지 모색하곤 한다. 'Yes! 의왕'에서도 앞선 문장 'Yes!'에 의왕시의 모든 것이 긍정적이라는 의미를 함축한 후 '의왕'을 연결하여 문장구조를 취하고 있다. 그렇다고 후행 문장 '의왕'과 'Yes!'에 담긴 의미가 동등한 것은 아니다.

국어와 영어 혼용 표기 슬로건은 전달 메시지를 반복 발화함으로써 의미를 강조하는 효과가 있다. 물론 표기 및 표현의 변형을 통해 폭넓은 수용자를 아우르려는 발화의도도 엿볼 수 있다. 실제 설문조사 결과에서도 혼용 표기가 더 효율적이라고 응답한 이유로 '국제화시대에 발맞춰 내국인과 외국인을 다 아우르는 표기가 더 좋을 것이다'를 들었다.(6.7%가 혼용 표기 찬성)

이상의 내용을 정리하는 차원에서 영어표기, 국어표기, 국영 혼용표기 슬로건의 분포도 및 선호도의 설문결과를 그래프로 제시하면 [그림 1], [그림 2]와 같다. 이 설문결과를 통해 앞에서 다루었던 도시슬로건의 언어표기별 양상을 짐작할 수 있으리라 본다.

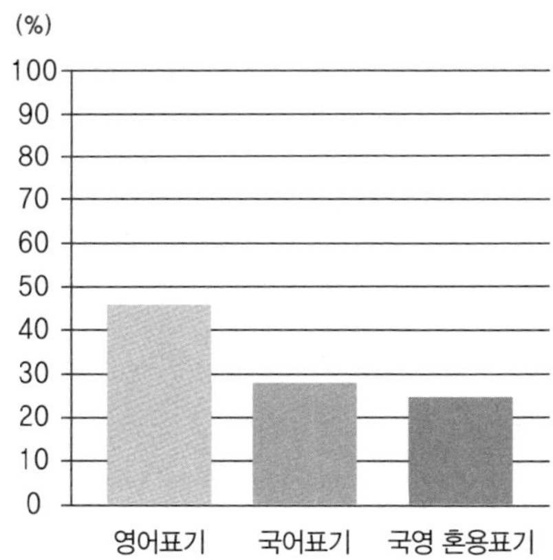

[그림 1] 슬로건의 표기방법별 분포율

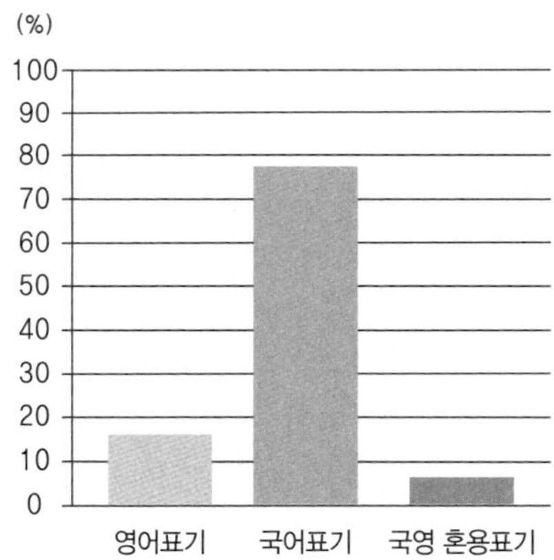

[그림 2] 슬로건의 표기방법별 선호율

4. 도시슬로건의 화용적 기능

도시브랜드 슬로건에서 중요하게 살펴봐야 하는 것은 이들 슬로건이 전달하고자 하는 메시지가 청자에게 얼마나 효과적으로 수용되었는가의 여부이다. 이것이 화자와 청자 사이의 바람직한 의사소통을 살피는 길이기 때문이다. 도시브랜드 슬로건에서의 효율적 의사소통은 슬로건을 정한 지자체의 발화의도를 청자인 시민(혹은 외국인)이 얼마나 인지하느냐에 따라 결정될 수 있다.[25] 따라서 본 장에서는 이들 슬로건이 갖는 의사소통의 기능과 그것의 화용적 의미를 살펴보기로 한다.

4.1. 기본의미의 전달과 수용 기능

도시브랜드 슬로건을 수용하는 청자는 우선적으로 그것의 기본의미에 의존해서 발화의미를 수용한다. 다음의 슬로건은 기본의미를 중심으로 표현된 것으로 비교적 발화의미 추론이 쉬운 예들이다.

① a. 쾌한 도시 남양주, 녹색의 땅 전남, 의정부 행복 특별시, 새로운 도약 일등 문경, 한바탕 전주 세계를 비빈다, 꽃보다 아름다운 사람들의 도시, 고양

b. Hi Seoul, Dynamic Busan, Lively Gwangju, Ulsan for you, Fly Incheon, Fresh Gyeryong, Only Jeju, Pride Gyengbuk, ChungNam Heart of Korea

c. Fantasia 판타지아 부천, 참진주 Charm Jinju, 솔향 강릉 Pine City Gangreung, 자연치유 도시 제천 Healing City Jecheon, 바다의 땅 통영 The Land of Sea Tongyeong

---

25 설문조사 결과를 토대로 슬로건의 기능을 그래프로 제시하면 다음과 같다.

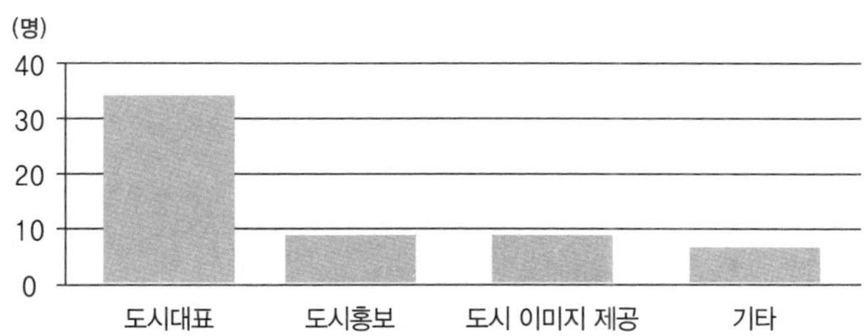

①의 a 슬로건은 발화의미 그대로를 청자가 수용할 수 있다.[26] '쾌한 도시 남양주'는 '쾌하다'의 의미에 의존해 '유쾌한 곳, 즐거운 곳' 등의 전달의미를 파악할 수 있고, '녹색의 땅 전남'은 '생명을 소중히 여기고 자연을 중요하게 생각한다'는 의미를 추론하기에 큰 무리가 없다. 또한 '의정부 행복 특별시' 역시 표현어휘의 의미 그대로를 전달받을 수 있다. '새로운 도약 일등 문경' 역시 '새로운 발전을 바탕으로 최고 도시가 될 문경', '한바탕 전주 세계를 비빈다'도 한바탕 신명난 놀이와 음식문화를 부각하려는 의도를 간파할 수 있다. 고양의 슬로건 역시 '아름다운 사람들이 사는 곳'이라는 전달메시지를 추론할 수 있다. 곧 언어적 표현 그대로가 청자에게 전달될 수 있다.

b 역시도 의미파악이 어렵지 않다. 'Hi Seoul'은 '안녕 서울'이라는 밝고 활기찬 인사말 메시지를 추론할 수 있고, 'Dynamic Busan' 역시 말 그대로 '역동적이고 활발한 부산'이라는 기본의미를 추론할 수 있다. 'Lively Gwangju'나 'Ulsan for you, Fly Incheon, Fresh Gyeryong'도 어휘의 기본의미에 의존해 의미추론이 가능하다.[27]

c 슬로건도 기본의미에 의거해 의미를 전달할 수 있다. 'Fantasia 판타지아 부천'은 부천이 도약하고 발전하는 '환상적인' 곳이라는 메시지를 표현한 것이고, '참진주 Charm Jinju'에서는 국어 '참'의 의미가 뒤 영어 슬로

---

26 지자체에서 발표한 이들의 공식적 해석 및 전달 메시지는 다음과 같다.
① 쾌한 도시 남양주: 통쾌, 유쾌, 명쾌한 도시 남양주
② 꿈의 도시 서귀포: 서귀포의 꿈과 희망 강조
③ 의정부 행복 특별시: 행복해서 특별한 도시 의정부
④ 새로운 도약 일등 문경: 새로운 도약으로 중심도시가 되는 문경
⑤ 한바탕 전주: 흥과 어울림으로 한판 놀아보자 전주
⑥ 꽃보다 아름다운 사람들의 도시, 고양: 아름다움을 지닌 사람을 소중히 여기는 고양

27 물론 영어 해석의 가능성 여부에 의해 기본의미 전달이 가능할 수도 그렇지 않을 수도 있다. 여기서는 언어능력 여부에 관한 논의는 유보하고, 언어적 표현에 의존해 의미수용이 가능한지를 먼저 살펴보고자 한다.

건인 'Charm'을 통해 기본의미로 수용될 수 있다. '솔향 강릉 Pine City Gangreung, 자연치유 도시 제천 Healing City Jecheon, 바다의 땅 통영 The Land of Sea Tongyeong'에 나타난 국어 슬로건의 의미 모두 기본의미로 수용될 뿐만 아니라, 뒤에 나타나는 영어 슬로건에 의해 국어 슬로건의 기본의미가 더 명확하게 전달될 수도 있다.[28] 결국 이들 모두 표현된 어휘의 기본의미에 의존한 해석만으로도 충분히 도시브랜드 슬로건의 발화의미를 파악할 수 있다.[29]

이처럼 기본의미에 충실한 도시 슬로건은 그 기본의미에 의존해 메시지를 전달하고 있으며, 청자 역시 제시된 어휘의 기본의미에 의거해 전달의미를 수용한다. 화려한 표현의 기교는 없지만 수용자 입장에서는 바로 주제를 추론할 수 있기에 슬로건의 의미 수용이라는 점에서는 유리한 발화라 할 수 있다. 그리고 이는 화자와 청자의 의사소통이 무리 없이 이루어지는 강점도 가질 수 있다.

4.2. 확장의미의 전달과 수용 기능

확장의미는 비트겐슈타인의 '의미는 용법에 의해 결정된다'는 관점에서의 의미 수용이다. 어휘의 의미는 자체적으로 가지고 있는 소극적이고 수동적

---

28 이들 슬로건을 정한 지자체에서 공식적으로 제시한 메시지는 다음과 같다.
① Fantasia 판타지아 부천: 도약하고 역동적으로 발전하는 부천
② 참진주 Charm Jinju: 매력 넘치는 진주
③ 솔향 강릉 Pine City Gangreung: 소나무의 고장 강릉
④ 자연치유 도시 제천 Healing City Jecheon: 싱그러운 자연을 가진 도시 제천
⑤ 바다의 땅 통영 The Land of Sea Tongyeong: 아름답고 풍요로운 바다를 가진 도시 통영

29 설문조사 결과에서도 이들 슬로건은 처음 보더라도 전달 메시지가 무엇인지를 추론하는 데 어려움이 없는 것으로 나타났다.

인 범주에서 확대되어 화맥, 발화의도, 발화어휘의 확장의미, 발화의 시공간적 배경, 간접발화 등을 바탕으로 수용될 수 있음을 의미한다.(임지룡, 1998 : 329~331) 발화맥락(context)을 바탕으로 전달되는 '언외의 의미, 행간의 의미, 복합적 의미'라고도 할 수 있다. 도시 슬로건 중에는 이와 같이 발화를 둘러싼 주변요소를 바탕으로 전달의미를 추론해야 하는 경우가 있다. 이들은 앞의 기본의미의 수용보다 좀 더 깊이 있는, 정치한 추론을 요하게 된다. 다음의 슬로건을 보자.

② a. 생명과 태양의 땅 충북

b. Your Partner Gwangju, Feel GyeongNam, Clean Gwangju, O2 Gunpo

c. City of Masters 안성맞춤도시 안성, Colorful Daegu, The Way to Better Living 길이 열리는 화성시, 두드림 동두천 Do Dream 동두천

②의 슬로건은 어휘의 확장의미를 바탕으로 표현된 것이다. a의 '생명과 태양의 땅'을 기본의미로 본다면 '생명과 태양이 가득한 땅, 생명과 태양을 소중히 여기는 땅' 등으로 이해할 수 있다. 그러나 충북에서 전달하고자 하는 슬로건의 의미는 그 지역에서 진행하고 있는 '생명산업과 태양광산업'을 강조하기 위한 것이다. 그것을 슬로건을 소개하는 자리에서 명시해 놓았다.[30] 따라서 지역산업에 대한 배경지식이나 지역의 역점사업 등에 대한 맥락을 바탕으로 추론해야 슬로건에서 표방하고 있는 전달메시지에 접근할 수 있다. 곧 슬로건에 사용된 어휘의 기본의미보다는 맥락을 중심으로 하는 확장의미를 바탕으로

30 충북에서 제시하는 슬로건의 의미는 '충북의 미래성장 동력인 생명산업(바이오밸리 조성)과 태양광산업(솔라밸리 조성)의 브랜드가치를 창출함'이라고 홈페이지에서 구체적으로 설명한다. 충북에서 진행하는 사업 3+1(바이오밸리+솔라밸리+균형발전, 청주공항 경쟁력 강화)의 일환임을 구체적으로 소개하고 있다.(충청북도 홈페이지 참조)

슬로건의 의미범주를 상정해야 메시지의 전달과 수용이 가능해진다.

b의 슬로건 'Your Partner Gwangju'는 발화에 사용된 어휘의 기본의미 '너의 친구 광주'를 추론할 수 있으나, 정작 광주에서 전달하고자 하는 메시지는 친구의 의미를 확장한 '모든 사람이 함께하는 민주인권 도시, 문화관광 도시, 첨단산업 도시'라고 광주시의 홈페이지에서 설명하고 있다. 따라서 이러한 발화 메시지를 수용하기 위해서는 광주의 역사적 배경을 바탕으로, 그리고 현재 광주가 추진하고 있는 역점사업 및 지향하는 방향에 대한 배경지식 등을 알아야 가능할 수 있다. 'Feel GyeongNam'도 어휘의 기본의미인 '경남을 느끼세요'가 아닌 '천혜의 자연경관과 미래형 첨단산업이 조화를 이룬 경남의 매력과 역동성을 느껴보세요'라는 확장된 발화의미를 도시 홈페이지에서 구체적으로 제시하고 있다. 이들 슬로건은 청자가 발화맥락 및 공간에 대한 배경지식을 갖고 있지 않으면 전달하고자 하는 메시지를 인지하기가 어렵다. 'Clean Gwangju, O2 Gunpo'도 확장의미로 전달메시지를 제시한다. 광주는 'Clean'의 의미를 바탕으로 '환경 친화의 도시'를 전달의미로 소개하고, 군포 역시 'O2'의 의미를 바탕으로 '순수하고 청초한 시민정서'를 설명한다. 모두 확장의미의 범주로 해석해야만 전달메시지를 이해·수용할 수 있다.

c의 'City of Masters 안성맞춤도시 안성'도 국어 슬로건인 '안성맞춤'에 의한 '딱 맞는 도시, 잘 맞는 도시'의 기본의미보다는 '장인정신과 문화예술을 바탕으로 강력한 지역의 정체성을 표현'하는 것이 안성에서 표방하는 전달의미이다. 청자가 이런 의미를 수용하기 위해서는 영어 슬로건 'Master'와 '안성유기'라는 배경정보에 의존해야만 가능하다. 이를 바탕으로 '장인의 도시, 안성유기처럼 훌륭한 예술을 추구하는 도시'라는 확장의미를 추론할 수 있기 때문이다. 'The Way to Better Living 길이 열리는 화성시' 역시 국어 슬로건 '길이 열리는'의 포괄적 의미를 추론함에 있어 영어 슬로건인 'Better Living'의 도움으로 확장의미인 '보다 나은 삶을 펼칠 수 있는, 나은 삶으로 가는 길

을 추구하는' 등을 추론해야 한다. '두드림 동두천 Do Dream 동두천' 역시 슬로건에 사용된 어휘의 기본 의미만으로 발화의미를 추론하기 어렵다. 동두천시의 홈페이지에서 제시하고 있는 '소요산의 아름다움과 시민 중심의 정책을 펼친다'는 도시의 정책방향을 알아야만 슬로건에서 전달하고자 하는 메시지 '자연환경과 사람이 조화롭게 미래를 준비하는 동두천'을 추론할 수 있다.

확장의미에 의한 도시 슬로건은 기본의미에 의한 슬로건보다는 의사소통의 기능 면에서 다소 비효율적일 수도 있다. 배경정보의 유무에 따라 전달메시지의 수용여부가 달라질 수 있기 때문이다. '도시를 대표하여 소개하고 인지시켜서, 그 도시에 대한 선명한 이미지와 함께 찾아오게 만들고자 한다'는 슬로건의 목표를 생각하면 확장의미에 의존한 슬로건은 그 효율성이 떨어질 수 있다. 모든 청자의 배경정보가 같지 않을뿐더러, 설사 그렇다 하더라도 의미수용에 따른 변수가 클수록 슬로건 의미의 추론과정이 많아지고 이로 인해 의미의 전달기능이 떨어지기 때문이다.

4.3. 신조의미(新造意味)의 전달과 수용 기능

도시 슬로건이 기본의미나 확장의미에 의한 의미추론과 전혀 다른 관점의 전달메시지를 갖는 경우도 있다. 청자가 한국인이든 외국인이든 수용하기 어려운 전달메시지를 갖는 슬로건은 의사소통의 관점에서 그리 효율적이지 못할 수 있다. 다음의 예를 보자.

③ It's Daejeon, Best Gimpo, Brovo Ansan, A+ Anyang, Art Icheon 시민과 함께 하는 행복도시 이천, Yes Gumi, Just+ Sangju, G&D YeongJu Good & Different, Good ChungJu, Viva Boryeong, Smart Asan, Fast Cheonan, Powerful Pohang

③에 제시된 슬로건이 표방하는 메시지는 표면적 기본의미에 의한 것도 아니고 발화맥락을 바탕으로 하는 확장의미에 의한 것도 아니다. 지자체에서 제시하는 메시지는 두자어를 바탕으로 만든 전혀 다른 의미이다. 예를 들어 'It's Daejeon'은 '여기는 대전입니다'가 아닌 'I, T, S'에 의한 두자어의 조합으로, 도시에서 표방하는 전달의미는 'Interesting, Tradition and culture, Science and technology'이다.[31] 생산자의 전달의도와 수용자의 수용의미가 다름을 알 수 있다. 'Best Gimpo' 역시 '최고의 김포'라는 기본의미의 슬로건이 아니라 '지속가능한 창조도시 김포'에 '최고의 도시로 발전해 나가는 미래상'을 접목한 것이라는 해석이 홈페이지에 소개되고 있다. 'Best'에 부여한 의미 역시 'Beautiful, Eco-friendly, Satisfied, Technologic'의 앞 글자 'B, E, S, T'를 결합하여 만든 것이다. 이런 전달의미를 수용자가 추론하기란 사실상 불가능에 가깝다. 나머지 예들도 모두 이렇게 머리글자를 합쳐 의미가 부여된 슬로건이다.[32] 각 지자체에서 제시하는 설명을 읽으면 이해할 수도 있으나,

---

31 설문조사 결과 'It's Daejeon'의 경우 설문자 60명 중 15명이 '여기는 대전입니다.'라고 응답했다. 살기 좋은 대전이라는 답은 11명, 그 외에 IT의 도시(2명), 과학의 도시(1명), 대전이라는 이름의 홍보(1명) 등의 의미해석을 보였다. 한편 두자어의 의미인 'Interesting, Tradition and culture, Science and Technology'의 의미를 아는 사람은 1명뿐이었다. Science and technology만 아는 사람은 6명이었다.(설문에 참여한 사람은 총 60명이었는데, 연령은 20대부터 60대까지, 학력은 고졸, 대재, 대졸 등으로 다양하다.)

32 이와 같이 기본의미나 확장의미와는 상관없이 슬로건에 부여된 신조의미를 더 들어 보면 다음과 같다.

슬로건	신조의미
Brovo Ansan	Best Rising All together Valuable Open 최고의 도약하는 함께하는 소중한 가치의 열린 도시
A+ Anyang	Art(문화예술) Advance(첨단산업) Amenity(친환경)의 트리플 A
Art Icheon 시민과 함께하는 행복도시 이천	Active(활력 있는 도시) Rich(풍요로운 도시) Top(최고의 도시)
Yes Gumi	Young(젊음이 넘치는), Electronic(전자산업의), Satisfaction(모든 것에 만족하는, 모든 것을 이룰 수 있는)
Just+ Sangju	Justice(정정당당), Unlimited(정정당당), Success(성공과 행운), Together(서로 함께)

정작 도시의 여기저기에서 보이는 슬로건에는 이러한 설명이 전혀 첨부되어 있지 않다.

이들 슬로건은 앞서 살펴본 기본의미나 확장의미와는 달리 의미전달을 위한 기제가 없다. 곧 기본의미에 의한 슬로건은 어휘의 기본적 의미를 바탕으로 의미의 수용이 가능하고, 확장의미에 의한 슬로건 역시 관련도시에 대한 배경정보 및 인지정보에 의해 전달의미의 수용이 가능할 수 있다. 그러나 신조의미의 슬로건은 전달의미를 추론하기 위해 청자가 활용할 수 있는 의미해석의 기제가 따로 없다. 그러다 보니 슬로건이 전달하고자 하는 메시지가 무엇인지 추론할 수 있는 사고의 연결고리도 쉽게 찾기 어렵다. 따라서 청자는 화자의 전달의미를 추론하기도 어렵고, 나아가 슬로건의 주제를 수용하는 것도 불가능해질 수 있다. 외국인 청자라 하더라도 이들을 머리글자로 인식하여 의미를 수용하지는 않는다. 누구나 알 수 있는 보편적 머리글자의 활용은 의미전달에 큰 문제를 야기하지 않지만,[33] 위 슬로건에 나타난 머리글자 조합의 의미를 청자가 아무런 배경정보 없이 수용하기는 매우 어렵다. 이것이 신

G&D YeongJu Good & Different	Good(살기 좋은, 최고의), Different(차별화된, 품격 있는)
Good ChungJu	Great(발전가능성), Opportunity(성공의 기회), Open(기업에게 열려 있는), Development(계속 발전하는)
Viva Boryeong	Vacation land(관광도시), Impress city(감동도시), Variety city(다양, 역동적 도시), Adventure city(레저, 모험도시)
Smart Asan	Spring(도약, 온천의 도시), Mankind(인간중심의 미래도시), Art(예술문화의 도시), Renovation(혁신도시), Technic(첨단기술도시)
Fast Cheonan	First(제일의 도시), Abundant(풍부한 도시), Satisfied(시민 만족의 도시), Technologic(첨단과학산업의 도시)
예스민 논산	Young(젊은), Energetic(활기찬), Standard(권위 있는), Master(명인의), In, Nonsan(논산)

33 예를 들어, UN, IMF, VIP 등과 같은 두자어는 특별한 문맥의 영향을 받지 않을 뿐만 아니라, 누구에게나 보편적으로 수용될 수 있는 어휘의미라 할 수 있다. 이런 경우는 별도의 해석이 첨부되지 않아도 쉽게 의미 추론이 가능하다.

조의미의 전달과 수용의 한계점이라 할 수 있다.

5. 결론

짧은 표현 속에 대중의 정서를 담은 보편성과 그 도시의 특성을 나타낼 수 있는 독자성을 담은 것이 슬로건이라 할 수 있다. 보편성과 독자성은 수직선의 양쪽 끝과도 같은데, 이를 하나의 슬로건에 모두 담아내야 한다. 이것이 슬로건 제정의 어려움을 짐작할 수 있는 대목이기도 하다. 이 장에서는 이러한 도시브랜드 슬로건을 검토해 보았다. 먼저 도시브랜드 슬로건의 개황을 살피고, 이어서 언어표현 양상을 고찰해 보았다. 이를 바탕으로 이들의 화용적 의미를 기본의미 · 확장의미 · 신조의미로 나누어 검토하면서 소통의 정도를 살펴보았다. 이상의 논의를 요약 · 정리하는 것으로 결론을 대신하고자 한다.

첫째, 도시브랜드 슬로건의 현황을 살펴보기 위해 현재 우리나라의 시, 도에 분포한 슬로건을 수집 · 조사하였다. 총 91개의 도시 슬로건을 수집하고 이들의 제정 경향을 살펴보았다. 그 결과 문장구조가 유형화되어 있을 뿐만 아니라, 언어 표현이 영어 · 국어 · 영어와 국어 표현 등으로 다양함을 알 수 있었다. 이들 슬로건에서 사용하는 어휘는 공통의 의미자질을 갖는 경우가 많았다. 주로 등장하는 어휘군이 '사랑 · 희망 · 생명 · 아름답다' 등인데, 이러한 어휘는 모두 [+긍정]의 의미범주 안에서 수용될 수 있는 것들이다.

둘째, 도시브랜드 슬로건의 언어표현 양상에 대해 살펴보았다. 언어표현은 크게 영어표기와 국어표기, 그리고 국어와 영어의 혼용 표기로 나누어진다. 영어표기와 국어표기, 그리고 영어와 국어 혼용 표기 모두 수식구조, 병렬구조, 문장구조로 나눌 수 있다. 병렬구조는 선행어에 후행 명사의 이미지를 강력하게 피력하려는 발화의도가 반영되었음을 알 수 있다. 수식구조는 '-도시, -땅'의 형태로 제시된 '수식어+도시 명사'형이 대부분인데, 이들은 발화의미를 수식어에 집중시켜 전달하고자 했다. 그리고 문장구조는 이전의 구조에 비해 길이가 길지만, 화자의 의도를 구체적으로 제시하는 장점이 있다.

셋째, 도시브랜드 슬로건의 화용적 의미에 대해 살펴보았다. 이들은 기본의미를 충실히 전달하는 기능을 수행하기도 하고, 확장의미를 전달하기도 한다. 기본의미는 발화 어휘의 일반적 의미를 바탕으로 슬로건의 메시지를 전달하는 것이며, 확장의미는 발화맥락이나 해당 지자체가 제시하는 정책 등의 배경정보를 활용하여 메시지를 전달하는 것이다. 한편 인위적으로 만든 신조의미는 머리글자를 조합한 것이라서 기본의미나 확장의미에 의존한 해석이 적용되지 않는다. 이들 신조의미에 의한 슬로건은 화자가 구체적으로 제시하는 해석을 제공받지 않고는 발화의미에 접근할 수 없는 한계점이 있다. 이는 곧 청자가 슬로건의 의미를 제대로 수용할 수 없음을 의미하는 것이기도 하다.

어떤 유형의 슬로건이 타당하고 권장할 만한지 단적으로 말할 수는 없다. 그러나 도시를 대표하는 슬로건의 본질이 무엇인지, 그리고 그것의 기능이 무엇인지를 숙고한다면 도시 슬로건이 나아가야 할 방향만은 쉽게 가늠할 수 있다. 본 연구에서는 슬로건 분석을 언어적 표현에만 한정했다. 즉 국어학적 관점에서 언어표현에 대한 분석과 이를 바탕으로 한 의사소통의 기능에 주안점을 두었다. 그러나 의사소통이 언어적 요소만으로 이루어지는 것이 아님을 전제한다면, 도시 슬로건을 둘러싼 시각적 요소인 로고, 그래픽, 글자체, 색깔, 글자 크기 등에 대해서도 복합적인 연구가 진행되어야 하겠다. 그렇게 할 때 도시브랜드 슬로건이 함축한 의미를 효과적으로 부각할 수 있기 때문이다.

제4장

'저기(요)/있잖아(요)'의 변이와 활용

1. 서론

이 장은 '저기(요)/있잖아(요)'의 담화표지 양상과 기능을 화용적인 측면에서 살피는 것이 주목적이다. 사람들의 언어습관은 시대를 거치면서 여러 면에서 변화를 겪는다. 그리고 그러한 변화를 민감하게 반영하는 것이 바로 구어이다.[01] 따라서 구어는 생래적으로 가변적인 특성을 갖는다. 하지만 발화상황에 따라 제시되는 가변적인 구어도 시간이 지나면서 어느 정도 고정성을 획득하게 된다. 반복되는 과정에서 정형화된 언어관습이 생기기 때문이다.

이 장에서 살펴보고자 하는 '저기(요)/있잖아(요)'도 그러한 사례에 해당된

01 신지연(1999 : 210~213)에 의하면 구어는 문어보다는 그 쓰임이 훨씬 자유롭다. 그리하여 발화상황에서 구어정보를 전달하기 위해서는 발화자의 음성언어에 상황정보와 표정 · 몸짓 그리고 여기에 동반되는 어조 · 강세와 빠르기 등 부가정보가 중요하다. 이러한 특징 때문에 구어는 문어보다는 정형화가 어렵다.

다. 실제로 이들은 어느 정도 고정성이 담보된 담화표지[02]로 기능한다. 이를 감안할 때 '저기(요)/있잖아(요)'는 현대의 다양한 언어수행과 그에 따른 표현이 고정화되면서 새롭게 생성된 담화표지라 할 수 있다.[03]

'저기(요)/있잖아(요)'는 원래 대명사와 형용사로 기능하였다. 하지만 시간이 흐르면서 언중이 기존의 의미를 변형하여 사용하다 보니, 다양한 기능을 수행하는 담화표지로 자리 잡게 된 것이다. 따라서 이들에 대하여 어휘적 의미로 해석하는 일면,[04] 발화자가 무의식적·습관적으로 언표화한 측면에서도 살펴야 하겠다.[05] 실제로 이들이 젊은 층과 여성층에게서 발화의도를 반영하는 담화표지로 활용되기 때문이다.

---

02 '담화표지'에 대한 명명은 학자들마다 다양하다. Lakoff의 '디딤말', 이정민 · 박성현의 '담화불변화사', Levinson의 '담화 개시어', Labov & Fanshel의 '불변화사', 신지연의 '간투사', 김종택의 '군말', 남기심 · 고영근의 '머뭇거림 · 입버릇', 노대규의 '머뭇말 · 덧말' 등을 들 수 있다. 이를 임규홍(1996 : 3)에서는 다음과 같이 정리하였다.

① 기능 중심: 디딤말, 담화 개시어, 관심획득표지 ② 형태 중심: 불변화사, 간투사, 환투사
③ 환경 중심: 담화(화용) 표지 ④ 현상 중심: 군말, 입버릇, 머뭇거림, 덧말

이상의 내용은 용어상의 차이가 있을 뿐, 기능 면에서는 모두 동일한 언어현상이다. 따라서 어떤 용어를 선정해도 논의에 무리를 주지는 않는다. 다만 이 장에서는 위의 다양한 어휘들 중에서 Schiffrin에서 제시된 'Discourse markers'를 감안해 '담화표지'로 사용하고자 한다.

03 이 장에서 기준으로 삼은 담화표지에 대한 정의는 임규홍(1996 : 3~4)과 같은 맥락이다. 즉 담화표지는 '담화에 쓰인 어떤 표현이, 문어에서는 쓰이지 않는 표지로서, 발화의 언어적 의미에는 영향을 미치지 않는, 발화자의 발화의지나 동기 등에 기능하는 어휘'들을 의미한다.

04 '저기(요)/있잖아(요)'의 어휘적 쓰임은 다음의 예문을 바탕으로 살펴볼 수 있다.

a. 저기요, 저기, 그 사람들이 오고 있어요. b. 거기 연필 있잖아요! 그거 안 보여요?

a와 b에 사용된 '저기(요)/있잖아(요)'는 어휘적 의미로 기능한다. a의 '저기'는 대명사적 쓰임으로 해석되고 b의 '있잖아요'도 형용사의 의미로 청화자에게 인지된다. 따라서 이러한 용례에서의 '저기(요)/있잖아(요)'는 담화표지라 할 수 없다.

05 이 장에서 주로 논의할 '저기(요)/있잖아(요)'의 담화표지 예는 다음과 같다.

a. 저기, 지금 몇 시쯤 되었나요? b. 있잖아, 나 오늘 너 못 만날 것 같아. 정말 미안해.

위 예문들에서 '저기(요)/있잖아(요)'는 어휘적 의미를 제공하기보다는 발화자의 발화의도를 반영한 전략기제이다. 실제로 이들을 생략한 발화와 제시된 발화는 그 느낌이 사뭇 다르다. 즉 '저기, 지금 몇 시쯤 되었나요?'와 '지금 몇 시쯤 되었나요?'는 발화효과의 측면에서는 큰 차이가 난다.

지금까지는 '저기(요)/있잖아(요)'의 담화표지 양상이나 기능에 대한 논의가 제대로 진척되지 못했다. 다만 신지연(1989)과 오승신(1997)이 국어 간투사의 위상과 기능에 대하여 포괄적으로 논의하였고, 임규홍(1995 · 1996 · 1998)이 담화표지의 인자와 그 실태를 '뭐냐', '있지', '말이야'를 들어 확인하였으며, 이한규(1997 · 1999)가 '왜', '뭐'에 대해서 담화표지로 살폈을 따름이다.

이에 이 장에서는 '저기(요)/있잖아(요)'의 담화표지 양상을 확인하고, 나아가 그 기능을 구체적인 사례를 들어 살펴보고자 한다. 이를 바탕으로 '저기(요)/있잖아(요)'가 현대 언중들의 유용한 담화표지임을 밝혀, 이들이 보다 나은 언어표현의 일환으로 자리매김하도록 하는 데 일조하고자 한다.

2. '저기(요)/있잖아(요)'의 언어변이 양상

담화표지는 화자가 발화를 주저하거나 무엇인가 다른 발화의도를 갖고 있을 때 언표화된다. 일반적으로 화자들은 발화의 처음이나 중간에서 감탄사나 간투사[06]라고 알려진 '저, 음, 에, 글쎄, 말이야, 뭐' 등을 습관적으로 발화한다. 이들은 실제 발화상황에서 빈번히 사용되지만, 어떤 명제적 의미도 갖고 있지 않다. 그리고 발화문에서 반드시 쓰여야 할 당위성이 전제된 것도 아니다. 그래서 이들은 상당히 수의적인 어휘로서, 발화자가 반드시 발화하지 않아도 정보전달에 큰 영향을 끼치지 못한다.

---

06 이 장에서는 '담화표지(discourse markers)'를 사용하지만, 중간 중간 필요에 따라 '간투사'도 사용할 것이다. 신지연(1989)에서 자세히 설명된 것처럼 간투사(interjection)가 발화의 흐름에 관여하지 않는 습관적인 어투이기 때문이다.

이처럼 명제적 의미나 당위성을 확보하지 못한 어휘일지라도 발화상황에 따라 종종 구사하게 되는 경우도 많다. 그래서 간투사와 유사한 기능을 수행하는 어휘들이 생겨나게 되는데, 앞에서 말한 '저기(요)/있잖아(요)'가 그 대표적인 예에 해당한다. 즉 '저기(요)/있잖아(요)'는 새롭게 형성된 간투사 또는 담화표지라고 할 수 있다.[07] 이에 본 장에서는 '저기(요)/있잖아(요)'의 의미전성이 어떻게 일어났는지 먼저 알아본 후 이를 바탕으로 담화표지 양상을 살펴보기로 하겠다.

2.1. 의미전성

'저기(요)/있잖아(요)'는 원래 분명한 어휘적 의미로 사용되던 단어들이다. 그래서 지금도 어휘적 의미와 달리 발화되는 사례를 확인할 수 있다. 다음 인용문을 보도록 하자.

① a. 있다가 저기서 만나기로 한 것 알죠? 늦지 않게 오세요.
   b. 오늘 세미나 있잖아. 늦지 않게 와야 해. 몇 시인지는 알지?

② a. 저기요, 저기. 저기서 그 사람이 아이를 데려가는 걸 봤어요.
   b. 오늘 야간 강의 있잖아요. 지금 바로 출발하지 않으면 제시간에 맞게 갈 수 없어요.

---

07 신지연(1989 : 30~35)은 간투사를 의지적 간투사와 감정적 간투사로 나누고, 의지적 간투사의 하위유형으로 명령적, 부르는 소리, 대답하는 소리, 형식 간투사를 설정하였다. 그중 형식 간투사류의 문두에 '저기요'나 '있잖아요'를 포함시키고 있다. 이들 형식 간투사는 어떤 발화상황에서 화자가 적절한 표현을 찾기 위하여 머뭇거리거나 발화의 시작임을 알릴 때, 또는 단순한 입버릇으로 사용한다고 규정한다. 그리고 그중 '저기요'나 '있잖아요'는 가장 구어적이면서 동시에 정보성이 가장 빈약한 것으로 제시한다.

위 예문들에 나타난 '저기(요)/있잖아(요)'는 본래의 의미인 대명사나 형용사로 기능하는 사례이다. 각각 가리키는 대상이 분명하며, 담화 흐름에 일정한 영향을 미치기 때문이다. ① a의 경우 '저기'는 발화자와 청자의 공유된 인지정보에 의해 확인이 가능하다. 혹은 발화상황의 정보를 통해 추론이 가능하다. 발화자가 맥락상 지시하는 어떤 장소가 '저기'의 의미맥락을 대신하기 때문이다. ① b도 '세미나가 열리다'의 의미로 '있잖아'가 사용되고 있다. ②의 '저기(요)/있잖아(요)'도 ①과 마찬가지의 발화의미이지만, 발화자와 청자의 상하관계에 의해 어미 '-요'가 첨가되었다. 그러나 이런 어휘적인 의미 이외에 담화표지로 작용하는 '저기(요)/있잖아(요)'는 그 용례가 사뭇 다르다. 다음 예문을 보자.

③ a. <u>저기</u> 사실은 내가 어제 집을 나왔어. 갈 데가 없거든. 오늘만 재워 주라.
b. <u>저기요</u>, 여기 김 선생님 계세요?

④ a. 내 친구 미자 알지? <u>있잖아</u>, 걔가 미스코리아에 나갔대. 걔 왜 그런다니?
b. <u>있잖아요</u>, 오늘 시간 좀 내주세요.

위 ③과 ④에서 발화된 '저기(요)/있잖아(요)'는 ①과 ②와는 다른 기능을 수행한다. ③ a의 '저기'는 후행발화의 내용에 대해 청자가 어떻게 받아들일지 걱정하는 발화자의 발화의도가 반영된 담화표지이다. 발화자는 발화할 내용이 청자가 그리 좋아하지 않을 것이라는 점을 이미 인지하고 있으면서도, 굳이 발화해야 하기 때문에 그 심적인 불안을 담화표지 '저기'로 표출한 것이다. 나아가 '저기'를 발화함으로써 청자도 발화자의 발화내용이 그리 긍정적이지 못하다는 점을 미리 인식하게 된다. ③ b의 경우는 발화현장에 있는 화자와 청자의 사이가 어색한 관계임을 전제하고, 청자를 부르는 호칭어로 '저기요'

를 활용한 것이다.[08] ④의 a는 후행발화를 실행하기 전에 환기의 목적으로 담화표지를 제시한 경우이다. 이렇게 함으로써 후행발화에 대해 청자의 관심을 고조시킬 수 있다. 이는 후행발화에 높은 관심을 갖도록 의도한 언어책략이기도 하다. ④b의 '있잖아요'도 본격적인 발화를 하기에 앞서 발화자의 의도를 드러내기 위한 담화표지이다. 여기에서는 청자에 대한 심리상태를 '있잖아요'로 반영하고 있는데, 이렇게 발화함으로써 청자에 대해 조심스러워하거나 어려워하는 마음을 간접적으로 표출하고 있다.

이상에서 보는 바와 같이 어휘적 의미로서의 '저기(요)/있잖아(요)'와 담화표지로서의 '저기(요)/있잖아(요)'는 상당한 차이가 있다. 담화표지로 쓰인 '저기(요)/있잖아(요)'는 발화상에서 발화자의 의지를 반영하지만 발화내용 자체에는 큰 영향을 끼치지 못한다.[09] 실제로 '저기(요)/있잖아(요)'는 주로 구어에서 사용되며 발화내용에 영향을 주지 않는 수의적인 발화사로 기능한다.

요컨대 '저기(요)/있잖아(요)'는 본래 대명사나 형용사의 어휘적 의미로 활용되던 것이, 담화에서 변이된 쓰임이 고착화되어 독립성분으로 자리 잡게 되었다. 이를테면 형태적으로 어느 정도 고정성을 확보하며 담화표지로 기능하게 된 것이다.

---

08 부르는 기능을 담당하는 '저기요'의 쓰임은 현대국어에 와서 형성된 것으로, 청자와 그리 가깝지 않은 관계임을 암시한다. 그리고 화자의 입장에서 청자에 대한 감정적 태도가 [-존경]이나 [-존중]에 근접할 때 발화하는 경우가 대부분이다. 나아가 현대 국어의 한 양상인 인간을 '사물화'(혹은 공간화)하는 현상으로도 볼 수 있다.

09 임규홍(1996 : 4)에 의하면 담화문법론 차원에서 담화표지는 다음의 조건을 갖추어야 한다.
① 담화(입말)에서만 실현되는 표지이다
② 형태적으로 고정성이 높다.
③ 다른 문장 성분과 독립성이 높다.
④ 쓰임에서 공간적 · 계층적인 보편성을 가져야 한다.
⑤ 사용이 임의적일 가능성이 높다.
⑥ 나름대로 독특한 담화적 기능을 한다.
⑦ 모든 담화 표지는 원래 어휘적 의미에서 변이되었을 가능성이 높다.

2.2. 담화표지 양상

'저기(요)/있잖아(요)'의 실현양상을 위치에 따라 살펴보면, 크게 문두와 문중에 쓰이는 경우로 나눌 수 있다. 이들은 담화에서 다양하게 기능하는데, 대체로 담화의 개시를 유도하거나 호칭어의 대용, 공백[10] 메우기 등을 수행한다. 그러면서 텍스트성을 고양하고 나아가 결속구조나 결속성을 강화하기도 한다.[11] 여기에서는 담화에서 쓰이는 양상을 크게 문두와 문중으로 양분해서 확인해 보도록 하겠다.

2.2.1. 문두에 나타난 담화표지 양상

먼저 문두에서 쓰이는 '저기(요)/있잖아(요)'의 양상을 살펴보기로 한다. 문두에서 발화되는 '저기(요)/있잖아(요)'는 발화내용에 대해 발화자의 소극적인 태도나 조심스러운 심리상태를 드러낸다. 다음의 예문을 보자.

⑤ 저기요, 내가 상처 준 그 사람 지금 잘 살고 있을까요?

⑥ 저기요, 제가 물건을 구입하고 바로 대금을 입금했는데요, 그런데 물품을 변경하고 싶거든요? 어떻게 하면 되죠?

⑦ 갑: 저기요, 내 말이 틀렸나요? 솔직하게 말해 줘요.
을: 꼭 그렇지는 않아.

---

10 공백은 '쉼'이라고도 할 수 있는데, 담화에 나타난 '쉼'의 기능에 대해서는 양영하(2002 : 71~101)를 참조할 수 있다.

11 결속구조와 결속성에 대해서는 이현호(1993 : 31~50)를 참조할 만하다.

갑: 그럼, 있잖아요. 우리 그것 꼭 해야 되나요?

위 예문들에 나타난 '저기(요)/있잖아(요)'는 모두 발화내용과는 관계가 없다. 단지 발화내용에 대한 발화자의 심리상태를 반영하는 담화표지로 기능할 따름이다. ⑤의 '저기요'는 후행발화 내용에 대해 자신이 없는 심리적 태도나 반신반의하는 심리상태를 나타낸다. ⑥의 '저기요'도 이어지는 발화내용을 언급하기 전에 미리 발화함으로써 후행발화 내용에 대해 주저하는 발화자의 심리상황을 표현하고 있다. 담화표지를 통해 청자에게 더 자세한 설명을 요구한 것이다. ⑦의 '저기요'나 '있잖아요'도 발화내용을 언급하기 전에 청자에게 마음의 준비를 할 수 있도록 인지정보를 제공한다.

이상에서 보듯이 발화내용에 앞서 담화표지를 먼저 발화하면, 청자는 이어지는 발화가 부정적이거나 명쾌하지 못한 내용임을 인지할 수 있다. 이를 토대로 청자는 이어질 발화내용에 대해 심리적인 준비하고 화자의 발화내용을 이해 혹은 수용할 수 있게 된다. '저기(요)/있잖아(요)'는 문두에 사용되면서 청자를 부르는 호칭어로도 사용되기도 한다. 다음의 예를 보자.

⑧ 갑: 저기요? 여기가 중앙도서관인가요?
을: 아니요. 저쪽 반대편에 있는 붉은 벽돌 건물이 중앙도서관이에요.
갑: 있잖아요? 도서관은 몇 시까지 하나요?
을: 5시까지 하니 가시려면 빨리 가셔야 할 것 같은데요.
갑: 고맙습니다.

⑨ 갑: 저기요, 혹시 아는 여자 많아요?
을: 아뇨. 제가 아는 여자는 그쪽뿐인데요.
갑: 저 있잖아요, 그러면 우리 잠깐 얘기 좀 해요.

위 ⑧과 ⑨에서 화자와 청자는 발화맥락상 잘 모르는 사이이다. 그럴 경우, 일반적인 호칭어를 사용하지 않고 '저기요'와 '있잖아요'로 대신한다. 이러한 현상은 현대국어로 오면서 확대된 언어습관이라 하겠는데, 화자가 청자와 다소 거리를 두어 견제할 수 있기 때문이다. ⑧에서도 상대의 호칭을 '저기요'로 대신한다. 그렇게 하는 것이 청자를 객관화시켜 일정한 거리를 유지할 수 있다. 그리고 두 번째 발화에서는 '있잖아요'를 통해 청자에게 새로운 정보가 있음을 암시한다. 또한 청자는 이러한 담화표지를 선행정보로 제시받음으로써 후행발화에 관심을 기울인다. ⑨에서 갑은 청자를 '저기요'로 불러 조심스러운 관계를 드러내면서, '있잖아요'를 발화하여 후행의 내용에 의미의 초점이 놓이도록 했다. 따라서 청자는 이러한 담화표지를 통해 다음에 나올 발화내용을 예견하고, 발화자도 담화표지를 먼저 발화함으로써 이어질 정보에 대한 상황맥락을 제시한다.

요컨대 '저기(요)/있잖아(요)'가 문두에 오면 발화자의 소극적인 심리상태나 조심스러운 발화상황을 드러낸다. 또한 잘 모르는 사람일 때는 적절한 호칭어로 대용되기도 한다.

2.2.2. 문중에 나타난 담화표지 양상

문중에서의 쓰임도 문두에서와 마찬가지로 어휘적 의미보다는 담화표지로 실현된다. 발화 중간에 실현되는 '저기(요)/있잖아(요)'는 발화자의 발화 심리를 반영하면서 부가적인 기능을 수행할 수 있다. 다음의 예문을 보자.

⑩ 오늘 회의 <u>있잖아</u>. 거기서 <u>있잖아</u>. 구조조정에 대해서 발표한대. 너무 불안하다. 그지?

⑪ 김 선생 있다가 <u>저기</u> 나 좀 보지. 집에 가기 전에 꼭 나 좀 만나고 가.

⑫ 저 탤런트 너무 멋있다. 나 있잖아, 있다가 꼭 기다려서 사인받고 갈래.

위 예문들에서는 '저기(요)/있잖아(요)'가 발화 중간에서 사용되었다. 이렇게 실현되었을지라도 발화내용에는 별 영향을 주지 않는다. ⑩에서는 '있잖아'가 두 번 사용되고 있다. 첫 번째의 '있잖아'는 어휘적 의미의 발화에 속하기 때문에 담화표지와 거리가 있다. 두 번째의 '있잖아'가 담화표지에 해당되는데, 여기에서의 '있잖아'는 이어지는 발화내용에 주의를 기울일 수 있도록 잠시 여유를 준다. 즉 '있잖아'를 통해 후행의 발화내용에 초점이 놓이도록 했다. 그리고 청자도 이러한 담화표지를 미리 들음으로써 다음에 제시될 발화내용에 좀 더 집중하게 된다. ⑪에서의 '저기'도 담화표지로 사용되었다. 이곳에 쓰인 '저기'는 발화자가 청자에 대해 주저하거나 자신감이 결여된, 혹은 부탁이나 도움을 요청하는 등의 태도를 드러낸 것이다. ⑫의 '있잖아'도 다음에 제시되는 발화내용을 강조하는 담화표지이다.

이처럼 문중에서 쓰인 '저기(요)/있잖아(요)'는 화제에 초점을 부여하기 위한 전 단계이면서, 동시에 발화자의 발화의도를 드러내는 기능까지 담당한다. 이러한 담화표지인 '저기(요)/있잖아(요)'는 한 번 이상 지속적으로 발화되기도 한다. 다음의 예를 보자.

⑬ 있잖아, 너도 생각해 봐, 내가 너를 얼마나 끔찍하게 생각했니. 있잖아, 내 친동생보다도 더 먼저 너를 생각하고 위해 주었는데, 있잖아, 너는 그런 내게 이렇게 할 수 있어?

⑭ 연수야, 저기 오늘 집에 가기 전에 저기, 영화 보러 가지 않을래? 저기 내가 미리 예매했는데, 저기, 네가 좋아할 것 같아서. 저기 그 영화 정말 재미있고, 저기 배우들도 짱짱하대. 저기 같이 가자. 저기 그러면 저기 있다가 정문 앞에서 기

다릴게.

위의 발화를 보면 발화 처음은 말할 것도 없고, 발화의 중간 중간에서도 지속적으로 '저기(요)/있잖아(요)'를 발화한다. 이렇게 지속적으로 발화함으로써 전체 발화내용에 잠깐의 휴지나 경계 역할을 수행하도록 한다. 이러한 담화표지를 통해 화자는 발화내용을 가다듬을 수 있고, 청자는 다음 발화에 대한 인지태도를 정립하거나 이미 들은 내용에 대한 인지방향(긍정적 혹은 부정적)을 결정할 수 있다.

특히 예문 ⑭의 경우는 발화의 처음부터 끝까지 '저기'가 언표화되는데, 이럴 경우 발화상황을 전제로 화자의 발화의도를 추론할 수 있다. 즉 화자가 발화내용에 대하여 주저하거나, 상당히 긴장하며 발화하고 있음을 알 수 있다. 그럼에도 불구하고 화자는 지속적인 의사표현을 수행해야 할 필요성 때문에 무의식적으로 '저기'를 연속 발화한 것이다. 이럴 경우 '저기(요)'는 발화자의 발화심리까지 반영한 것으로 보아야 한다.

요컨대 문중에 쓰이는 '저기(요)/있잖아(요)'는 청자가 발화내용에 주의를 기울이도록 하여, 결국은 초점 정보를 강조하는 효과가 있다. 또한 발화자는 담화표지를 통하여 발화내용에 대해 정리하거나 발화심리를 조정하고, 청자는 발화내용에 대한 인지정보의 수립과 발화자의 심리상황을 파악한다.

3. '저기(요)/있잖아(요)'의 활용과 의미

앞에서는 '저기(요)/있잖아(요)'의 의미전성이나 담화표지 양상에 대해 살펴보았다. 여기에서는 앞에서 다룬 내용을 토대로 '저기(요)/있잖아(요)'가 실제 발화에서 어떠한 기능을 수행하는지 구체적으로 살펴보도록 하겠다.

다만 이들의 기능을 일률적으로 재단할 수 없기에 다소 중복된 논의가 없지 않을 것이다. 말하자면 '저기(요)/있잖아(요)'가 결속구조와 결속성을 제고하는 일면, 개시발화와 호칭어의 기능도 함께 수행하기에 유형을 나눌 경우 논의의 중복이 불가피하다. 그렇다고 이들을 하나로 뭉뚱그려 살피는 것도 효율적이지 못하리라 본다. 따라서 이 장에서는 다소 중복된 논의가 있을지라도 그 기능 양상을 구체적으로 살피기 위하여 몇 가지 항목으로 나누고자 한다. 즉 결속구조와 결속성 제고, 담화의 공백 메우기, 개시발화 유도와 호칭어의 대용이 그것이다. 이는 '저기(요)/있잖아(요)'의 담화표지적 기능을 귀납적으로 살피는 것이기도 하다.

3.1. 결속구조와 결속성 제고

담화표지 '저기(요)/있잖아(요)'는 의미·형식적인 측면에서 결속구조와 결속성[12]을 제고한다. 이들은 발화구조상 의도한 초점 정보보다 대부분 앞선다. 그런 점에서 '저기(요)/있잖아(요)'는 일종의 개시발화로 기능한다고 볼 수도 있다. 그러면서 뒤에 제시되는 내용을 형식적으로나 의미적으로 연관지어주는 기능을 담당한다. 따라서 '저기(요)/있잖아(요)'는 형식이나 내용상에서 텍스트의 결속구조나 결속성 확보에 일조하고 있음을 알 수 있다. 다음의 예문을 보도록 하자.

⑮ 저기요, 제가 할 말은 이제 없어요. 그러니 이제 가세요. 그리고 다신 전화하지 마세요.

---

12 결속구조와 결속성은 보그란데 · 드레슬러가 언급한 텍스트 형성 조건 중의 하나이다. 그런데 담화표지는 전체 텍스트가 하나의 주제를 향해서 전개되도록 형식상 · 의미상의 조건을 제공한다. 따라서 담화표지들은 하나의 발화문 안에서 전달정보와 어느 정도 연관되며 텍스트의 결속구조 및 결속성을 형성한다고 볼 수 있다.

⑯ 철수 씨, 있잖아요, 오늘 저녁에 있을 리셉션 장소가 어디죠? 그리고 몇 시까지 참석을 해야 하나요?

위 예문에 쓰인 '저기(요)/있잖아(요)'는 뒤에 제시될 내용에 대해 들어가기식의 개시발화로 기능한다고 볼 수 있다. ⑮의 '저기요'는 뒤에 이어지는 내용 '할 말이 없음'보다 먼저 제시됨으로써, 뒤의 발화에 집중할 수 있게 한다. 뿐만 아니라 '저기요'가 주요 내용보다 앞서 언표화됨으로써 청자가 이후에 제시되는 언어정보에 주의를 집중하도록 유도하여 발화의미 강조 기능도 수행한다. ⑯에서의 '있잖아요'도 뒤에 제시된 발화내용을 형식적으로 대용해 줌과 동시에 주요 발화에 대한 의미의 강조 기능까지 수행하여, 결국은 의미적 결속성까지 제고한다. 이와 관련된 내용을 도식화해 보면 다음과 같다.

[그림 1] 발화 위치에 따른 기능

위의 [그림 1]에서처럼 먼저 발화된 '저기(요)/있잖아(요)'는 다음에 제시되는 발화와 형식적인 연결 기능을 수행한다. 또한 주요 사항을 언급하기 전에 발화상황을 환기시켜 주요 정보에 집중할 수 있도록 돕는다.[13]

13 임규홍(1995 : 64~65)에 의하면 이러한 기능을 주제 말에 대한 주의 집중이라고 언급한다. 즉 '저기요'나 '있잖아요'를 발화함으로써, 이어서 제시할 발화내용에 주의를 집중시키는 일종의 신호로 파악한 것이다. 이는 담화표지를 발화함으로써, 제시되는 정보를 새롭고 흥미롭게 만들어 청자에게 그 정보에 주의를 집중토록 하는 언표내적인 기능을 수행하는 것이라 하겠다.

3.2. 담화의 공백 메우기

발화 중간중간에 언급되는 담화표지는 발화의 전개에서 반드시 필요한 요소는 아니다. 그렇다고 해서 발화 중간에 언급되는 담화표지가 전혀 무의미한 것도 아니다. 그것은 발화자가 발화를 진행하는 도중에 발생할 수 있는 공백을 이 담화표지들이 효율적으로 메우기 때문이다.[14] 이러한 기능은 대체로 발화자가 주저하는 내용을 언급하거나 발화를 무리 없이 이끌어 가기에 부담스러운 상황에서 나타난다. 이는 '저기(요)/있잖아(요)'가 담화 중간에서 발생할 수 있는 어색한 공백 메우기 기제로 작용하고 있음을 의미한다. 다음의 예문을 보자.

⑰ 아이: 있잖아, 엄마, 오늘 저기 시험을 봤거든, 그런데 있잖아. 문제가 굉장히 어려웠거든. 그래서 있잖아. 반 애들이 모두 못 봤거든, 있잖아, 저기 나도 많이 못 봤어.

엄마: 몇 개나 틀렸는데 이렇게 뜸을 들이니?

아이: 응, 엄마, 있잖아, 선생님이 오늘 시험은 연습으로 본 거래. 그러니까 너무 속상해하지 말래. 저기 엄마, 나 몇 개 틀렸냐 하면 저기, 놀라지 마. 8개 틀렸어. 저기, 엄마 그런데 우리 반에서 제일 많이 틀린 애는 17개 틀린 애야. 나는 조금 틀린 거야. 애들은 얼마나 많이 틀렸는데.

위 예문에서 아이는 엄마에게 시험 점수 알려 주기를 주저하고 있다. 이렇게 주저하는 입장에서 이야기를 매끄럽게 이어가기가 쉽지 않아 담화 중간중

---

14 오승신(1997 : 80~81)에 의하면 이러한 담화표지는 다음 말이 생각나지 않을 때나 어떤 단어를 써야 할지, 그리고 어떻게 표현해야 할지를 생각하고 있을 때, 그 공백을 메우기 위한 화자의 의도적 사용이라고 언급한다.

간에 공백이 생기게 된다. 그런데 바로 이러한 공백이 발생한 곳마다 담화표지인 '저기(요)/있잖아(요)'가 위치하며 어색함을 덜어 준다. 그렇기 때문에 여기에서 쓰인 '저기(요)/있잖아(요)'는 발화와 발화 사이에서 발생할 수 있는 공백을 메우는 담화표지로 기능하고 있음을 알 수 있다.

'저기(요)/있잖아(요)'는 발화 중간에 위치하여 담화의 공백을 메우면서 발화자의 감정상태를 제시하기도 한다. 즉 발화자가 청자에게 무언가를 부탁해야 할 때나 겸손함이나 예의바름을 의도적으로 부각해야 할 때, '저기(요)/있잖아(요)'가 가교로써 문중에 위치한다. 다음의 예문은 그러한 의도를 반영한 것이다.

⑱ 안녕하세요. 수고하십니다. 저, 저기요, 제가 바빠서 그러는데, 제가 먼저 떠가면 안 될까요? 죄송합니다.

⑲ 소장님, 드릴 말씀이 있습니다. 저기 있잖아요, 오늘 일찍 들어가도 될까요? 집에 동생이 많이 아파서요. 부탁드립니다.

위 ⑱과 ⑲의 예문에서는 인사말이나 관직명으로 개시발화를 시작한 다음, '저기(요)/있잖아(요)'를 발화하면서 핵심 내용을 본격적으로 언급한다. 이는 화자가 자신의 예의 바름을 드러내는 일면, 다음에 제시할 내용에 대해 주저하고 있음을 간접적으로 표현한 것이다. 발화를 개시했음에도 불구하고 간청이나 부탁을 곧바로 말하기가 주저되어 개시발화와 핵심발화 사이에 공백이 발생한 것이다. 바로 이곳에 담화표지인 '저기(요)/있잖아(요)'가 자리한다. 따라서 이들은 담화의 앞뒤를 연결해 주는 매개, 즉 담화표지로 기능하고 있음을 알 수 있다.

3.3. 호칭어의 대용과 개시발화 유도

현대국어의 언중은 나이가 젊을수록 호칭어에 있어서 자유롭다. 상대를 부르는 경우 일반적으로 알려진 호칭어를 사용하기보다는 유행에 따라 호칭어를 대용한다.[15] 담화표지 '저기(요)/있잖아(요)'도 젊은 세대들이 선호하는 호칭어 중의 하나이다. 이 호칭어는 담화상황에서 화자와 청자의 관계가 그리 편하지 않을 때 언표화된다.[16] 말하자면 발화자의 관점에서 거리감을 느끼는 청자이거나 혹은 청자를 잘 알지 못하는 경우에 '저기(요)/있잖아(요)'가 대용된다. 다음의 예문을 보자.

⑳ a. 저기요? 죄송한데 시청으로 가려면 어느 쪽으로 가야 하나요?
b. 저기요? 미안해요. 아까는 제가 오해를 한 것 같아요.
c. 있잖아요. 오늘 저녁은 굶어야 할 것 같아요. 쌀이 없거든요.
d. 있잖아요. 에쎄 담배 하나 하고 라이터 좀 주세요. 얼만가요?

위 예문을 보면 호칭어를 '저기(요)/있잖아(요)'로 대신하고 있다. ⑳의 a와 b의 예문에서 화자는 '저기요'로 청자를 부른다. 이렇게 함으로써 화자는 청자를 대함에 있어 다소 경직되고 거리감이 있음을 드러낸다. 물론 청자도 화자의 호칭어로 인해 화자의 발화의지 및 감정상의 거리를 인지하게 된다. c와 d의 예문에서는 '있잖아요'로 청자를 부른다. 역시 담화표지를 활용함으로써,

---

15 다양한 호칭어들은 화자의 자유로운 발화심리와 언어형식에 얽매이지 않으려는 언어심리의 발현체이다. 예를 들어 부부 사이의 호칭어에 있어서 예전에는 '여보, 당신'이 대부분이었지만 지금은 '자기야, 허니(honny), 애기야, 오빠, 아저씨, 어이, 이봐요, 거기, 그쪽' 등이 쓰인다. 언중들이 격식적인 호칭어보다는 상황이 허용하는 한 다양하게 사용하면서 나타난 결과이다.

16 화자와 청자 간의 지칭 표현에 대해서는 김해연(1999 : 73~101)을 참고할 수 있다.

화자는 청자에게 담화상황에 따른 발화의지를 간접적으로 전달한다. 즉 c의 화자는 청자에게 미안한 마음을 가지고 주저하면서 발화하는데, 이런 발화상황이나 발화의지가 담화표지 '있잖아요'로 표출된 것이다. d의 화자는 청자에게 물건을 요구하는 상황에서 마땅히 부를 호칭이 없자 '있잖아요'로 대용했다. 이런 경우의 '있잖아요'는 호칭에 대한 대용이라고 볼 수 있다.

'저기(요)/있잖아(요)'는 개시발화를 유도하기도 한다. 자연스러운 발화를 이끌기 위해 '저기(요)/있잖아(요)'를 먼저 언급하는 것이다.[17] 언어적 정보전달의 의미는 없지만, 전달정보 이전에 언표화됨으로써 발화상황이나 청화자 간의 관계를 더욱 자연스럽게 만든다. 그래서 담화표지인 '저기(요)/있잖아(요)'는 청자를 배려하는 화자의 마음을 드러내거나, 발화 분위기를 좀 더 부드럽게 조성하는 기능을 수행한다. 다음의 예문에서 그러한 기능을 확인할 수 있다.

㉑ a. 있잖아, 우리 이제 그만 만나야 할 것 같아. 엄마가 알아 버렸어. 우리 만나는 것. 이젠 어려울 것 같아. 정말 미안해.

b. 저기 오늘 시험 못 볼 것 같아. 도저히 오늘은 안 되겠어. 맘이 심란하고 온통 생각이 집중되지가 않네. 나 왜 이런다니!

c. 엄마, 있잖아. 다음 주부터 교회 여름성경학교가 있는데 나도 가면 안 될까? 친구들은 모두 가는데. 나도 가고 싶거든. 엄마, 허락해 주세요. 네?

d. 저기 있잖아. 음, 그러니까 내가 오늘 사고를 좀 쳤거든. 누굴 좀 때렸어. 그런데 내 맘이 더 아프네. 사실은 맞고 싶었는지도 모르지. 하여간에 오늘은

---

17 오승신(1997 : 74~75)에 의하면 화자가 특정 상대와 대화를 시작할 때, 또는 담화상황 때문에 청자에게 쉽게 이야기하기 어려울 때, 대화의 원만한 시작을 위해 '저기(요)/있잖아(요)'와 같은 담화표지를 발화한다. 이럴 경우 담화표지는 청자에게 시간적 여유를 주어, 바로 용건을 말하는 데서 오는 부담감을 줄인다.

기분이 영 그러네.

위 ㉑의 네 예문은 모두 언어정보의 발화에 앞서서 '저기(요)/있잖아(요)'를 발화하고 있다. 이들은 모두 전달하고자 하는 언어정보 앞에 위치하여 발화 상황이나 발화자의 감정을 효과적으로 드러낸다.

a의 경우 화자는 부정적인 내용을 발화하기에 앞서, '있잖아'를 발화하여 청자에게 갈 상처를 조금이라도 덜어 주려 한다. 청자에게 갈 상처를 완화시키는 기능을 담화표지 '있잖아'를 통해 수행하게 된다. b에서의 '저기'는 후행 내용에 대해 주저하는 마음을 담화표지로 표현하면서, 제시될 내용을 좀 더 부드럽게 이끌고 있다. 자신의 입장을 나름대로 합리화하면서, 완화된 표현을 위해 담화표지 '저기'를 활용한 것이다.

c에서의 화자는 자신이 발화하는 내용을 청자가 허용하지 않을 것임을 짐작하고 있다. 그래서 담화책략상 자신의 의도를 좀 더 완곡하게 전달하기 위해 담화표지 '있잖아'를 발화한 것이다. 실제로 이렇게 담화표지를 먼저 발화하면 청자는 뒤에 제시되는 내용에 주의를 더 집중하게 된다. d의 '저기 있잖아'도 후행발화 내용을 염두에 두고 자신의 마음을 추스르기 위해 언표화한 것이다. 그렇기 때문에 이것도 후행발화를 유도하기 위한 개시발화 기제로 사용되었음을 알 수 있다. 여기에서의 화자는 후행발화 내용에 대해 상당히 부정적인 입장이다. 그래서 자신의 감정을 격앙시키지 않기 위해 개시발화로 '저기 있잖아'를 사용하였다.

그런데 이와 같은 담화표지는 제시되는 언어정보에 대해 주저하는 마음을 표현하는 기제로도 작용하지만, 마음에 들지 않는 내용을 좀 더 자연스럽게 발화할 수 있도록 돕기도 한다. 특히 주저하는 내용을 자연스럽게 발화할 수 있도록 도와준다는 점에서 개시발화의 기능을 수행하는 것으로 볼 수 있다. 그렇기 때문에 ㉑의 예문을 담화표지 없이 발화하면 발화효과는 상당히 달

라질 수 있다.[18]

요컨대 담화표지 '저기(요)/있잖아(요)'는 화자 자신의 발화감정을 정리·표출하는 가운데, 청자에 대한 호칭어로 대용되기도 하고, 발화내용을 자연스럽게 유도하는 개시발화의 기능을 수행하기도 한다.

4. 결론

지금까지 담화표지 '저기(요)/있잖아(요)'에 대하여 살펴보았다. 먼저 '저기(요)/있잖아(요)'의 의미전성과 담화표지 양상을 살펴본 다음, 담화표지로 기능하는 실태를 결속구조와 결속성의 제고, 담화의 공백 메우기, 개시발화 유도와 호칭어의 대용이라는 점에서 찾아보았다. 지금까지 논의한 것을 결론 삼아 요약하면 다음과 같다.

첫째, '저기(요)/있잖아(요)'는 의미전성을 거쳐 담화표지로 작용하게 되었다. '저기(요)/있잖아(요)'는 원래 대명사나 형용사 등의 어휘적 의미로 사용되었다. 그러던 것이 현대 언어생활의 다변화로 인하여, 젊은 층이나 여성층이 구사하는 새로운 담화표지로 기능하게 되었다.

---

18 ㉑ d에서 담화표지를 빼고 발화하면 발화효과는 상당히 달라진다.

d. 저기 있잖아. 내가 오늘 사고를 쳤거든. 누굴 좀 때렸어. 그런데 내 맘이 더 아프네. 사실은 맞고 싶었는지도 모르지. 하여간에 오늘은 기분이 영 그러네.

d'. 내가 오늘 사고를 쳤거든. 누굴 좀 때렸어. 그런데 내 맘이 더 아프네. 사실은 맞고 싶었는지도 모르지. 하여간에 오늘은 기분이 영 그러네.

위 두 예문은 발화내용은 같지만 담화표지의 유무에 따라 상당히 다른 발화효과를 거둔다. 담화표지가 없는 d'의 발화는 발화정보의 객관적 전달인 무표성이 부여된 반면, 담화표지가 있는 d의 경우는 제시되는 발화정보에 대한 화자의 어두운 마음을 언어정보 외의 방법으로 표현하려는 담화책략이 반영되었다. 따라서 청자는 담화표지가 있는 발화 d를 들으면서 보다 자세하게, 혹은 민감하게 발화자의 발화상황이나 발화의지·감정 등을 인지할 수 있다.

둘째, '저기(요)/있잖아(요)'의 담화표지 양상은 그 사용처에 따라 크게 문두와 문중으로 나눌 수 있다. 문두에 쓰이는 경우는 발화자가 발화내용에 대하여 소극적인 입장을 보일 때인데, 대체로 개시발화를 유도하거나 호칭어로 대용된다. 그리고 문중에서는 발화자가 발화상황에 따른 부가적인 의미를 고려하거나 발화의 휴지를 없애려는 의도에서 활용된다.

셋째, '저기(요)/있잖아(요)'의 담화표지 기능을 크게 셋으로 나눌 수 있다. 먼저 텍스트 내에서 구조적인 기제로 작용하며 결속구조나 결속성을 제고한다. 실제로 이들은 발화자가 의도하는 핵심 정보의 앞에 위치하며, 이어질 신정보에 초점이 놓이도록 한다. 또한 담화전개에서 빚어질 수 있는 휴지를 메우기도 한다. 따라서 담화 중에 언표화되는 '저기(요)/있잖아(요)'는 공백을 메우는 언어기제인 셈이다. 그리고 문두에 놓이면서 발화를 유도하거나 호칭어로 대용되기도 한다. 구어의 경우 발화의 개시를 유도할 때 적당한 간투사가 쓰이는데, 바로 그 기능을 '저기(요)/있잖아(요)'가 수행하는 것이다. 그러다 보니 자연스럽게 거리감이 있는 청자를 부를 경우에도 '저기(요)/있잖아(요)'가 활용되어 호칭어의 대용 기능까지 담당한다.

'저기(요)/있잖아(요)'와 유사하게 기능하는 담화표지는 지속적으로 추가될 것이다. 이러한 담화표지는 당시의 언어현실을 보여 주는 생생한 언어자료라는 점에서 주목할 만하다. 이들을 통해 언어의 변화 및 기능을 충족되게 해명할 수 있기 때문이다. 이러한 점에 대해서는 훗일의 과제로 관심을 기울이고자 한다.

참고문헌

제1부 한국어의 활용과 텍스트성

_ 제1장 여성가사의 분포와 텍스트성

고미숙(2010), 『한국의 근대성, 그 기원을 찾아서』, 책세상.

고순희(2005), 「개화기 가사를 통해 본 여성담론의 전개양상과 특성」, 『한국고전여성문학연구』 10, 한국고전여성문학회, 201~229쪽.

고영근(2000), 「개화기의 한국 어문운동」, 『관악어문연구』 25, 관악어문학회, 5~21쪽.

______(2001), 「개화기의 한국어학」, 『어문연구』 37, 어문연구학회, 275~297쪽.

권오만(1989), 『개화기시가연구』, 새문사.

김경일(2007), 『여성의 근대, 근대의 여성』, 푸른역사.

김형철(1997), 『개화기 국어연구』, 경남대학교출판부.

______(1999), 「개화기 국어 어휘」, 『국어의 시대별 변천연구』 4, 국립국어연구원, 115~162쪽.

민현식(1993), 「개화기 국어사 자료에 대하여」, 『국어사 자료와 국어학의 연구』, 문학과지성사.

______(2002), 「개화기 국어 어휘연구 방법의 재검토」, 『동양학』 32, 단국대학교 동양학연구소, 257~289쪽.

______(2008), 「19세기 국어에 대한 종합적 검토」, 『국어국문학』 149, 국어국문학회, 23~68쪽.

박영섭(2002), 「개화기 국어어휘 연구」, 『한국어 의미학』 11, 한국어의미학회, 161~176쪽.

서영숙(1996), 『한국 여성가사 연구』, 국학자료원.

_____(2002), 「근대전환기 가사에 나타난 여성의 삶과 인식」, 『어문연구』 38, 어문연구학회, 205~231쪽.

_____(2003), 『조선후기 가사의 동향과 모색』, 역락.

송 민(1994), 「갑오경장기의 어휘」, 『새국어생활』 4-4, 국립국어연구원, 54~73쪽.

신명선(2006), 「개화기 국어생활 연구」, 『국어교육』 119, 국어교육학회, 127~154쪽.

신지연 · 최혜진 · 강연임(2010), 「개화기 가사자료의 현황과 의미」, 『어문연구』 64, 어문연구학회, 31~57쪽.

양지혜(1998), 『계녀가류 규방가사의 형성에 관한 연구』, 이화여자대학교 석사학위논문.

이광린(1997), 『개화기 연구』, 일조각, 31~32쪽.

이광호(2004), 『근대국어문법론』, 태학사.

이기문(2002), 『국어사개설』, 태학사, 196~196쪽.

이응호(1994), 「갑오경장과 어문정책」, 『새국어생활』 4-4, 국립국어연구원, 33~53쪽.

이익섭(2005), 『국어학새설』, 학연사, 278~279쪽.

이현희(1999), 「개화기 국어자료」, 『국어의 시대별 변천연구』 4, 국립국어연구원, 235~279쪽.

_____(2007), 「19세기 초기부터 20세기 초기까지의 한국어는 어떤 모습이었나」, 『우리말글』 41, 우리말글학회, 1~40쪽.

전미경(2002), 「개화기 규방가사에 나타난 여성의 일상에 대한 여성의 시각」, 『가족과 문화』 14-1, 한국가족학회, 97~123쪽.

정 광(1992), 「근대국어 연구에 대한 반성과 새로운 연구방법의 모색」, 『어문논집』 31, 안암어문학회, 99~116쪽.

정재영(1996), 「19세기 말부터 20세기 초의 한국어문」, 『한국문화』 18, 서울대학교 한국문화연구소, 1~31쪽.

조남호(1997), 「근대국어 어휘」, 『국어의 시대별 변천연구』 2, 국립국어연구원, 109~141쪽.

한국텍스트언어학회(2007), 『텍스트언어학의 이해』, 박이정, 22~28쪽.

홍윤표(1994), 『근대국어연구』 I, 태학사, 23~33쪽.

______(2009), 「근대국어의 국어사적 성격」, 『국어사연구』 9, 국어사학회, 153~172쪽.

홍종선(1996), 「개화기 시대 문장의 문체 연구」, 『국어국문학』 117, 국어국문학회, 33~58쪽.

______(1998), 『근대국어문법의 이해』, 박이정, 13~15쪽.

_제2장 《번역노걸대》의 결속장치와 결속성

강식진(1999), 「최세진의 번역활동」, 『새국어생활』 9-3, 국립국어연구원, 31~54쪽.

강연임(2000), 「중세국어 담화에서의 생략현상」, 『한밭한글』 5, 한글학회 대전지회, 3~20쪽.

______(2002), 「한국어 생략의 담화론적 연구」, 충남대학교 박사학위논문, 7~8쪽.

고영근(1999), 『텍스트이론』, 아르케, 137~188쪽.

국어사자료연구회(1995), 『역주 번역노걸대』, 태학사, 21~31쪽.

김태옥 · 이현호(1995), 「담화연구의 텍스트성과 적합성 이론」, 『담화와 인지』 1, 담화인지언어학회, 1~78쪽.

이현호(1994), 『한국현대시의 담화 · 화용론적 연구』, 한국문화사, 31~50쪽.

임홍빈(1998), 「부정의 양상」, 『국어 문법의 심층』 3, 태학사, 99~130쪽.

정 광(1999), 「최세진의 생애와 업적」, 『새국어생활』 9-3, 국립국어연구원, 5~18쪽.

_제3장 〈시집살이요〉의 구조와 텍스트 양상

고영근(1999), 『텍스트이론』, 아르케.

고정옥(1949), 『조선민요연구』, 수선사.

김선희(2001), 『우리 사회 속의 우리말』, 한국문화사.

김진수(1998), 「텍스트언어학의 연구 방법론」, 『어문연구』 30, 어문연구학회, 121~138쪽.

박인희(1995), 「시집살이 민요 연구」, 경북대학교 석사학위논문.

박지애(2002), 「시집살이요의 언술방식과 시 · 공간의식」, 『한국민요학』 10, 147~164쪽.

서영숙(2002), 『우리 민요의 세계』, 역락.

______(2003), 「전남 서사민요의 연행방식 연구」, 『어문연구』 43, 어문연구학회, 367~391쪽.

신지연(2002), 「《월인석보》 〈안락국전〉의 텍스트 구조」, 『문법과 텍스트』, 서울대학교출판부,

653~673쪽.

이현호(1994), 『한국현대시의 담화 · 화용론적 연구』, 한국문화사.

임동권(1974), 『한국민요집』 I, 집문당.

장성진(1984), 「〈시집살이요(謠)〉의 유형과 인물」, 『여성문제연구』 13, 효성카톨릭대학교 여성문제연구소, 377~396쪽.

조동일(1979), 『서사민요 연구』, 계명대학교출판부.

한국정신문화연구원(1983~1991), 『한국구비문학대계』 7-1~19.

_ 제4장 〈노처녀가〉의 층위와 텍스트언어학

강연임(2003), 「《번역노걸대》의 텍스트언어학적 연구」, 『한국언어문학』 51, 한국언어문학회, 89~114쪽.

______(2005), 「〈시집살이요〉의 텍스트언어학적 특징」, 『어문연구』 48, 어문연구학회, 5~31쪽.

김석회(2008), 「〈노처녀가〉 이해의 시각」, 『선청어문』 36, 서울대학교 국어교육과, 285~309쪽.

김영태(1948), 「〈노처녀가〉의 표현」, 『신천지』 24, 서울신문사, 160~164쪽.

고순희(2003), 「〈노처녀가〉 I 연구」, 『한국시가연구』 14, 한국시가학회, 165~193쪽.

고영근(1996), 「한국 고전작품에 대한 텍스트언어학적 분석」, 『새국어생활』 6-1, 국립국어원, 89~107쪽.

______(1999), 『텍스트이론』, 아르케, 215~217쪽.

김경섭(1999), 「설화연행의 텍스트언어학적 연구」, 『한국고전연구』 5, 한국고전연구학회, 133~182쪽.

김용찬(1995), 「《삼설기》 소재 〈노처녀가〉의 내용 및 구조에 대한 검토」, 『한국가사문학연구』, 태학사, 419~435쪽.

박연호(2003), 「조선후기 가사의 장르적 특성」, 『한국시가연구』 13, 한국시가학회, 231~260쪽.

반다이크, 정시호 역(2000), 『텍스트학』, 아르케, 230~236쪽.

성무경(2004), 「'노처녀' 담론의 형성과 문학양식들의 반향」, 『한국시가연구』 15, 한국시가학회, 157~187쪽.

신지연(2000), 「서사텍스트로서의 《월인석보》 권 8 〈안락국전〉의 응집성」, 『목원국어국문학』 6, 목원대학교, 157~171쪽.
______(2007), 「시 텍스트의 일곱 가지 텍스트성」, 『텍스트언어학』 23, 한국텍스트언어학회, 21~44쪽.
윤석민(2004), 「〈농가월령가〉에 대한 텍스트언어학적 분석」, 『국어국문학』 137, 국어국문학회, 145~165쪽.
______(2004), 「텍스트언어학과 문학작품분석」, 『한국어학』 25, 한국어학회, 53~87쪽.
이광호(2004), 『근대국어 문법론』, 태학사, 493~510쪽.
이현호(1994), 『한국 현대시의 담화 · 화용론적 연구』, 한국문화사, 31~35쪽.
전복규(2000), 「조선후기 가사에 나타난 근대의식의 고찰」, 『한국문화연구』 3, 경희대학교 민속학연구소, 159~198쪽.
정진원(1999), 『중세국어의 텍스트 언어학적 접근』, 한국문화사, 23~35쪽.
조동일(2007), 『한국문학통사』 3, 지식산업사, 338~402쪽.
조원형(2008), 「천주가사 〈사향가〉에 대한 텍스트언어학적 검토」, 『텍스트언어학』 24, 텍스트언어학회, 143~165쪽.
최규수(1999), 「삼설기본 〈노처녀가〉의 갈등 형상화 방식과 그 의미」, 『한국시가연구』 5-1, 한국시가학회, 410~426쪽.
홍윤표(1992), 「근대국어 통사론」, 『동양학』 22, 단국대학교 동양학연구소, 273~282쪽.
______(1994), 『근대국어연구』 Ⅰ, 태학사, 78~112쪽.
______(1997), 「근대 국어 자료」, 『국어의 시대별 변천 연구』 2, 국립국어연구원, 191~234쪽.
홍종선 외(2006), 『후기 근대국어 통사연구』, 역락, 11~23쪽.
황선엽(1993), 「텍스트생산자를 중심으로 한 〈안락국태자전〉의 텍스트언어학적 분석」, 『관악어문연구』 18-1, 서울대학교 국어국문학과, 273~297쪽.

_ 제5장 〈애국가〉의 텍스트성과 텍스트 구조

감영상(2001), 「개화가사고」, 『사림어문연구』 14, 사림어문학회, 137~164쪽.

고미숙(2010), 『한국의 근대성, 그 기원을 찾아서』, 책세상.

고영근(2012), 『텍스트 과학』, 집문당.

곽명숙(2008), 「『독립신문』 애국 · 독립가의 구술적 특징 연구」, 『우리어문연구』 30, 우리어문학회, 35~59쪽.

권오만(1989), 『개화기시가연구』, 새문사, 42~48쪽.

김덕근(1989), 「개화기 시가연구 Ⅰ」, 『어문논총』 6 · 7, 청주대학교, 391~420쪽.

김동택(2004), 「『독립신문』의 근대국가 건설론」, 『사회과학연구』 12-2, 서강대학교 사회과학연구소, 68~98쪽.

김학동(1980), 「애국가사유형의 전개: 독립신문의 작품을 중심으로」, 『청파문학』 13, 숙명여자대학교 국어국문학과, 163~175쪽.

_____(2009), 『개화기시가연구』, 새문사, 76~89쪽.

박영학(1996), 「『독립신문』의 독자참여연구」, 『언론과 사회』 14, 성곡언론문화재단, 142~166쪽.

배정상(2005), 「『독립신문』의 '독자투고'와 '서사적 논설' 연구」, 『현대문학의 연구』 25, 한국문학연구학회, 329~361쪽.

신지연(2007), 「시텍스트의 일곱 가지 텍스트성」, 『텍스트언어학』 23, 텍스트언어학회, 21~44쪽.

_____(2011), 「주제분석에 기여하는 텍스트요소」, 『텍스트언어학』 30, 텍스트언어학회, 111~134쪽.

_____(2011), 「주제분석과 텍스트유형」, 『한국어의미학』 36, 한국어의미학회, 181~202쪽.

_____ · 최혜진 · 강연임(2011), 『개화기가사자료집』 3, 보고사.

오선영(2002), 「근대 초기의 율격 전통과 개화 교육」, 『현대문학의 연구』 19, 현대문학연구학회, 131~158쪽.

윤석민(2004), 「텍스트언어학과 문학작품 분석」, 『한국어학』 25, 한국어학회, 53~87쪽.

_____(2011), 「서사텍스트의 텍스트 유형론적 특성과 분석」, 『국어교육』 136, 국어교육학회, 67~105쪽.

장성진(1999), 「애국계몽기 신가사의 형성과 짜임」, 『배달말』 25, 배달말학회, 191~218쪽.

전광용(1980), 「『독립신문』에 나타난 근대적 의식」, 『국어국문학』 84, 국어국문학회, 3~45쪽.

정기철(1999), 「『독립신문』 소재 개화가사 연구」, 『한국언어문학』 42, 한국언어문학회, 121~147쪽.

조동일(2007), 『한국문학통사』 4, 지식산업사.

클라우스 브링커, 이성만 역(2004), 『텍스트언어학의 이해』, 역락.

한국텍스트언어학회(2007), 『텍스트언어학의 이해』, 박이정.

한기영 외(2007), 『근대어, 근대매체, 근대문학』, 성균관대학교 대동문화연구원. 183~202쪽.

허형만(1989), 「『독립신문』에 나타난 애국가류 연구」, 『돈암어문학』 2, 돈암어문학회, 36~57쪽.

호광수(2004), 「상해판 『독립신문』 한시의 텍스트성 고찰」, 『텍스트언어학』 16, 텍스트 언어학회, 149~178쪽.

_제6장 〈딕일본유람가〉의 어휘와 텍스트

김동언(1999), 「개화기 국어 형태」, 『국어의 시대별 변천연구』 4, 국립국어원, 61~114쪽.

김윤희(2012), 「〈일본유학가〉에 형상화된 유학체험과 가사문학적 특질」, 『한민족문화연구』 40, 한민족문화학회, 95~120쪽.

김진량(2004), 「근대 일본 유학생 기행문의 전개양상과 의미」, 『한국언어문화』 26, 한국언어문화학회, 16~32쪽.

김형철(1999), 「개화기 국어 어휘」, 『국어의 시대별 변천연구』 4, 국립국어원, 115~162쪽.

남기심 · 고영근(2011), 『표준국어문법론』, 탑출판사, 191~231쪽.

민현식(1986), 「개화기 국어의 어휘에 대하여」, 『국어생활』 4, 국어연구소, 6~23쪽.

______(1986), 「개화기 국어의 어휘 Ⅲ」, 『국어교육』 55, 한국국어교육학회, 107~134쪽.

______(2002), 「개화기 국어 어휘 연구 방법의 재검토」, 『동양학』 32, 단국대학교 동양학연구소, 257~289쪽.

박애경(2006), 「일본 기행가사의 계보와 일본관의 변모양상」, 『열상고전연구』 23, 열상고전연구회, 67~91쪽.

박영섭(2002), 「개화기 국어 어휘 연구」, 『한국어의미학』 11, 한국어의미학회, 161~176쪽.

송 민(2000), 「개화기 국어에 나타나는 신문명 어휘」, 『어문학논총』 19, 국민대학교 어문학연구소, 25~57쪽.

_____(2007), 「개화기 국어에 나타나는 신생어와 관용구」, 한국현대문학회 학술발표자료집, 한국현대문학회, 201~211쪽.

송택호(2003), 「〈딕일본유람가〉에 나타난 일본과 일본관」, 『동양학』 33, 단국대학교 동양학연구소, 89~114쪽.

신중진(2005), 「개화기 신문, 잡지에 쓰인 명사 파생 접사와 파생어」, 『한민족어문학』 46, 한민족어문학회, 43~74쪽.

_____(2009), 「개화기 신문과 잡지에 나타난 명사 어휘의 어종 분석」, 『우리말연구』 25, 우리말학회, 243~281쪽.

신지연 · 최혜진 · 강연임(2012), 『개화기가사자료집』 6, 보고사.

유정선(2012), 「1920년대 인쇄본 기행가사, 전통의 지속과 변용」, 『고전문학연구』 41, 한국고전문학회, 261~291쪽.

이광호(2004), 『근대국어문법론』, 태학사, 110~200쪽.

이현희(1999), 「개화기 국어자료」, 『국어의 시대별 변천연구』 4, 국립국어원, 235~279쪽.

임기중(2005), 『한국역대가사문학집성』, KRPIA.

임유종(1998), 「개화기 국어 부사에 관한 연구」, 『한민족문화연구』 3, 한민족문화학회, 143~176쪽.

정민영(1997), 「개화기 국어의 파생접미사 '-이/-히'에 대하여」, 『개신어문연구』 14, 개신어문학회, 143~166쪽.

최강현(1977), 「사행가사의 비교고찰 Ⅰ : 〈일동장유가〉와 〈딕일본유람가〉를 중심으로 하여」, 『홍대논총』 9, 홍익대학교, 35~60쪽.

_____ 역주(1999), 『조선 외교관이 본 명치시대 일본』, 신성출판사.

한성우(2007), 「개화기 신문의 외래어 표기에 대한 음운론적 연구」, 『어문학』 95, 한국어문학회, 281~309쪽.

홍선표 외(2007), 『근대의 첫 경험』, 이화여자대학교출판부.

한국의 지식콘텐츠, KRpia.co.kr

고영근(2011), 『텍스트과학』, 집문당.

김무식(2009), 「조선조 여성의 문자생활과 한글편지」, 『인문학논총』 14-2, 경성대학교 인문과학연구소, 1~25쪽.

김용숙(1987), 「순원왕후의 편지」, 『조선조 궁중풍속 연구』, 일지사, 365~368쪽.

김정경(2011), 「《선세언적》과 《자손보전》에 실린 17~19세기 여성 한글 간찰의 특질 고찰」, 『정신문화연구』 34-4, 한국학중앙연구원, 171~193쪽.

김주필(2009), 「조선시대 한글편지의 구어성과 문어성, 조선시대 한글편지의 언어와 서체」, 『한국학중앙연구원 어문생활사연구소 2009년 제1차 학술대회 발표집』, 3~25쪽.

김효경(2003), 「한훤차록에 나타난 조선 후기의 간찰 양식」, 『서지학보』 27, 한국서지학회, 121~146쪽.

박부자(2014), 「언간자료의 어휘사적 가치에 대한 연구」, 『국어사연구』 18, 국어사학회, 45~78쪽.

박정숙(2008), 「명성황후 언간체의 서체미 연구」, 『동양예술』 13, 한국동양예술학회, 73~118쪽.

배영환(2014), 「조선시대 언간의 어휘 성격과 특수 어휘에 대한 고찰」, 『한국어학』 51, 한국어학회, 57~92쪽.

백낙천(2006), 「조선 후기 한글간찰의 형식과 내용」, 『한말연구』 18, 한말연구학회, 161~195쪽.

______(2007), 「국어 생활사 자료로서의 언간의 특징」, 『한국언어문화』 34, 한국언어문학회, 183~198쪽.

신성철(2014), 「발신자의 사회적 성격에 따른 19세기 한글편지의 표기와 음운」, 『어문론집』 57, 중앙어문학회, 107~135쪽.

오장근(2001), 「텍스트유형 '편지'로서 〈빌레몬서〉의 텍스트화행론적 분석」, 『텍스트언어학』 11, 텍스트언어학회, 253~277쪽.

이경하(2003), 「15~16세기 왕후의 국문 글쓰기에 관한 문헌적 고찰」, 『한국고전여성문학연구』 7, 한국고전여성문학회, 389~415쪽.

이기대(2004), 「명성황후 국문편지의 문헌학적 연구」, 『한국학연구』 20, 고려대학교 한국학연구소, 293~337쪽.

_____(2007), 『명성황후 편지글』, 도서출판 다운샘.

_____(2011), 「19세기 왕실 여성의 한글편지에 나타난 공적인 성격과 문화적 기반」, 『어문논집』 48, 중앙어문학회, 259~280쪽.

이승희(2000), 「규장각 소장본 '순원왕후 한글편지'의 고찰」, 『규장각』 23, 서울대학교 규장각한국학연구원, 114~140쪽.

_____(2008), 「순원왕후 한글편지의 자료적 특성에 관한 일고찰」, 『한국문화』 44, 서울대학교 규장각한국학연구원, 31~47쪽.

_____(2010), 『순원왕후의 한글편지』, 푸른역사.

이인숙(2004), 「조선시대 편지 간찰의 문화사적 의의」, 『민족문화논총』 30, 영남대학교 민족문화연구소, 389~437쪽.

이현주(2014), 「언간에 나타나는 중복형식에 대하여」, 『정신문화연구』 37-3, 한국학중앙연구원, 117~140쪽.

전병용(2012), 「조선시대 한글 간찰과 이메일의 상투적 표현 고찰」, 『동양고전연구』 49, 동양고전학회, 431~459쪽.

허재영(2006), 「한글 간찰 언간에 대한 기초 연구」, 『사회언어학』 13-2, 사회언어학회, 257~277쪽.

홍인숙(2014), 「조선시대 한글 간찰의 여성주의적 가치에 대한 재고찰 시론」, 『이화어문논집』 33, 이화어문학회, 105~134쪽.

황문환(2010), 「조선시대 언간 자료의 현황과 특성」, 『국어사연구』 10, 국어사학회, 73~131쪽.

_____(2013), 「조선시대 언간 자료의 종합화와 활용방안」, 『한국어학』 59, 한국어학회, 39~74쪽.

제2부 한국어의 활용과 의미변이

_제1장 국어 줄임말의 의미변이와 대안

강은경(2011), 「국어 혼성어에 대한 기술적 연구: 음운론적 특징을 중심으로」, 『언어연구』 26-4, 한국현대언어학회, 723~748쪽.

강희숙(2012), 「통신언어에 나타난 역문법화 현상 고찰」, 『한민족어문학』 61, 한민족어문학회, 61~87쪽.

고영근 · 구본관(2008), 『우리말 문법론』, 집문당.

고영근 · 남기심(2014), 『표준국어문법론』, 탑출판사.

구본관(2001), 「컴퓨터 통신 대화명의 조어 방식에 대한 연구」, 『텍스트언어학』 10, 한국텍스트언어학회, 293~318쪽.

김난도 외(2013), 『트렌드코리아 2014』, 미래의창.

______ 외(2014), 『트렌드코리아 2015』, 미래의창.

김대행(2007), 「매체 환경의 변화와 국어교육의 방향」, 『국어교육학연구』 28, 국어교육학회, 5~36쪽.

김용선(2008), 「국어 신어의 어기에 대하여」, 『개신어문연구』 27, 개신어문학회, 5~40쪽.

김은성(2010), 「문법교육과 매체 언어 문화」, 『국어교육학연구』 37, 국어교육학회, 5~39쪽.

김혜숙(2000), 「매체 언어의 국어교육적 수용의 필요성과 방안에 대하여」, 『동악어문논문집』 36, 동악어문학회, 43~65쪽.

______ 외(2010), 『매체언어교육의 이론과 실제』, 동국대학교출판부.

노명희(2010), 「혼성어 형성 방식에 대한 고찰」, 『국어학』 58, 국어학회, 255~281쪽.

문영자(2011), 「한국어 어휘의 의미와 그 사용실태」, 『우리어문연구』 39, 우리어문학회, 369~386쪽.

박용찬(2008), 「국어의 단어 형성법에 관한 일고찰」, 『형태론』 10-1, 박이정, 111~128쪽.

손남익(2007), 「1960년대 신문 두자어 연구」, 『한국어학』 37, 한국어학회, 303~334쪽.

시정곤(2006), 「사이버 언어의 조어법 연구」, 『한국어학』 31, 한국어학회, 215~243쪽.

신명선(2009), 「국어 표현 과정에서 작용하는 어휘 사용 기제와 그 전략에 관한 연구」, 『한국어 의미학』 29, 한국어 의미학회, 91~131쪽.

윤여탁 외(2009), 『매체언어와 국어교육』, 서울대학교출판문화원.

이재현(2005), 「현대 국어의 축소어형에 관한 연구」, 『한민족문화연구』 17, 한민족문화학회, 375~401쪽.

이현희(2014), 「축약어 만들기 실험에 나타난 조어 양상 연구」, 『어문학』 126, 한국어문학회, 85~115쪽.

이호승(2014), 「국어 혼성어와 약어에 대하여」, 『개신어문연구』 39, 개신어문학회, 49~73쪽.

임지룡(1996), 「혼성어의 인지적 의미분석」, 『언어과학연구』 13, 언어과학회, 191~214쪽.

______(2010), 『국어의미론』, 탑출판사.

전명미 · 최동주(2007), 「신어의 단어 형성법 연구」, 『한민족어문학』 50, 한민족어문학회, 37~70쪽.

최지현(2003), 「사이버언어공동체와 국어교육」, 『국어교육학연구』 18, 국어교육학회, 500~522쪽.

_ 제2장 어휘의미의 변이와 기능

고석주(2007), 「어휘 의미망과 사전의 뜻풀이」, 『한국어 의미학』 24, 한국어의미학회, 1~21쪽.

구현정(2004), 『대화의 기법』, 경진문화사, 14~15쪽.

김병홍(2012), 「대중매체 언어와 자본주의」, 『어문연구』 71, 어문연구학회, 27~55쪽.

김은성(2010), 「문법교육과 매체언어문화」, 『국어교육학연구』 37, 국어교육학회, 5~39쪽

김정운(2014), 『에디톨로지: 창조는 편집이다』, 21세기북스, 18~20쪽.

김태옥 · 이현호(1994), 『인지적 화용론』, 한신문화사, 237~251쪽.

김해숙(2000), 「매체언어의 국어교육적 수용의 필요성과 방안에 대하여」, 『동악어문논집』 36, 동악어문학회, 43~65쪽.

남길임(2012), 「어휘의 공기경향성과 의미적 운율」, 『한글』 298, 한글학회, 135~164쪽.

다케다 세이지, 윤성진 역(2005), 『언어적 사고의 수수께끼』, 서광사.

박인기(2010), 「국어교육과 매체언어문화」, 『국어교육학연구』 37, 국어교육학회, 137~158쪽.

송경숙(2005), 『담화화용론』, 한국문화사, 25~30쪽.

송기형(2005), 「프랑스의 자국어 순화」, 『새국어생활』 15-1, 국립국어원.

신명선(2009), 「국어 표현 과정에서 작용하는 어휘 사용 기제와 그 전략에 관한 연구」, 『한국어 의미학』 29, 한국어의미학회, 91~131쪽.

신현숙(2005), 「한국어 의미 확장과 한국어 사용자의 인지 모형」, 『한국언어문화학』 2-1, 국제한국언어문화학회, 131~147쪽.

신희삼(2004), 「인터넷 통신언어의 어휘적 의미」, 『한국어 의미학』 15, 한국어의미학회, 207~225쪽.

아즈마 쇼지, 스즈키 준 · 박문성 역(2001), 『재미있는 사회언어학』, 보고사.

이동혁(2004), 「의미관계의 저장과 기능에 대하여」, 『한글』 263, 한글학회, 95~124쪽.

이석주 외(2002), 『대중매체와 언어』, 역락.

이유미(2011), 「의사소통과 화용론: 화용론과 의사소통의 연구 범주를 통한 고찰」, 『한국어 의미학』 34, 한국어의미학회, 25~46쪽.

임지룡(1992), 『국어의미론』, 탑출판사.

_____(2004), 「국어에 내재한 도상성의 양상과 의미 특성」, 『한글』 266호, 한글학회. 169~205쪽.

_____(2010), 「국어 어휘교육의 과제와 방향」, 『한국어 의미학』 33, 한국어의미학회, 259~296쪽.

정지영(2006), 「의미관계를 이용한 어휘력 확대 방안」, 이화여자대학교 석사학위논문.

주세형(2005), 「국어과 어휘교육의 발전방향」, 『독서연구』 14, 한국독서학회, 373~399쪽.

최경봉(1999), 「단어의미의 구성과 의미 확장의 원리」, 『한국어학』 9-1, 한국어학회, 307~331쪽.

최지현(2007), 「매체환경의 변화와 국어교육의 방향」, 『국어교육학연구』 28, 국어교육학회, 143~181쪽.

국립국어원, www.korean.go.kr

워드넷, www.wordnet.co.kr

_ 제3장 도시슬로건의 언어표현과 의미

강연임(2009), 「광고 문구에 나타난 외래어의 양상과 언어의식」, 『한국언어문학』 71, 한국언어문학회, 163~187쪽.

김성도(2007), 「도시브랜딩의 기호학적 접근」, 『텍스트언어학』 23, 텍스트언어학회, 303~338쪽.

김영순 · 오장근(2006), 「광고언어의 텍스트언어학적 분석: 텍스트 화용론적 방법론을 중심으로」, 한국광고홍보학회 춘계학술대회, 한국광고홍보학회, 3~24쪽.

김원식(2001), 「광고 슬로건」, 『언어와 언어학』 26, 한국외국어대학교 언어연구소, 1~34쪽.

김재현(2005), 「도시브랜드 이미지 전략에 대한 연구」, 『디자인연구』 16, 상명대학교 디자인연구소, 1~14쪽.

김혜숙(1999), 「광고의 언어 표현 행위에 나타난 사회언어학적 특성」, 『사회언어학』 7-2, 한국사회언어학회, 261~286쪽.

박영순(2005), 「화용론의 본질과 성격」, 『한국어학』 27, 한국어학회, 1~24쪽.

박영준(2001), 「기업 슬로건의 언어적 기법에 대한 분석」, 『이중언어학』 19-1, 이중언어학회, 273~297쪽.

박혜진(2010), 「도시브랜딩을 위한 도시 브랜드 슬로건 개발시 효과적인 진행방향에 관한 연구」, 『브랜드디자인학연구』 8-3, 한국브랜드디자인학회, 250~261쪽.

박홍식(2005), 「도시브랜드 슬로건의 개발: 국내 및 해외 도시간의 비교」, 『한국거버넌스학회보』 12-2, 한국거버넌스학회, 1~25쪽.

송치만 · 전형연(2010), 「한국 지역 슬로건의 시각적 상징성 연구」, 『한국디자인문화학회지』 16-2, 한국디자인문화학회, 285~299쪽.

신내경(2011), 「기호학 관점에서의 브랜드 유형에 관한 연구」, 『정보디자인학연구』 17, 한국정보디자인학회, 109~117쪽.

오장근(2007), 「텍스트-기호학적 도시 공간 리터러시와 문화브랜딩」, 『언어과학연구』 43, 언어과학회, 229~247쪽.

오주연(2012), 「도시브랜드 이미지와 영향요인에 관한 연구」, 『한국광고홍보학보』 14-1, 한국광고홍보학회, 182~217쪽.

윤석민(2011), 「텍스트언어학과 화용론」, 『한국어 의미학』 34, 한국어의미학회, 1~22쪽.

이상훈 · 최일도(2007), 「도시브랜드 개성의 유형과 형성요인에 대한 연구」, 『광고학연구』 18-5, 한국광고학회, 57~73쪽.

이유미(2011), 「의사소통과 화용론」, 『한국어 의미학』 34, 한국어의미학회, 25~46쪽.

이준엽 · 최광환(2007), 「한국 관광 브랜드 슬로건으로서의 'Dynamic Korea'에 대한 유용성 연구」, 『한국광고홍보학보』 9-3, 한국광고홍보학회, 165~185쪽.

이현우(1988), 「광고 슬로건 및 브랜드 네임에 관한 언어학적 접근 연구」, 『광고연구』 40, 한국방송광고공사, 125~145쪽.

이희복(2006), 「도시 브랜드의 슬로건 분석: 수사적 기법을 중심으로」, 『스피치와 커뮤니케이션』 5, 스피치커뮤니케이션학회, 69~102쪽.

______(2010), 「우리나라 도시 브랜드의 슬로건 분석」, 『옥외광고학연구』 7-1, 한국옥외광고학회, 25~50쪽.

임지룡(1998), 『국어의미론』, 탑출판사, 329~331쪽.

정경일(2009), 「지역 슬로건의 유형별 언어기법 분석」, 『우리어문연구』 33, 우리어문학회, 65~98쪽.

차승희 · 김정열(2011), 「지역 이미지 상징을 위한 브랜드 아이덴티티 구성요소의 연관성 연구」, 『기초조형학연구』 12-5, 한국기초조형학회, 543~551쪽.

최원주(2011), 「도시 브랜드의 아이덴티티 구축을 위한 탐색: 브랜드 심벌과 슬로건을 중심으로」, 『주관성 연구』 22, 한국주관성연구학회, 5~21쪽.

최형용(2000), 「텍스트언어학의 이론과 응용: 광고 전략과 언어적 중의성」, 『텍스트언어학』 9, 한국텍스트언어학회, 169~193쪽.

최홍락(2007), 「국내 도시브랜드 슬로건의 경향과 개발」, 『한국콘텐츠학회논문지』 7-8, 한국콘텐츠학회, 174~181쪽.

한성일(2011), 「국가브랜드 가치 제고를 위한 사회언어학적 접근」, 『한말연구』 28, 한말연구학회, 353~376쪽.

워드넷, www.wordnet.co.kr

_ 제4장 '저기(요)/있잖아(요)'의 변이와 활용

김해연(1999), 「한국어 대화상에서의 화자와 청자에 대한 지칭 표현」, 『담화와 인지』 6-1, 담화인지언어학회, 73~101쪽.

신지연(1989), 「국어 간투사의 위상 연구」, 『국어연구』 83, 국어연구회, 30~35쪽.

______(1999), 「구어의 텍스트 형성에 대한 연구」, 『텍스트언어학』 7, 텍스트언어학회, 210~213쪽.

양영하(2002), 「구어담화에 나타난 '쉼'의 기능」, 『담화와 인지』 9-2, 담화인지언어학회, 79~101쪽.

오승신(1997), 「담화상에서의 간투사의 기능」, 『말』 22, 연세대학교 한국어학당.

이기갑(1995), 「한국어의 담화표지 이제」, 『담화와 인지』 1, 담화인지언어학회.

이한규(1997), 「한국어 담화 표지어 '왜'」, 『담화와 인지』 4-1, 담화인지언어학회.

______(1999), 「한국어 담화 표지어 '뭐'의 연구」, 『담화와 인지』 6-1, 담화인지언어학회.

이현호(1993), 『한국 현대시의 담화 · 화용론적 연구』, 한국문화사.

임규홍(1995), 「담화표지 '뭐냐'와 '있지'에 대하여」, 『어문학』 56, 한국어문학회.

______(1996), 「국어 담화 표지 '인자'에 대한 연구」, 『담화와 인지』 2, 담화인지언어학회.

______(1998), 「국어 '말이야'의 의미와 담화적 기능」, 『담화와 인지』 5-2, 담화인지언어학회.